苏州教育博物馆
藏品丛谈

谷公胜　主编

文物出版社

图书在版编目（CIP）数据

苏州教育博物馆藏品丛谈/ 谷公胜主编. — 北京：
文物出版社，2024.5
ISBN 978-7-5010-8323-7

Ⅰ. ①苏… Ⅱ. ①谷… Ⅲ. ①博物馆—介绍—苏州
Ⅳ. ① G269.275.33

中国国家版本馆 CIP 数据核字（2023）第 254774号

苏州教育博物馆藏品丛谈

主　　编：谷公胜
策　　划：叶　敏
统　　筹：邢　华　朱　刚

责任编辑：刘永海
责任印制：张道奇

出版发行：文物出版社
社　　址：北京市东城区东直门内北小街 2 号楼
邮　　编：100007
网　　址：http://www.wenwu.com
经　　销：新华书店
印　　刷：苏州市越洋印刷有限公司
开　　本：710mm×1000mm　1/16
印　　张：21.75
版　　次：2024 年 5 月第 1 版
印　　次：2024 年 5 月第 1 次印刷
书　　号：ISBN 978-7-5010-8323-7
定　　价：168.00元

前　言

　　2013 年 2 月 6 日《光明日报》报道了"苏州教育博物馆启动建设"消息，本馆筹建组与此同时启动了搜集、收藏、整理、研究教育文物的有关工作。2017 年 9 月 7 日，修复之后的柴园和初具规模的苏州教育博物馆正式对外开放，当时已有经过整理的数百件教育文物展陈出来与广大观众见面。此后，本馆文物数量不断丰富，藏品质量不断提高。目前已收藏文物五千多件，包括各类图书典籍、各类文函档案、各个时代的教材、各种教学器材器具、各个时期的珍贵照片、教育名人字画及校园碑刻拓片等，其中有一些是国内罕见的珍贵教育文物。

　　苏州教育有文字正式记载的历史始于两千五百多年前的春秋时期。言子澹台南方传道，文开吴会；范文正公首开府学，彪炳史册；明清书院蔚为大观，崇文重教；近代各类学校开风气之先，人才辈出；新中国成立到改革开放以后，苏州教育实现跨越式发展，更是成果累累。正如本馆鸳鸯厅的一副楹联所说，"格致诚正木铎播金声弦歌教化三吴学子，修齐治平后昆继先哲薪火传承华夏文明"。苏州教育呈现出肇始久远、积淀深厚、内涵赡博、遗存闳富、人才辈出、名校星灿、成果丰硕、影响四播的特点。本馆馆藏文物为苏州教育发展的各个阶段提供了确凿例证和生动写照，是苏州崇文重教优良传统的珍贵物化载体。

为了"让收藏在博物馆里的文物、陈列在广阔大地上的遗产、书写在古籍里的文字都活起来",充分发挥本馆馆藏文物的文化价值和教育价值,为广大教师、学生和社会群众提供优质的文化服务,特组织编写了《苏州教育博物馆藏品丛谈》。

本书不是学术研究论文集,也不是加长版的展品说明书,而是立足于普及,面向广大师生和普通大众解读本馆藏品的丰富内涵,生动地诠释这些文物的文化价值和育人价值,为实现立德树人的根本任务作出一份菲薄贡献。本书的编写原则是:

精心遴选文物——在本馆藏品中进行梳理,遴选出具有典型性、代表性和教育性的文物,以物为本,一物一图,一物一文,进行深入浅出的解读;

彰显人文价值——突出所选文物的文化传承价值、教化育人价值,凸显这些文物对于播扬薪火、立德树人的价值导向;

侧重普及功能——注重学术性和普及性的结合,学术上要认真考证、言之有据,但不求之过深,努力顾及阅读对象,具有可读性,让一线教师和初中以上水平的学生感兴趣、能读懂。

对馆藏文物进行学术性和普及性相结合的推介,让这些文物真正活起来,成为全社会共享的文化财富,这是一项全新的工作。我们朝着这个方向努力,期待得到广大读者的关注和指正。

编　者

二〇二三年十月

目　录

清代袖珍书箱

小小书箱故事多

撰文 / 濮美琴

苏州教育博物馆古代馆有一件文物——清代袖珍书箱，此件尺寸为24厘米×23厘米×17厘米，书箱面板有"袖珍六经"四字，面板内侧写有藏书目录，计有：《四书朱子集注》六本、《易经朱子本义》二本、《诗经朱子集传》四本、《书经蔡沈集传》四本、《礼记陈澔集说》十本、《春秋左氏传杜林合注》十四本，总计四十本。箱内所藏书为线装刻印本，开本10厘米×15厘米。这些藏书就是所谓的"巾箱本"，因形积不大，可放置在古代盛放头巾的小箱子中，便于携带，故称。四十本藏书字体虽小但字迹清晰。毛边纸，纸色微黄。版心有书名、编次、页码、单鱼尾。扉页印有"文光堂六经全注"。文光堂为清代著名书坊，北京、金陵、苏州、徽州等地都有分号。

先介绍与箱内藏书有关的几个概念。

四书，指《大学》《中庸》《论语》《孟子》四部儒家经典。六经，指《诗》《书》《礼》《易》《春秋》《乐》六部经典著作，因《乐经》亡失，所以，与四书合称为"四书五经"。

集注，就是汇辑、综合各家对同一古籍音义的注释，并加入自己的见解观点。

集传，就是汇集各家对同一种经典的解说，进行比较研究。这里的"传"，是对"经"的解释，即阐述经义的文字。

集说，指汇集对某一古籍的诸家解说，并加上自己的见解判断。

本义，指探究某一经典的原本含义。

朱子，即朱熹。朱熹（1130—1200），字元晦、仲晦，别号紫阳、晦庵、晦翁。江西婺源人，哲学家、教育家，宋代理学集大成者。

蔡沈（1167—1230），字仲默，学者称九峰先生，福建建阳人，师从朱熹。

陈澔（1260—1341），字可大，号云住，又号北山叟，江西都昌人，宋末元初理学家、教育家。

《春秋左氏传杜林合注》，明代王道焜、赵如源著。此书把西晋杜预的《春秋左传集解》与宋代林尧叟的《春秋左传句解》二书之注合在一起纂辑而成，故名《杜林合注》。

朱熹分别为"四书"作了注释，其中《大学》《中庸》的注释称为"章句"，《论语》《孟子》的注释因为引用他人的说法较多，所以称为"集注"。朱熹之后，由他所注释的"四书"被定为官书，成为读书人必读的教科书，并被定为科举取士的命题依据。元明清各代，科举考试范围都限定在朱熹注释的四书之内。

四书五经是儒家思想的核心载体，是中国传统文化的重要组成部分，数千年来，对中国社会的价值观念、哲学思想、国家治理、居官从政、为人处世、文化教育、社会规范等方面产生了广泛而深刻的影响。四书五经包含的内容博大精深，在中国思想文化史和世界思想文化史上都具有极高的地位。时至今日，"四书五经"所载的内容及哲学思想仍对我们具有积极的意义和参考价值。

所以，莫小看这小小的书箱，这里面收藏了中国古代文化的煌煌经典，是中国古代知识分子安身立命的精神依托，是读书人博取功名不可离身的藏宝箱。

接下来再说说和书箱有关的几个词语。

先说"负箧"。中学语文课本中有一篇明代宋濂写的《送东阳马生序》，里面讲到作者自己当年求学之艰难："当余之从师也，负箧曳屣，行深山巨谷中，穷冬烈风，大雪深数尺，足肤皲裂而不知。"这里"负箧"的"箧"就是书箱，当时读书人外出拜师求学，要自己背上书箱。出远门，除了带书，还要带上衣物干粮，所以书箱不能太大，于是就出现了这种便携式的"巾箱"。

再说"负笈"。负笈也是背着书箱，"笈"就是这样的小书箱。白居易有一首诗《相和歌辞·短歌行二》，说"负笈尘中游，抱书雪前宿"。背着书箱在尘土飞扬的路上奔波，抱着书本在雪地里寻宿，极言外出游学之艰苦。孙中山在《中国之革命》一文中说："满清之昏弱，日益暴露，外患日益亟，士大夫忧时感愤，负笈于欧美日本者日众。"用"负笈"一词来指代出国求学。当然，这里的"负笈"用的是这个词的引申义"求学"，而不是实指"背着书箱"了。

还有一个词语"腹笥"，也和书箱有关。汉代有个人叫边韶，字孝先，以文章知名，教授着不少学生。一次，边韶大白天的假装睡着了，一些弟子就私下里嘲笑道："边孝先，腹便便。懒读书，但欲眠。"边韶听到了，就随口应答道："边为姓，孝为字。腹便便，《五经》笥。但欲眠，思经事。寐与周公通梦，静与孔子同意。师而可嘲，出何典记？"令嘲笑他的学生大为惭愧。这里的"腹便便，《五经》笥"，是说别看我大腹便便的，可是装着四书五经的书箱哦！"笥"就是书箱，后来，人们就用"腹笥"来比喻肚子里的学问。用"腹笥丰赡""腹笥五经"来形容知识积累富足，而用"腹笥窘迫"来形容知识贫乏。

最后再来说说"游学"以及与游学有关的标志性人物及其故事。

根据主体性的不同，《辞源》对"游学"的释义有三个义项：周游讲学、游说之人、外出求学。彭勇在《中国旅游史》中说："游学各地，或拜师访友，或问学山水，或博阅地理知识，历朝历代的读书人走出家门，游学四方，构成了中国古代颇具特色的游学之风。"① 简而言之，以读书学习为目的的出行，古人叫"游学"。

古代游学标志性人物是孔子，可以说孔子开了中国游学风气之先。据《史记·孔子世家》，孔子周游各诸侯国长达十四年，一生遍及卫、陈、鲁、宋、郑、蔡、楚诸国。其间他招徒讲学，传道授业，弟子们跟随他遍访都邑，从困顿碰壁中体悟人生，开阔眼界，了解民风政情。现在好多地方都有孔子遗迹，就是这个原因。

不只孔子，先秦时期的"子"级人物无一不是"游"出来的，墨子、庄子、孙子、孟子、荀子、韩非子等，全都是著名"游士"。

到汉魏时，读书人游学之风更为盛行。

这一时期，最典型的人物是《史记》作者司马迁。司马迁二十岁即开始远游各地名山大川。根据司马迁自己的记载，他从长安出发，先渡过长江到长沙，然后坐船在湘江和浣江流域考察；之后去江西，登庐山，考察大禹疏通九江的遗迹；又抵达汉高祖刘邦的故乡江苏沛县，采访汉高祖发迹前的轶事；又来到鲁国旧地，参观了孔子的故居和礼器，随后在山东邹城学习先秦的乡饮之礼和宴射之礼；他又先后来到孟尝君和春申君的故地，最后经过魏国旧都大梁，搜集了夷门监者侯嬴与信陵君的交往经历，再从大梁返回长安。

司马迁这次游学，时间很长，路线很长，去过的地方很多，不仅向名师大儒请教学问，更向江湖野老追寻口述史，为他以后写成《史记》打下了坚实的基础。

---

① 彭勇：《中国旅游史》，郑州大学出版社，2006 年，第 37 页。

明代徐弘祖（霞客）二十二岁开始游历各地名山大川，历时三十年，足迹遍及现今十九个省区。他一路漫游，一路记录自己的行旅见闻，最终写成《徐霞客游记》，成就了一部著名的地理学百科全书。这部书今本四十余万字，据说只是当时日记总篇幅的六分之一。可见，行路生活大大激发了徐霞客的才智。徐霞客最经典的一句话是"大丈夫当朝碧海而暮苍梧"，就是说一个有志向的男子要游历四方，增长见识。用现在的话来说就是要有理想，而且要走出去实现人生的理想，而不是原地踏步，这才是真正的大丈夫。

由此可见，古代士人都很喜欢远游，他们在远游的过程中，访问学者，增长见识，"读万卷书，行万里路"，这是古人追求的一种人生境界。

古人负笈游学一般有两个原因，一是因为家贫，要立志求学成才，所以背起书箱，远走他乡求学；二是因为要磨砺自己的生活性情，是一种体验劳苦求知的生活态度。现代交通便利，异地求学已经没有了游学的意味，倒是有些较为小众的旅游方式在精神层面与之接近，比如"背包客"（通常所说的"驴友"）。这种游历活动提倡化最少的钱，走最远的路，看别人难以看到的风景，强调整个过程的自主和体验，这种行旅方式自有其独特的魅力。

这个小小的书箱，里面的故事真不少啊！

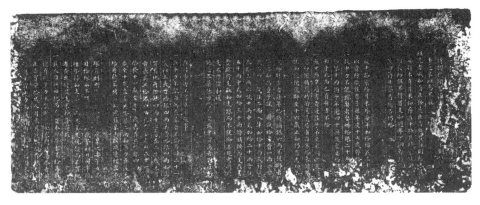

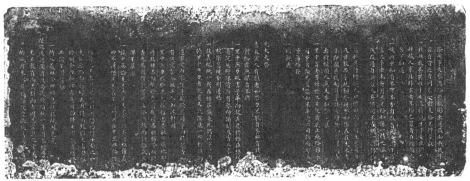

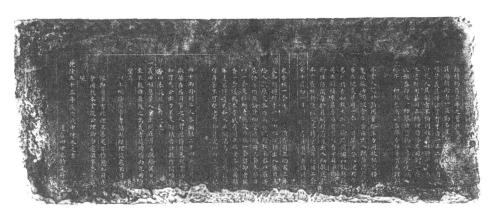

杨氏义庄规条碑刻拓片

《杨氏义庄规条》考析

撰文／邢 华

　　苏州教育博物馆有三张碑刻拓片的照片，展示了张家港恬庄杨氏家族义庄规条的部分内容。

　　《杨氏义庄规条》碑为石质，共四方，一方已失。留存三方碑均为长80厘米，宽31厘米，厚18厘米，留存凡两千七百五十八字①。三方石碑因长期暴露室外，风化严重，字迹比较模糊。此碑原存张家港市恬庄孝坊，现收藏于张家港市博物馆。

一、恬庄及杨岱

　　杨氏义庄位于今张家港市恬庄（原属常熟）。恬庄又名田庄、恬养庄，始创者为奚浦乡贤钱洪所，原是收取田租之庄，称为田庄。《恬庄小识》载："前明奚浦钱氏创田庄市，为收田租之庄。"人们因屡遭倭寇劫扰，尤为思念安定生活，遂取"田"字谐音改为"恬"，并在中间加一"养"字，名"恬养庄"，寓有身心安逸、修养生息之意。杨无恙在《无恙后集》中记："河阳里②元明有市集，经乱焚毁，移集恬养庄。"③到乾隆年间，田庄发展为虞

---

① 中共张家港市委宣传部、张家港市档案馆：《张家港碑刻选集》，第87页。
② 河阳里：原属常熟，盛产鸭血糯。
③ 苏州市地方志办公室：《苏州老街志》，广陵书社，2011年，第270页。

西重镇，称恬庄。

杨氏义庄主人为杨岱，年少时因父亲患病，毅然放弃科举，苦读医书研读药理，为父治病，陪父亲病榻前八年，其事迹感动乡里，被誉为"杨孝子"。杨氏孝坊门前立有一座牌坊，上有"天恩旌孝"四字，意为天子恩典旌表孝子，这是属于杨岱及其家族的荣耀。

二、《杨氏义庄规条》出台背景

中国最早的义庄由北宋范仲淹首创。杨岱父亲杨继祖十分敬佩范仲淹，希望杨家也能设义庄、行义举。作为孝子的杨岱一方面为了却父亲心愿，另一方面也是为了弘扬善行义举，遂于乾隆四十四年（1779）选家中千亩良田划为恬庄杨氏义田，并设义庄。《杨氏义庄规条》第一条："捐置赡族义田共壹仟壹拾贰亩壹分壹毫，随田屋贰拾贰间肆厦。岁收租麦壹拾石叁斗肆升，租米玖佰壹石壹斗肆升伍合。"对义田的规模做了具体说明。

《杨氏义庄规条》为杨岱五十二岁时亲自拟定并书写，《杨氏义庄规条》碑立于清乾隆五十三年（1788），规条共二十五款，考虑详备，行文周密，既反映了杨岱乐善好施的品行，又体现其善于经营的公正严谨作风。

自北宋范仲淹创设义庄始，救济族人就是义庄最重要的功能，也是义庄创设者的初衷。到明清两代，义庄已形成一套较为完善的管理制度，涉及衣食、医药、教育、嫁娶、丧葬等族众生活的诸多方面。《杨氏义庄规条》通篇内容详细规定了设立义庄的职责，记载了本族义田收支情况，制定了婚丧嫁娶、教育教规等制度。义庄在赡族的同时，还兼具劝善之用，如为孝子贞女津贴建坊、向参加科举的族中子弟提供补助等。这对于维持家族秩序、维护社会稳定具有积极意义。《杨氏义庄规条》是研究清中期处于鼎盛时期的恬庄杨氏家族的第一手资料。

三、《杨氏义庄规条》的教育价值

作为民间自发的一宗慈善事业，创立者深知义庄的经营与管理不可掉以轻心，因此制定义庄规条便成为重要的举措。前溯到北宋皇祐二年（1050），范仲淹建义庄时便制定了有关义田收益支出的规矩，凡十三条，称义庄规矩。这十三条收录在《范文正公集》之《义庄规矩》中。其后，经范氏族裔十余次修订，对义庄内部各成员的权利、义务以及管理运营诸事项做了更为完备的规定，成为范氏义庄的基本法①。

义庄的收入均为庄主自己捐田、岁收所得，因此对支出管理必须非常用心。《杨氏义庄规条》第二十四条："经管义庄，择诚实有才者，一正二副。正者定以族人，副者不拘同姓异姓，听司正同征本堂择用。"要求经管义庄的人第一必须诚实、第二还需有才，一正二副，正者必须是族人，显示了杨岱对义庄经营的良苦用心。

除了具有共性的管理制度外，不同的义庄也会根据各自特点来制定符合家族自身发展利益的规定。《杨氏义庄规条》凡二十五条，除了体现救济族人、资助孤寡、助婚丧、助嫁娶的普遍功能外，特别重要的是体现了助学功能。义庄发展至明清，助学逐步成为其重要功能之一，其主要目的是助学入仕，以便为家族发展提供人才支撑，这是家族取得进一步发展的不竭动力。助学形式主要有支助启蒙教育和助科考两种。苏南地区文化发达，科举竞争异常激烈，科举考试成为整个家族乃至宗族间的较量。只有尽家族乃至宗族之力去保障，才有可能取得科举入仕的优势，进而形成良性循环②。这在《杨氏义庄规条》中也得到了充分体现。

---

① 朱林方：《"家"的法律构造——以范氏义庄为中心的考察》，西南政法大学人权教育与研究中心，2016年。
② 江庆柏：《明清苏南望族文化研究》，南京师范大学出版社，1999年。

《杨氏义庄规条》明确规定，对族中"力不能自养者""无力读书者"及有其他困难者实行抚恤救济，规定了向参加科举的族中子弟提供补助的详细要求和方法，突出了教育价值。第十条如下：

> 族中无力读书者，近庄子弟至家祠中就读，塾师修脯随时酌送。远居者每年给束修银三两，听便从师，至十六岁止。如仍有志功名、从师肆业者，每年给修脯六两。不从师者停给。如应童子试，县试给考费一两，府试二两，院试二两。入泮加给十两，岁科试各给三两。乡试十两，中式加给二十两。会试五十两，中式加给三十两。修脯按节支取，考费临行支取。如支银而不从师、不赴考，将应支作价扣还。

一方面为无力读书者提供读书机会，给予财力支持，同时对不参加科考的也作出了"将应支作价扣还"的处罚规定。

《杨氏义庄规条》除了对族中无力读书者给予脩脯支银资助外，对没有家族关系的乡里无力读书者给予同样的支持。第十九条如下：

> 里中无力攻书子弟，向设义庄于恬庄继缘道院，延师课读。所有塾师修脯及香火米石，照依旧规分别送给。

这一方面体现了杨岱的乐善好施，同时更体现了杨岱对本地乡村邻里教育的重视，希望通过培养更多的读书人，来提高整体恬庄百姓的素养。

中国传统教育素本"化民成俗，其必由学""建国君民，教学为先"之理，而达"教化""治化"之目的①。《杨氏义庄规条》中所体现的对教育的重视，与众多义庄设立的初衷是一致的，这不仅是对族人施行伦理教化的需要，也进一步强化了重文兴教的社会风气。该规条第十五条明确规定：

> 族中子姓，如有不守本分自取贫困及为不可言之事者，本身月米不给。如系一时之误，日后改过自新，族人具保，司正查明，一体仍给。

该规条从制度层面规定族人不可养成不劳而获的恶端行为，以家族规条的形式作出了惩处此类行为的规定，既可以确保维系家庭兴盛，也对社会稳定起了积极的作用，从而达"教化""治化"之目的。

杨岱将《杨氏义庄规条》勒石刻碑告知族众，希望通过兴办教育、化育民风、破除陋习来规范族人行为，旨在为家族发展担当起承继过去、改变现状和创造未来的责任。因此杨岱被誉为"恬庄杨氏家族奠基人"。乾隆御书赐"乐善好施"匾额，这是对杨氏家风最高规格的表彰。

张家港市博物馆收藏刻录有关恬庄杨氏家族的记事碑共有七种，为碑刻撰文书写的有梁同书、王文治、阮元、潘世恩等著名士人，这组系列碑刻是研究清中叶张家港恬庄乡风民俗的珍贵史料，具有很高的人文价值。

四、小结

义庄规条是家族法规的重要表现形式。自范仲淹首创义庄始，到明清以降，义庄规条内容更加丰富，措施更加严密，管理水平逐步提高，义庄担负的社会职能逐步增加，对稳定社会起到了一定的积极作用。因此，义

---

① 陈勇、李学如：《近代苏南义庄的家族教育》，上海大学"211 工程"第三期项目"转型期中国的民间文化生态"（项目号：A.15-A011-09-001）。

庄得到国家和各地官府的支持、鼓励和保护①。

正是在《杨氏义庄规条》的教范之下,杨岱后辈皆行善举,族人俊杰辈出。杨岱长子杨景仁曾任刑部主事,他一心为民,焚膏继晷,写下《筹济编》《式敬编》。杨岱曾孙杨泗孙中咸丰二年榜眼,出太常寺少卿。嘉庆十六年进士、惠州知府杨希铨,道光二十三年举人、著名书法家杨沂孙,光绪六年进士、御史杨崇伊,均为恬庄人②。杨岱在完成父亲心愿善孝行的基础上,通过设义庄、助义学培养了一代代人才,支撑了家族的兴旺,恬庄杨氏也成为了地方望族。

通过解读《杨氏义庄规条》,我们可以得出这样的结论:义庄规条目的在于提高族人的文化修养,教化愚顽,在经济上体现赡族之贫,助族之残,扶族之幼之功效,维系家庭之兴盛,防止恶端行为出现,体现了"固本聚族""安分敦睦"的精神实质③。正如清人王鸣盛所言:"立国以养人材为本,教家何独不然? 令合族子弟而教之,他日有发名成业起为卿大夫者……即未能为卿大夫,而服习乎诗书仁义之训,必皆知自爱,族人得相与维系而不散。"苏州教育博物馆将《杨氏义庄规条》作为江南义庄规条的代表予以展陈,正是为了揭橥其人文教化功能。

---

① 张琨:《明清以来苏州义庄浅析》,苏州教育学院学报,2013 年 12 月第 6 期。
② 苏州市地方志办公室:《苏州老街志》,广陵书社,2011 年,第 271 页。
③ 李交发、刘泽友:《义庄条规与传统社会和谐》,湘潭大学法学院湖南省哲学社会科学项目"中国传统家族司法研究"(07JD08) 的阶段性成果。

附：《杨氏义庄规条》

（摘自中共张家港市委宣传部、张家港市档案局、张家港市文广局编《张家港碑刻选集》，原文为繁体字，个别文字和标点符号有改动）

杨氏义庄规条

计开

一、捐置赡族义田共壹仟壹拾贰亩壹分壹毫，随田屋贰拾贰间肆厦。岁收租麦壹拾石叁斗肆升，租米玖佰壹石壹斗肆升伍合。

二、捐备恬庄镇义塾修脯及施里中贫老衣药、棺木，完纳义塾条漕各费，田壹佰壹亩捌分柒厘玖毫，随田屋叁间叁厦，岁收租米捌拾玖石肆合。

三、捐建义庄拾叁楹，计费银壹仟两，又捐修葺义庄及吾子孙修祭先大夫兆昌公坟茔、丙舍各费，田壹佰贰亩叁分肆厘捌毫，岁收租米柒拾叁石柒斗叁合。

四、捐设族墓壹处，计地叁亩五分，听族人就葬。

五、捐设义墓壹处，计地壹亩捌分，听无力里人就葬。

六、捐设仆墓壹处，计地贰亩两分，听家仆就葬。内现有熟田壹亩零，收租玖斗叁升陆合。后如不敷，除租作墓。

以上共捐田壹仟贰佰贰拾叁亩伍分贰厘捌毫，随田屋贰拾伍间陆厦，坐落常熟县西南二乡。岁收租麦共壹拾石叁斗肆升，岁收租米共壹仟陆拾肆石柒斗捌升捌合。至田屋区图字号科则佃租，另立细册，兹不复载。收入租米搨筛洁净，除完漕外，余剩糙米碓白，定以九折为则贮廒。所该经费，先将二米糠谷及收下作租别物易价，后将白米出粜辧用。所有应给米石，照依市斛斗升。应给银两，照依市用七折串钱，凡银一两，给通足钱七百文，不随时价低昂，总归画一。

七、族中力不能自养者，无论男女，十七岁以上每人日给白米一升。十一岁至十六岁，每人日给五合。五岁至十岁，每人日给三合。四岁以下不给。女于出嫁日停给。闰月小建，总以日计。近庄者每月初一日支给，远居者四季季月初一日支给。届期将经折交经管者注明该期应支米数，照依出簿挨次给发，加用义庄给讫图记，不得预支，不得寄存，以杜非期出入之弊。不依者即停给是期之米。经折者满缴稍换给，无故遗失经折，停给一月之米。或典抵与人代领及不运回家，查出停给一季之米。其妇女老幼及抱病者，许托亲房持折代领。祭扫日，岁丁者无故不到，停给一季之米，以为不敬祖先者诫。如有正务远出者，赴庄注明给米庄册，将本身用米扣存庄中，听其归家候期总领，长幼俱不得冒支。如周年不回，暂行注除，俟回籍日察看应否仍给。

八、族中孤寡，给月米外，每年加给棉花三十斤，以资纺线。俟有子孙年交十七岁，停给。

九、族中力不能嫁娶者，娶妇给银二十两，嫁女给银十两，独子年逾四十无后，娶妾给银十两，子死而已有孙者不给。

十、族中无力读书者，近庄子弟至家祠中就读，塾师修脯随时酌送。远居者每年给束修银三两，听便从师，至十六岁止。如仍有志功名、从师肄业者，每年给修脯银六两。不从师者停给。如应童子试，县试给考费一两，府试二两，院试二两，入泮加给十两，岁科试各给三两。乡试十两，中式加给二十两。会试五十两，中式加给三十两。修脯按节支取，考费临行支取。如支银而不从师、不赴考，将应支作价扣还。

十一、施送各药，依方修合。里族中贫病者，对症给与。司事者不得草率从事。

十二、族中不能自办丧葬者，不论男妇，二十一岁以上丧费给银四两，葬费给银四两。如需买葬地，再给银四两。十七岁至二十岁未娶者丧葬，共给银六两。凡已娶者照二十一岁给发。十一岁至十六岁丧葬，共给银四两。五岁至十岁丧葬，共给银二两。如无力无后夭殇者，听葬褚庄识号族墓上，挨次连埋，立石冢前，刊明迁虞几世、某人及某之妻子女名目，给冢石工价五百文。春秋祭祠日，司事须往祭扫。如支葬费而不葬，支地价而不买地者，查出，将应支米扣除还庄。

十三、族人虽无田地而有资本经营者，不给。其或稍有微业，力不能赡养全家，诉请酌给者，司正查实，重给几人月米，其余各项费银概不给与。至前无力而后可自养者，应将月米重除。司事失察滥给，照数赔出还庄。如我后子孙有贫乏者，同众一体支给，不得滥取。

十四、族姓收养异姓子女及将亲生子女出继外姓，破人家产妇（疑为"归"）宗者，不给，已冒者在经领人名下扣还。

十五、族中子姓，如有不守本分自取贫困及为不可言之事者，本身月米不给。如系一时之误，日后改过自新，族人具保，司正查明，一体仍给。

十六、族姓应行增减人口，仍照向来将生死月日及世数名字赴祠登册外，如系在庄支米者，亦即开单致明司事，注册增除。如有冒领查出，将经领人在支米扣除还庄。

十七、里中贫老男妇，于冬至起岁底止，施给棉衣。司事者预为置备。如果年逾六旬，询明乡里，登簿给发。

十八、姻亲与先大夫暨袁太宜人有服者，如果力不能自养，照贫族一体给发。无服者不与。

十九、里中无力攻书子弟，向设义庄于恬庄继缘道院，延师课读。所有塾师修脯及香火米石，照依旧规分别送给。

二十、设义冢地一所，在恬庄镇东北隅谟字号内，听里中无力者就葬。又设仆墓一所，于镇南道字号内，家仆身故，听葬。司事四时勘查，如有浅露，督令做工人加泥封固。

二十一、里中无力收殓来乞施棺者，查取尸属地邻所故姓名，领纸给票，前赴匠店取棺登册备查。先为选择殷实匠店，给与银两，预备数具，俾不草率。

二十二、族中无论支米与不支米者，俱不得租种义田，不得借居义庄，不得借用庄中器皿物件。经营人不禁罚，照所租所借物价十分之一充公，原物即行归正。因借而致损失者赔，俱于酬金内扣除。再应用物件，必需岁有增修，工价不得浮短。

二十三、所入义田祭田租息，统收统用，先完国课，后计开销。设遇岁歉，须核一年月米经费，倘至不敷，有尚义捐助者固为宗族之幸，否则酌减月米，搭发杂粮，俟丰收□旧。司事者预同敦本堂通盘筹办，总不许借垫还累。如有余积，约存三年之蓄，然后易价置增绝产归庄，同捐助者一并勒石，呈明立案。

二十四、经管义庄，择诚实有才者，一正二副。正者定以族人，副者不拘同姓异姓，听司正同征本堂择用。其司正总理诸务，其司副一专收租春白及一切银钱货物，一专管完纳国课、给发一切银米。两副名虽分任，事实互理。此外需人，随时酌用，量给辛力，同收租完粮船只纸张油烛饭食等费，在出入总簿开销外，另立便览草册一本，随时随事登入，使额费易于稽查。如钱米出入检点稍懈，以致亏缺，司正赔补。至庄房虽有家人看守，司事仍需轮住防闲，每于月朔将前月出入细数，送敦本堂查核。新陈租交界时，汇造年总册二套。至十月初一日，将一套存庄，司事者协同族众查核，一套送敦本堂备查。司正酌定三年交卸，预将经手一切田租赋粮出入账目、支给人数、原交各册图戳、现时钱米器皿、庄房装修等项，无论巨细，汇造总册三套，冬祭日以一套交接办者照数点收，一套留卸者备查，一套送敦本堂收存。司正收受各账册，虽年远不得遗失。如三年期满，为众所敬信，保留再管；不可，坚决诿卸。并定以司正岁酬银四十两，司副二人各酬银二十四两，按月支取。若在庄司事之人，有应得月米，照常给发。如有为公出力不支酬银者，计数作捐项勒石，以表敦族裕庄之主志。

二十五、义田租息，量入为出，现在可资取给，异日或至不敷，惟冀后之尚义者随时捐助，尤所厚望焉。

以上规条，司事者循照经理，族众不得干预。即司事有经理不善处，亦惟诉知司正，会同敦本堂从公理论，勿遽滋事，紊乱成规。

乾隆五十三年岁次戊申仲冬之吉　迁虞四世岱酌定并书

皇仁誠浩蕩　端賴君子施　寄語賢司牧　盡復鴻雁詩

飼蠶詞　　　　　　　　　吳鍾駿

蠶子小如粒　蠶子明如珠　二日掃蠶蟻　三日蠶蠕蠕〔解一〕
小飼蠶嫌蠶小　自可蠶長當奈何〔解二〕　二人眠人起〔解三〕
大眼三眠十餘日　百箔絲纏綿　牆外桑枝陌頭桑　已起人起蠶〔解四〕
大雨生怕蠶朝饑　解山下乘松送葉稀　昨夜
女郎可起　五更晨起摘蠶飼　蘭黄白盈筐籠
夜夜繰車聲　雞鳴猶未央〔解五〕
十日持絲向市賣　市遠行步迎非是行步迎〔解六〕
賣絲畏人欺〔解七〕　今年蠶子服去年女手絲〔解八〕有女年
軋軋催上機

擬皮陸首夏游楞伽精舍詩　用原韻　　　　　朱兆其

吳趨傍水鄉　烟景帶城郭　名刹峙西南　巖岫遠宏廓
挐舟漾中流　霅若起阿瀁　翳翳極天蘭　橈任棲泊
紺碧與烟鬟　清覩雜峰嶺　盰眙錯心胸　陰森見樓閣
楞櫚煥丹堊　臨晶箔天雨曼院花　若者豁心胸
性海涵無邊　說法聽者愕　此境植靈根
乃知象教宏　力扞波旬惡　迦陵鳴鸞聲樂琳宮湛琉璃
玕昭豁心胸　陰森見樓閣　吳趨傍水鄉

林嵐聞箐竿寒衣陟巘巇峰巒互景互景目
迎鳥聲樂琳宮次登高顛萬景互
玉净芙蓉削吐廉鍔取　楊爐川勢抱并絡
雲容紛錯落蘚剝摩穹碑苔滑怯雙屐險境目東志機心皇著

缫车声声说书院

——《正谊书院小课》摭谈

撰文 / 谷公胜

先来读一首《饲蚕词》：

蚕子小如粒，蚕子明如珠。二日扫蚕蚁，三日蚕蠕蠕。

分蚕嫌蚕少，饲蚕嫌蚕多。蚕小犹自可，蚕长当奈何？

人眠蚕已起，人起蚕又眠。三眠十余日，百箔丝缠绵。

墙外桑枝空，陌头桑叶稀。昨夜大风雨，生怕蚕朝饥。

山下采竹叶，山上采松枝。送蚕上松枝，蚕女喜可知。

晨起摘蚕茧，黄白盈筐箱。夜夜缫车声，鸡鸣犹未央。

持丝向市卖，市远行步迟。非是行步迟，卖丝畏人欺。

有女年十五，轧轧催上机。今年荡子服，去年女手丝。

　　这首诗像一台摄像机，详细记录了一位农家女养蚕卖丝的全过程。这位农家姑娘，从"蚕子小如粒，蚕子明如珠"开始喂养，经过"人眠蚕已起，人起蚕又眠"的辛苦过程，其间还时时担忧着"墙外桑枝空，陌头桑叶稀，昨夜大风雨，生怕蚕朝饥"，这才盼到了"晨起摘蚕茧，黄白盈筐箱"。之后还要经过"夜夜缫车声""轧轧催上机"的忙碌缫丝，才能收获到珍贵的蚕丝。一年忙到头，养蚕缫丝的辛苦自不必说，最怕的是去集市卖丝的时候被人欺负诈骗呀！

读这首《饲蚕词》，很容易就联想到了白居易的《卖炭翁》。一个写南方，一个写北方；一个写水乡姑娘，一个写山中老翁；一个写饲蚕缫丝，一个写伐薪烧炭；一个写缫丝"畏人欺"，一个写卖炭"忧炭贱"。不同的朝代，不同的对象，却是相似的命运。可以看出，《饲蚕词》和《卖炭翁》有一脉相承的痕迹，两首诗都描写了劳动者的不幸遭遇，反映出古代知识分子关心民瘼、悲天悯人的人文情怀。

这首《饲蚕词》选自《正谊书院小课》①。

本馆收藏《正谊书院小课》，开本 13 厘米 ×23.5 厘米，共存一百三十四页，刻印本，字迹基本清晰，版心有"正谊书院小课"字样及页码；但缺损较为严重，未见"卷一""卷二"，封面、扉页及封底均缺失。

此书经苏州文学山房主人江澄波整理改装，分三册装订。第一分册，共49页，标有"卷三"字样，前缺部分目录；第二分册，共四十八页。第一、二两分册共收诗作三百四十二首，依次为五古五十四首、七律一百三十五首、七古六十一首、五律三十五首、五排两首、七排两首、七绝五十三首。第三分册标为"卷四"，共三十七页，按目录，应收试帖诗一百一十首，现存一百零三首，后缺七首。

正谊书院由两江总督铁保、江苏巡抚汪志伊创办于清嘉庆十年（1805），位于苏州沧浪亭对面的可园内。创办者认为，"谊"通"义"，以义为旨，官员才能端正为官之道，士子才能修养身心，"夫谊者，义也。官正其谊则治期探本，士正其谊则志在立身。""正谊"之名由此而来。咸丰十年（1860）

---

① 小课：书院考课名称之一，为书院山长主持的考课，以诗赋、策论、经解为主要内容。据清嘉庆七年（1802）山东章丘《绣江书院条规》载："每月小课两次，山长出题，门斗分送，收齐试卷送阅，不得迟误。"

正谊书院毁于兵燹，后由巡抚李鸿章择址在中由吉巷民居改建书院。同治十年（1871）巡抚张之万拨给藩库银四千两生息，增诸生膏火，并增住院生五人。同治十二年（1873）巡抚张树声在旧址重建书院，并奏颁御书"正谊明道"匾额。光绪二十三年（1897）改定课章，增添西学。光绪二十八年（1902）正谊书院改为苏州府中学堂。

正谊书院历任山长依次为倪为炳、汪庚、曹振勋、吴颐、朱方增、余集、吴廷琛、魏成宪、朱珔、费庚吉、翁心存、赵振祚、温保深、冯桂芬、蒋德馨等十五人（据柳诒徵《江苏书院志初稿》）。除首任倪为炳为举人外，各人皆为进士，其中吴廷琛为状元，冯桂芬为榜眼。

林则徐（1785—1850）任江苏巡抚时（道光十二至十六年，1832—1836）曾来视察正谊书院，对书院教学给予充分肯定。在书院每月逢一进署会课 ① 时，特地让他儿子林汝舟也到场听课，"藉收观摩之益"。 林则徐慧眼识人，在这里发现、举荐了冯桂芬等一批青年才俊。吴大澂《显志堂集序》云："道光朝林文忠公抚吴，有政声。公余之暇，与紫阳正谊两书院肄业士讲求文艺，鉴别人伦。吾师林一冯公以学问文章受知于文忠最深，有一时无两之誉。"

林则徐抽公务之暇到书院给诸生讲学，并命题考课，甄别诸生学业。他要求学生广闻博识，学以致用。是时，林则徐在江南推广种植双季稻，就曾以"再熟稻赋"为题，考核学生作文，以引导诸生接触社会生活实际，了解百姓疾苦。后逢江南大水，灾情严重。林则徐深知州县官吏赈灾时往往克扣侵吞，于是改派紫阳、正谊两书院诸生下乡"散赈"，把救济钱粮直

---

① 会课：会集生徒进行考课。据清道光《南宫县志·东阳书院新定规程》载："会课每月两期，官课定于初二，斋课定于十六，均试以制艺、排律。会课辰刻封门，逾时不到者，虽属高才，不准补进。酉刻交卷，给烛继暑者，虽有佳构，不列前茅。""官课"由地方官员点评，"斋课"则由书院山长点评。

接送到灾民手中。他并要求诸生将所到之处画成图册，标明所赈济的灾民户，以备日后复查。

当时执掌正谊书院的是第九任山长朱珔，他与林则徐、梁章钜（时任江苏布政使）均为诗友。朱珔（1769—1850），安徽泾县人，字玉存，号兰坡，嘉庆七年（1802）进士，选翰林院庶吉士，授编修，历任山东乡试考官、日讲起居注官、国史馆总纂、提调，迁右赞善、侍讲等职。道光二年（1822）后，先后主讲钟山、正谊、紫阳书院凡二十五年，其中自道光七年（1827）始，执掌正谊书院十年。朱珔认为，"书院之例，率以制义试帖为主"，于造就人才有所不足，故"按月别命经解、诗赋诸题，间及杂文"以课士，并且"特缓其期，使宽暇得检书"，施行开放式教学（见朱珔《正谊书院经解诗赋录序》）。朱珔掌院期间，"立身行己，规行矩步，道范俨然"，率先垂范，培养了一批优秀人才，获"江左经师之冠"美誉，并与姚鼐、李联琇有"儒林宿望，鼎足而三"之称。苏州沧浪亭内五百名贤祠有他的石刻像，赞语是："儒林文苑，经师人师，潜研而后，唯公媲之。"赞扬朱珔既是学问之师，又是为人之师，是钱大昕（号潜研老人）之后唯一能与之相媲美的大师级人物。

朱珔十分重视学生自主学习，鼓励学子在经书之外广泛涉猎，扩大阅读面，发展自我特长，并用心荟集生徒学习成果，激励青衿成才。"余自丁亥来吴门，遇有旁搜典籍、并雅擅词章之人，辄为击节欣赏。迄今已十载，始综核成帙。"（朱珔《正谊书院经解诗赋录序》）这份《正谊书院小课》即由朱珔手订，按照诗歌体裁依次编排。这是一份记录当时书院教育情况和教学成果的第一手资料，从中可以窥见书院教育的某些侧面。

赋诗是科举时代士子的一项基本功，收入《正谊书院小课》（卷三、卷四）的都是学生们的诗作。

本文开头这首《饲蚕词》的作者是后来考中道光十二年（1832）壬辰

恩科状元的吴钟骏。吴钟骏（1799—1853），字崧甫，又字吹声，号晴舫，吴县（今苏州）人。中魁后先授翰林院修撰，累迁至礼部左侍郎，先后出任福建典试官、湖南典试官、福建视学、浙江视学。吴钟骏生平无他好，唯喜爱藏书，未仕之前，常借贷以购佳本。买不起书时，便借书抄录，终日不辍。为官以后，公事之余，仍矻矻孜孜，写书抄书，惜其著作未见流传。

写这首诗的时候，他是苏州正谊书院里一介青衿。他对农村生活很熟悉，笔下才能描写出饲蚕的详细过程、种种辛苦和饲蚕女的切身感受。诗中写饲蚕的过程精准具体："二日扫蚕蚁，三日蚕蠕蠕""人眠蚕已起，人起蚕又眠"。写饲蚕女的心理活动细致生动：养蚕的时候，"分蚕嫌蚕少，饲蚕嫌蚕多。蚕小犹自可，蚕长当奈何"；缫丝的时候，"持丝向市卖，市远行步迟。非是行步迟，卖丝畏人欺"。

打开这本古代书院学子诗歌选，还可以看到不少同类题材的习作，比如：插柳词、卖花曲、迎蝗神曲、插秧词、听蛙声、踏水车、煮蚕豆、演春台、做佛会、祀蚕娘、讨麦租、浸稻种、催钱粮、挑菜行、蚕桑词、刈麦行、水车谣、赛社曲、罾鱼曲、驱雀行、负暄行、饲蚕词、织锦曲、采莲歌等，生动地反映了农家生产生活场景，表明了当时读书人对农事的关心和熟悉。

还是以江南农村最为常见的饲蚕来说，学子顾树荣有四首七绝《饲蚕词》。

其一

剪刀声里晚风香，采得柔桑月满筐。

叶价怕昂丝怕贱，背人私祝马头娘[①]。

其二

小眠已过大眠时，作茧纷纷好护持。

---

① 马头娘：亦作马头孃，古代神话中的蚕神。相传是马首人身的少女，故名。祝，祭拜。

蚕欲上山①休浪语，回头细嘱小姑知。

其三

缫车轧轧送斜阳，到处桑阴覆女墙。

为有白头人怕冷，小姑权缓嫁衣裳。

其四

整顿山棚待做丝，人饥不怕怕蚕饥。

谁知卖向红楼上，花样却嫌不入时。

写养蚕过程中的种种情景，细致生动，不是对养蚕人家如此熟悉、如此富有同情，怎么写得出这样生动的诗句："叶价怕昂丝怕贱，背人私祝马头娘。""蚕欲上山休浪语，回头细嘱小姑知。""人饥不怕怕蚕饥。""谁知卖向红楼上，花样却嫌不入时。"

清代著名诗人贝青乔（1810—1863），吴县人，字子木，号无咎、木居士，晚清诸生。他出身于低层士人家庭，他在正谊书院求学时写的《祀蚕娘》生动记录了养蚕时祭祀打卦的民间习俗。

茅檐春晴桑叶长，蚕家争祀马头娘。

银瓶不信桑上挂，且向丛祠打瓦卦。

[原注]谚云"三月三日晴，桑上挂银瓶"。

---

① 上山：蚕儿上簇结茧。山，蚕簇。养蚕有很严格的要求，如蚕叶要新鲜，不能残留雨水，蚕室要保证一定的温度湿度，生长环境不被污染（如葱姜蒜之类辛辣物不能进蚕室）。此外，民间还有很多语言禁忌，称呼要用"蚕宝宝""蚕姑娘"；蚕儿上山结茧更是视为神秘之事，须态度庄恭，不可孟浪不敬；不能说不吉利的话。如，不能说"饭吃完了"，要说"饭吃好了"。如遇小孩无知犯了语言禁忌，大人马上会给小孩擦擦嘴，并向马头娘请求恕谅。

小姑拍手阿母喜，瓦兆①今年吉如此。

殷勤再拜香炉前，桃浆洒去灵风旋。

大巫小巫歌且舞，齐祝蚕丝多满筥②。

上面几首诗描写了农村生产生活的鲜活场景，记录了充满乡土气息的民俗风情。而下面贝青乔的《讨麦租》和《催钱粮》这两首诗则直接揭露了当时贫困农户饱受有钱有势的主家讨债和地方势力敲诈勒索的悲惨现实。

讨麦租

今年春雨大损麦，数亩不盈麦一石。

一石权当一囷米，新租旧租仗此抵。

势家③田多畏如虎，麦租催时剜肉补。

贫家主人少气焰，去冬索租租尚欠。

春来麦熟偿私逋，粜麦依旧逃麦租。

租欠累累何时完？主人莫嗔顽田顽，

渠④家麦饭一饱犹艰难！

催钱粮

乡曲小庙每春村民祈福输⑤钱，岁有定额，输未足则庙令⑥击钲催之云。

庙门夜摰银铛锁，庙令大呼神怒我。

---

① 瓦兆：打瓦卦，即瓦卜，击瓦观其纹理以测吉凶。

② 筥：音 jǔ，盛物的圆形竹筐。

③ 势家：有权势的豪家大户。

④ 渠：代词，他（它）。

⑤ 输：缴纳。

⑥ 庙令：庙祝，庙里管香火的人。

征粮不力谓我惰，急唤太保 ^① 行相催。

鸣钲村口声如雷，村村络绎输粮来。

输粮既足神颜开，福汝祐汝不汝灾。

东村老翁数未足，太保乃言期已促。

昨日取钱今取谷，春衣典却还卖犊。

黄犊作苦且勿哭，明日神宴飨 ^② 尔肉！

你看，"租欠累累何时完""渠家麦饭一饱犹艰难"！你看，东村老翁典卖春衣还是难以输交钱粮，只能忍痛卖掉家里的小黄牛。这可是一家人的命根子啊！老翁忍不住心中的悲哀，向相依为命的小黄牛告别道："黄犊作苦且勿哭，明日神宴飨尔肉！"读来真是催人泪下！在《正谊书院小课》里，我们看到了一幅幅农桑生产的生动画面，一幕幕农村生活的真实场景。书院学子真是接地气、知农事、感民瘼、怀民情啊！

有人以为古代读书人都是"两耳不闻窗外事，一心只读圣贤书"的书呆子，其实不然。《正谊书院小课》的学子诗抄，为我们认识古代书院教育提供了一个新的视角。我国是一个古老的农耕社会国家，"民以食为天"，历代统治者都把农业放在治国安邦的首要位置。因此，古代书院培养人才也十分重视农业以及与之相关各个领域的知识，强调求学者必须熟悉农事、了解农村、关心农民。历代以来，从国风乐府、诸子典籍到文人诗赋，也都为学子们提供了笔耕农桑的重要依据和学习资源。《正谊书院小课》对此提供了生动的例证。

《正谊书院小课》里还收录了山水、花鸟、怀古、咏物、抒怀、刺世等

---

① 太保：宋元时称庙祝、巫师为太保。

② 飨：祭献。

各种题材的诗歌作品。

请看冯桂芬的两首试帖诗，一写春花，一写秋花，表现出他清正高标的人格追求。

三月春阴正养花（得花字）①

绿章②蒙报可，特地为怜花。

三月光阴早，千林爱护加。

人心迟彩霁，天意惜红华。

悄悄情如许，姗姗讯未赊。

半含还半放，疑雾又疑霞。

好倩金铃伴，无须羯鼓挝。

寒轻嫌袖翠，香㷪隔帘纱。

巧待琼楼客，来看驻宝车。

人淡如菊　（得如字）

最爱霜前菊，风神孰比渠。

心情花似解，淡泊我无如。

---

① 得"某"字，指写试帖诗所规定的韵脚。试帖诗是科举考试所采用的一种诗体，源于唐代。大都为五言六韵或八韵的排律，以古人诗句或成语为题，冠以"赋得"二字，并限韵脚。清代试帖诗格式限制尤严。为应对科举考试，书院把习作试帖诗当做一项基本功来训练。试帖诗是临场命题作文，有严格的格式要求，内容表达易受束缚，多为平庸之作。但是也会有才子写出精彩的诗句。例如钱起的"曲终人不见，江上数峰青"，白居易的"野火烧不尽，春风吹又生"，俞樾的"花落春仍在，天时尚艳阳"。

② 绿章：青词，旧时道士祭天时所写的奏章表文，用朱笔写在青藤纸上，故名。

直并兰言臭①，相陪栗里②居。

称名宜隐逸，写影亦萧疏。

旧雨开三径，秋风话一庐。

诗怀荒圃寄，酒兴短篱馀。

骨格殊超俗，清闲独伴予。

襟期推表圣③，典雅品非虚。

冯桂芬（1809—1874），吴县（今苏州）人，字林一，号景亭，晚号邓尉山人。清道光二十年（1840）一甲二名进士及第（榜眼）。曾先后主讲金陵、上海、苏州诸书院。"中体西用"倡导者。著作有《校邠庐抗议》《显志堂集》《说文解字段注考证》。

道光八年（1828），弱冠之际的冯桂芬进入正谊书院读书，深受山长朱珔的器重。三十六年后，同治三年（1864），冯桂芬接受李鸿章聘请，出任正谊书院第十四任山长，长达三年。冯桂芬殚力经世之学，宣传"中体西用"的主张："如以中国之伦常名教为原本，辅以诸国富强之术，不更善之善者哉！"（《校邠庐抗议》）冯桂芬先后"主讲惜阴、敬业、紫阳、正谊各书院几二十年，造就多知名士，其素无文誉而激励成才者不可胜数"（见柳诒徵《江苏书院志初稿》）。他的门生有吴大澂、叶昌炽、陆润庠、王颂蔚、管礼耕、潘锡爵、袁宝璜等（据《姑苏晚报》苏娇波文《冯桂芬与正谊书院》）。

顾文彬的两首试帖诗，又是另一种风格，想象力丰富，人有豪放雄迈之气。

---

① 兰言：心意相投的言论。臭，音 xiù，气味总称。

② 栗里：地名，在江西九江，陶渊明曾居此。

③ 表圣：赞美圣人。

笔阵横扫千人军（得军字）

一握如椽笔，纵横属此君。

战休持寸铁，阵已扫千军。

险夺龙蛇势，奇争翰墨勋。

五花①新壁垒，三峡壮风云。

馀勇书城贾，先声楮国②闻。

词坛排虎旅，武库焕鸿文。

老气③真无敌，偏师回绝群。

挥毫矜拔帜，多士励精勤。

攀桂仰天高（得高字）

十二琼楼迥，三千碧宇高。

人间攀桂客，天上列仙曹。

月窟凌虚蹑，云梯拾级劳。

香风飘两袖，珠露湿重袍。

蕊榜金霏粟，霓裳玉奏璈④。

仙源探宿海⑤，下界走烟涛。

此地峰登鹫，何人背踏鳌。

广寒今可到，万里快翔翱。

① 五花：五行阵，古时作战的一种阵法。
② 楮国：指纸。楮树皮可造纸。
③ 老气：老练的气概。
④ 璈：一种古代乐器。
⑤ 宿海：深海。

顾文彬（1811—1889），字蔚如，号子山，晚号艮盦、艮庵、过云楼主，元和（今苏州）人，清代词人、书法家、收藏家。道光二十一年(1841)进士，官浙江宁绍道台。辞官归里后，筑怡园，建过云楼，收藏天下书画。苏州教育博物馆所在柴园内，砖细门楼题额"嘉门善祥"即为顾文彬于光绪九年（1883）书写。

从上面的介绍可以看出，《正谊书院小课》从一个侧面折射出古代书院的精神。书院始于唐，兴于宋，盛于明清，作为中国古代集藏书、教学、研究为一体的文化教育机构，是知识精英荟萃之地，也是中华优秀传统文化的藏宝库、凝聚点和辐射源。书院在长期的办学历程中形成了特有的精神传统，这就是有教无类、立德为先的人文精神，坚守初心、淡泊名利的人格信仰，经世致用、兼济天下的家国情怀，穷本溯源、质疑问难的探究态度，独立思考、著书立说的创新意识。这是中国古代教育留给我们的宝贵财富。

让我们再回到开头介绍的《饲蚕词》。缫车声声，情意拳拳，一位寒门弟子，依靠努力苦学后来考中了状元，他在书院求学时写的这篇诗歌及其同窗们的习作，传递给了我们很多很有价值的信息。

参考文献

1. 赵所生、薛正兴：《中国历代书院志》，江苏教育出版社，1995 年。
2. 季啸风主编：《中国书院辞典》，浙江教育出版社，1996 年。

"敬业"匾

《十驾斋养新录》书影

一匾十驾仰宗师

——钱大昕《十驾斋养新录》札记

撰文 / 谷公胜

　　本馆藏品《十驾斋养新录（二十卷）》并《馀录（三卷）》，嘉庆九年甲子（1804）初刊，光绪二年丙子（1876）浙江书局重刻。有钱大昕自序和阮元①所撰序言。

　　钱大昕（1728—1804），字晓征，号辛楣，又号竹汀，晚号潜研老人，嘉定人。清代史学家、汉学家、教育家。乾隆十九年（1754）中进士，授翰林院编修，擢为侍读，先后任右春坊右赞善、武英殿纂修官、功臣馆纂修官、詹事府少詹事，提督广东学政。其间出任会试同考官及山东、湖南、浙江、河南等地乡试考官。乾隆四十年（1775），丁忧归里，引疾不仕。归田三十年，潜心著述课徒，历主钟山、娄东、紫阳书院讲席。著有《廿二史考异》《十驾斋养新录》《潜研堂文集》。

　　《十驾斋养新录》嘉庆九年初刊本阮元所撰序给予钱大昕极高评价，称他为"九难先生"。

---

① 　阮元（1764—1849），字伯元，号芸台、雷塘庵主、揅经老人、怡性老人，江苏仪征人。清代经学家、训诂学家、金石学家。乾隆五十四年（1789）进士，历仕乾隆、嘉庆、道光三朝。以提倡学术、振兴文教为己任，勤于军政，治绩斐然。晚年官拜体仁阁大学士，致仕后加官至太傅。卒谥文达。

国初以来，诸儒或言道德、或言经术、或言史学、或言天学、或言地理、或言文字音韵、或言金石诗文，专精者固多，兼擅者尚少。唯嘉定钱辛楣先生能兼其成。

由今言之，盖有九难：先生讲学上书房，归里甚早，人伦师表，履蹈粹然，此人所难能一也；先生深于道德性情之理，持论必执其中，实事必求其是，此人所难能二也；先生潜研经学，传注疏义，无不洞彻原委，此人所难能三也；先生于正史杂史无不讨寻，订千年未正之伪，此人所难能四也；先生精通天算，三统上下，无不推而明之，此人所难能五也；先生校正地志，于天下古今沿革分合，无不考而明之，此人所难能六也；先生于六书音韵观其会通，得古人声音文字之本，此人所难能七也；先生于金石无不编录，于官制史事考核尤精，此人所难能八也；先生诗古文词，及其早岁久已主盟坛坫，冠冕馆阁，此人所难能九也。合此九难，求之百载，归于嘉定，孰不云然！

钱大昕一生和紫阳书院有不解之缘。乾隆十四年（1749），二十二岁的钱大昕被破格录入紫阳书院学习。《竹汀居士年谱》有如下记载：

（乾隆）十四年己巳，年二十二岁。巡抚觉罗樘轩公雅尔哈善①闻予名，檄本县具文，送紫阳书院肄业。时侍御王艮斋②先生为院长。阅居士课义诗赋论策，叹赏不置，曰"此天下才也"。自是课试常居第一。

---

① 巡抚觉罗樘轩公雅尔哈善：乾隆十三年至二十五年（1748—1760）任江苏巡抚。
② 王艮斋，时任紫阳书院山长王峻。王峻（1694—1751），字次山，号艮斋。常熟人。清雍正二年（1724）进士，授翰林院编修。任《一统志》纂修官。历典浙江、贵州、云南乡试。乾隆初改任御史。后因母去世归里。杜门十余年，主讲安定、云龙、紫阳书院，以古学倡导后进。

钱庆曾①案：先是，王少司寇②肄业紫阳书院，与王光禄③同舍。始知公幼慧、善读书，有神童之目。及院长询以今日人才，则以公对。院长转告巡抚，巡抚喜甚，招公至院，试以周礼、文献通考两论。公下笔千言。于是惊异院中诸名宿，莫不敛手敬之。

四十年后，钱大昕于乾隆五十四年（1789）六十二岁时主持紫阳书院。当时原任院长蒋元益去世。时任江苏巡抚闵鹗元博访舆论，认为只有钱大昕能够担当此任。

紫阳书院旧院长为蒋侍郎元益，于去冬谢世。中丞闵公④博访舆论，唯公克称斯席。遂以公品粹学淳居乡端谨入奏。公追忆四十年前赖名师益友得窥古人堂奥，乃奋然以振兴文教为己任，谕诸生以无慕虚名勤修实学。由是吴中士习为之一变。（《竹汀居士年谱》钱庆曾案）

自乾隆五十四年（1789）至嘉庆九年（1804），钱大昕主持紫阳书院十六年，最终于七十七岁时逝于紫阳书院。钱大昕之离世，也是一件令人赞羡的神奇之事。"卒之日尚与诸生相见，口讲指画，谈笑不辍，及少疲，倚枕而卧，不逾时家人趋视，已与造化者游矣。非其天怀淡定，涵养有素，

---

① 钱庆曾，字又沂，钱大昕曾孙。咸丰二年（1852）岁贡。历署江苏江阴、武进教谕，靖江训导。案，同"按"，按语，对有关文章、词句所作的说明、提示或考证。

② 王少司寇：王昶（1725—1806），字德甫，号述庵，又号兰泉。青浦人，清代著名学者。博学善文，家境清寒，写《固穷赋》以自励。乾隆十九年（1754）进士。官至刑部右侍郎。与钱大昕同窗交谊数十年，为钱大昕撰墓志铭者。

③ 王光禄，即王鸣盛（1722—1798），字凤喈，一字礼堂，别字西庄，晚号西沚、西沚居士。太仓州嘉定县人。清代史学家、经学家、考据学家。官侍读学士、内阁学士兼礼部侍郎、光禄寺卿。撰《十七史商榷》百卷，为传世之作。另有《耕养斋诗文集》《西沚居士集》等著作。

④ 中丞，明清称巡抚。闵公，江苏巡抚闵鹗元。

能如此哉！"（王昶《詹事府少詹事钱君大昕墓志铭》）

钱大昕离世当天情形，其曾孙钱庆曾在《竹汀居士年谱续编》中有详细记载：

（嘉庆九年）十月二十日，晨起盥洗，展阅一编。饭后更衣剃发，校《养新录》刊本数叶。案头有中丞①新诗属公评定者。公循诵再三谓："所作有关名教，非仅诗人能事。"手书小笺报之。俄觉劳倦，命侍者扶掖登床。适有门人孙公延晤谈。见公神色异于平时，往告监院②。监院遽达中丞。中丞曰："无妨也。顷接手书，精神不减。岂墨沈③未干而遽有变？"即命驾诣公榻前，见公闭目危坐。急命左右灌以热汤，竟不复苏。时为申正④也。先祖辈适于数日前回家，中丞即令属差役迅报。（《十驾斋养新录·竹汀居士年谱续编》）

钱大昕掌院十六年间，"奋然以振兴文教为己任，谕诸生以无慕虚名勤修实学"。四方贤士慕名而来，受业于门下者不下两千人。钱大昕生前就饮誉海内，被学界公推为"一代儒宗"。"先生不专治一经而无经不通，不专攻一艺而无艺不精"。阮元在《十驾斋养新录》序言中赞叹他是"九难先生"，即在人伦、道德、经术、史学、天算、地志、音韵、金石、诗文等九个方面都具有人所难能的造诣。钱大昕是十八世纪中国最为渊博和专精的学术大家。苏州沧浪亭五百名贤祠中钱大昕石刻像的赞语是："远宗伯厚，

① 中丞：时任江苏巡抚为汪志伊（1743—1818），字稼门，安徽桐城人。任期嘉庆八年至十一年（1803—1806）。按，巡抚衙门位于紫阳书院北侧（今书院巷），两地相距甚近，步辇顷刻可至。
② 监院：书院的监管者。
③ 墨沈：墨汁。
④ 申正：申时（15—17时）的中点、正点，即16时。

近绍宁人；三才综贯，五经纷纶。"说他的学问，尊奉前代人南宋的王应麟（字伯厚），接续近世人明末清初的顾炎武（字宁人）；在他身上，天、地、人三才综合贯通，《诗》《书》《礼》《易》《春秋》五经通晓、学问渊博。可谓评价极高。

本馆收藏钱大昕手书"敬业"匾额一方。该匾 60 厘米 × 24 厘米，材质为银杏木，两端已出现横向细微裂痕，有 1.6 厘米宽朱红色边框，四角有磨损。底漆为黑色，楷书"敬业"二字及落款"钱大昕"三字为金色，微凸。钤印"钱大昕印"，2.4 厘米见方，亦金色。推测为钱氏自署书房所用。

《十驾斋养新录》是钱大昕的学术札记，连同《馀录》一共二十三卷，涉及经学、小学、史学、官制、地理、姓氏、典籍、词章、术数、儒术等诸多领域。讨寻源流，匡伪辨讹，索微烛幽，"所著皆精确中正之论"。学术界对《十驾斋养新录》评价极高，当代史学大师陈垣先生说："顾炎武的《日知录》在清代是第一流的，但还不是第一。第一应推钱大昕的《十驾斋养新录》。"

钱大昕这本著作的书名给予我们深刻的启迪。"十驾"出自荀子《劝学》："驽马十驾，功在不舍。""一驾"指马跑一天的路程。"驽马十驾"是说驽马虽然跑得慢，但是马不停蹄地跑十天，也能赶上骏马跑一天的路程。钱大昕把自己的书斋命名为"十驾斋"，晚年自号"潜研老人"，再联系他手书的"敬业"匾额，这些都表明了他刻苦勤奋、潜心钻研、不断进取的精神。"养新"，钱大昕在《十驾斋养新录·自序》中引北宋哲学家张载 ①

---

① 张载（1020—1077），字子厚，祖籍大梁（今河南开封），生于长安（今陕西西安），后在凤翔眉县横渠（今陕西眉县横渠镇）安家、讲学，世称"横渠先生"。北宋思想家、教育家、理学创始人之一，其"为天地立心，为生民立命，为往圣继绝学，为万世开太平"的名言（即"横渠四句"），历代传颂不衰。张载创立"关学"，与周敦颐的"濂学"、二程（程颢、程颐）的"洛学"、王安石的"新学"、朱熹的"闽学"，共同构成宋代儒学主流。

诗："芭蕉心尽展新枝，新卷新心暗已随。愿学新心养新德，长随新叶起新知。"是说学习不辍、追求不止，就会有新的收获、新的长进。钱大昕之所以成为声播四海的一代儒宗，"敬业""潜研""养新"，正是他人生追求的三个关键词，是他成就学问事业的三个重要维度。

《十驾斋养新录·自序》

"芭蕉心尽展新枝，新卷新心暗已随。愿学新心养新德，长随新叶起新知。"张子厚咏芭蕉句也。先大父①尝取"养新"二字榜于读书之堂。大昕儿时侍左右，尝为诵之，且示以温故知新之旨。今年逾七十，学不加进，追唯燕翼②之言，泚然汗下。加以目眊耳聋，记一忘十。问字③之客不来，借书之瓻④久废。偶有咫闻，随笔记之。自惭萤爝⑤之光，犹贤博簺⑥之好。题曰养新录，不敢忘祖训也。嘉庆四年十月书于十驾斋。

兹从《十驾斋养新录》抄录几则，以窥一斑。

卷十六有一则《父母官》。

---

① 先大父：称去世的祖父。大父，祖父。
② 燕翼：比喻为子孙谋划，或辅佐君王。这里指先大父的教诲。
③ 问字：汉扬雄多识古文奇字，刘棻曾向扬雄学字。后称从人受学或向人请教为"问字"。
④ 瓻（chī）：陶制盛酒器。古人向人借书，以瓻盛酒为酬。
⑤ 萤爝：萤，萤火；爝，烛光。谓微弱的光，常作能力薄弱的谦词。
⑥ 博簺：古代一种博戏。这里泛指游戏玩乐。

王禹偁①《谪居感事》诗："万家呼父母，百里抚惸嫠②。"自注："民间呼令③为父母官。"又《赠浚仪朱博士》诗："西垣④久望神仙侣⑤，北部⑥休夸父母官。"父母官之称，自宋初已有之矣。虽然，天下无不爱子之父母，而却有不爱百姓之官，甚至假其势以恣其残暴。苟有人心者，能毋顾名而惭且悔乎？唐吕温⑦《守衡州送毛令绝句》云："布帛精粗任土宜，疲人⑧识信每先期。今朝临别无他祝，虽是蒲鞭⑨也莫施。"此仁人之言，当官者宜日三省也。

民本思想是中国古代传统文化的重要思想资源，也是历代开明君主治国理政的指导理念。由敬鬼神唯天命到以民为本，其间经过了长久的演变发展历程。孔子提出了"古之为政，爱人为大"的观点，孟子则提出"民为贵，社稷次之，君为轻"这一著名命题。"民为邦本，本固邦宁"，民本思想成为儒家学说的重要组成部分，也是古代书院教育的授课讲学内容。历代统治者中的明君和清官都知道"水可载舟亦可覆舟"的道理，所以才把

---

① 王禹偁（954—1001），字元之，济州钜野（今山东巨野）人。北宋诗人、散文家。为人刚直不阿。曾任长洲（今苏州）知县。

② 惸嫠：惸 qióng，同"茕"，没有兄弟。嫠 lí，寡妇。

③ 令：县令。

④ 西垣：唐宋时中书省别称。

⑤ 神仙侣：喻指士林名流。东汉李膺、郭太，皆为一时名士，两人同船而济，风采不凡，望者以为神仙。

⑥ 北部：借指令尉（地方官）。《三国志·魏志·武帝纪》："（太祖）年二十，举孝廉为郎，除洛阳北部尉。"

⑦ 吕温（771—811），字和叔，又字化光，唐河中（今山西永济）人。德宗贞元十四年（798）进士。曾以侍御史为入蕃副使。使还，转户部员外郎、刑部郎中，官终衡州刺史，世称"吕衡州"。为官忧民悯农，有政声。

⑧ 疲人：疲困之民。

⑨ 蒲鞭：以蒲草为鞭，表示刑罚宽仁。

老百姓视作自己的子女。钱大昕引王禹偁诗句，证明"父母官之称，自宋初已有之"。"父母官"既是为官者应有的自律和自许，更是老百姓对清官良吏的美称、对吏治清明的期望。历朝历代既有宽厚仁慈、关心民瘼的好官，也有仗势欺压百姓的贪官悍吏。钱大昕尖锐地抨击道："天下无不爱子之父母，而却有不爱百姓之官，甚至假其势以恣其残暴。"他没有引经据典讲大道理，而是引用两位古代清官的诗句，很巧妙地解读了"父母官"这个称呼，表达了爱憎分明的褒贬之意。唐代的吕温和北宋的王禹偁都具有爱民如子的宽仁之心，是钱大昕所认同的好官。他引用吕、王二人的诗句，正是针对大小官员发出告诫：切不可无视民间疾苦，"当官者宜日三省也"！

卷十八有一则《居官忌二事》，和《父母官》有异曲同工之效。

> 施彦执①云：有官君子最忌二事，在己则贪，在公家则聚敛。它罪犹可免，犯此二者，终身不可齿②士大夫之列。今人或有处身最廉，然剥克百姓，上以媚朝廷，下以诒权贵，辄得美官。虽不入己，其入己莫甚焉。暗中伸手，此小偷也。公然聚敛以期显贵，真劫盗也。(《北窗炙輠》)

钱大昕十分认同南宋人施彦执的看法，特地从《北窗炙輠》中摘引这段话，揭露了官场的两类贪官：一类人贪图财物，大饱私囊，当然是犯罪行为。还有一类人，表面看来道貌岸然，但是居心叵测，"剥克百姓，上以媚朝廷，下以诒权贵，辄得美官"，这类人"公然聚敛以期显贵，真劫盗也"！钱大昕借施氏之言，针砭当时清代官场弊病，可谓一针见血。

---

① 施德操，字彦执，南宋高宗时浙江盐官人。著有《北窗炙輠》。炙輠（guǒ），喻善辩。炙，加热。輠，车毂处用以盛润滑油膏的器具。
② 不可齿：没有资格与他人并列，不值得提及，表示极端鄙视。

另，卷十九有一则《禁见任官生日受所属礼物》。

绍兴二十六年闰十月壬寅诏，内外见任官因生日受所属庆贺之礼及与之者，各徒三年，赃重者依本法。自秦桧擅权，四方皆以其生日致馈，其后州郡监司率受此礼，极其僭侈。太学录范成象①面对以为言，故立法。(见《系年要录》)

这一则讲的是南宋高宗绍兴年间颁布的一条法规，其实是暗指本朝。钱大昕所处时代号称乾隆盛世，但是官场腐败已经积重难返，大小官员收受下属贺礼更是司空见惯。作为一介儒生，钱大昕改变不了这种现状，只能拿前朝秦桧说事，也是无可奈何之言。正如韩愈所说："孟子虽贤圣，不得位，空言无施，虽切何补？"(《与孟尚书书》)

《十驾斋养新录》有很多条目通过广泛引证、多方比较，对古籍经典洞幽烛微、详加诠释，显示了钱大昕深厚的学术功底和独具只眼的真知灼见。如卷十九"齐物"。

王伯厚②谓：《庄子·齐物论》非欲齐物也，盖谓物论之难齐也。是非毁誉一付于物，而我无与焉，则物论齐矣。邵子③诗"齐物到头争恐误"。按：左思④《魏都赋》"万物可齐于一朝"。刘渊林注云"庄子

---

① 太学录：宋代太学的学官。范成象，诗人范成大的堂兄。
② 王伯厚，王应麟（1223—1296），字伯厚，号深宁居士，浙江鄞县人，南宋著名学者、教育家。宋理宗淳祐元年进士，官至礼部尚书兼给事中。著有《玉海》《困学纪闻》等。
③ 邵子，即邵雍（1011—1077），字尧夫，谥号康节，北宋理学家、数学家、诗人，与周敦颐、张载、程颢、程颐并称"北宋五子"。
④ 左思（约250—305），字泰冲，一作太冲，西晋文学家。其《三都赋》称颂一时，以致"洛阳纸贵"。

有齐物之论"。刘琨①《答卢谌书》云"远慕老庄之齐物，近嘉阮生之放旷"。《文心雕龙·论说篇》②云"庄周齐物以论为名"。是六朝人已误以齐物两字连读。唐人多取齐物两字为名，其误不始康节也。

这一则说的是《庄子·齐物论》的篇名。通常以为"齐物论"就是"论齐物"（论述如何等量齐观世间万物）的意思，而王伯厚（应麟）却提出另一种解读：庄子的原意不是说要齐同万物，而是说"物论难齐"以及如何才能达到"物论齐同"。

关于庄子《齐物论》篇名含义的解读，古今学者见仁见智、众说纷纭。

清郭庆藩《庄子集释·卷一下》，在《齐物论》篇名下录西晋郭象（子玄）注："夫自是而非彼，美己而恶人，物莫不皆然。然，故是非虽异而彼我均也。"细审郭象之言，"齐物论"包括两层意思："齐物"之论和齐同"物论"；也即"齐物论"既有"齐同物论"的内涵，也有"齐同万物"的内涵。郭象（子玄）是注解《庄子》的权威，唐代陆德明说："子玄所注，特会庄生之旨，故为世所贵。"

今人陈鼓应认为："齐物论篇，主旨是肯定一切人与物的独特意义内容及其价值。齐物论，包括齐、物论（即人物之论平等观）与齐物、论（即申论万物平等观）。"③

粗略梳理一下，对于"齐物论"这一篇名，历代学者至少有三种不同的读法和理解。一是"齐同万物"，这是早在魏晋南北朝就已通行的解释，如刘勰《文心雕龙·论说》："庄周齐物，以论为名。"二是"齐同物论"，

① 刘琨（270—318），字越石，西晋时期政治家、文学家、音乐家、军事家。
② 《文心雕龙》，刘勰著。刘勰（约465—532），字彦和，南朝梁大臣，文学理论批评家。
③ 陈鼓应：《庄子今注今译》，中华书局，1983年。

这是萌芽在北宋、流行于南宋的解释，如南宋林希逸《庄子鬳斋口义》："物论者，人物之论也，犹言众论也。齐者，一也，欲合众论而为一也。战国之世，学问不同，更相是非，故庄子以为不若是非两忘而归之自然。"王安石、吕惠卿、王应麟等均持此说。三是"齐同物与论"，清代诸多《庄子》注家采取此说，如王先谦《庄子集解》就说："天下之物、之言，皆可齐一观之，不必致辩，守道而已。"也就是说，万物可以齐同，物论也可以齐同①。

钱大昕引证王伯厚（应麟）的看法，即"齐物论"不是申论如何"齐物"，而是阐述"物论之齐同"。他荟集了历代学者的解读之后指出，将"齐物两字连读"，也就是把"齐物论"仅仅理解为"齐物之论"，这种误读并不是始于北宋的邵雍（康节），而是从西晋的左思、刘琨，再到六朝的刘勰，就已经把"齐物"二字连读了。通过钱大昕的这番梳理，我们知道了解读"齐物论"内涵的一个演化过程。

避讳是我国古代一种常见的文化现象。避讳不同于修辞上的讳饰。讳饰指说话时遇到有犯忌的事物，不直说这种事物，而用别的话来回避掩盖或装饰美化，是一种修辞手法（如把"死"说成"走了"）。而避讳则是对于君主和尊长的名字，必须避免说出或写出而改用他字。如司马迁的父亲名谈，在他所著的《史记》中，找不到一个"谈"字。如苏轼的祖父名序，苏轼作序常改"序"为"叙"或"引"。而唐代诗人李贺，因父名晋肃，以至于不得考进士（因"进""晋"同音）。再如，宋代因避孔子名讳，改"瑕丘县"为"瑕县"，改"龚丘县"为"龚县"。读书时遇到"丘"字，要读为"区"或"休"。（见《十驾斋养新录》卷七）

避讳一方面表达了古代社会人们敬重尊长的态度情感以及对尊卑秩序的循守，另一方面却折射出一种文化专制现象。

---

①　姚汉荣等：《庄子直解》，复旦大学出版社，2000 年。

《十驾斋养新录》中有几则关于避讳的资料。兹录三则如下。

馀录卷下《避讳改姓》：

> 贺氏本姓庆，避汉安帝父名，改贺氏。唐宪宗名淳，改淳于氏为于氏。陶谷本姓唐，诗人彦谦之孙避石晋讳，改陶氏。汤悦本姓殷，名崇义，初仕南唐，入宋避讳，改今姓名。金履祥先世姓刘，避吴越讳，为金氏。

卷十一《避讳改郡县名》：

> 汉文帝名恒，改恒山郡曰常山。光武叔父赵王名良，改寿良县曰寿张。殇帝名隆，改隆虑县为林虑。
>
> 吴大帝孙权立子和为太子，改禾兴县曰嘉兴。景帝孙休立，避讳改休阳县曰海宁。（后略）

卷六《居官避家讳》：

> 《唐律·职制篇》，诸府号官称，犯祖父名而冒荣居之者，徒一年。《疏义》云，府有正号，官有名称。府号者，假若父名卫，不得于诸卫任官。或祖名安，不得任长安县职之类官称者。或父名军，不得作将军。或祖名卿，不得居卿任之类。皆须直言，不得辄受。

文字是传播信息的符号，是记载事实、交流思想、传达情感的重要载体，是一种应该公平使用的公共文化工具。避讳则凭借有形无形的权势而更改他人姓氏、更改原有地名、限制担任官职，实际上剥夺了人们公平使用文字的权利，这实在是一种文化专制现象。难怪就出现了"只许州官放火，不许百姓点灯"这样荒谬的笑话。钱大昕没有直言避讳的不合理性，但是他列举如此之多的"避讳改姓""避讳改郡县名""居官避家讳"的例子，指出避讳带来的诸多麻烦，从中可以看出他对避讳所持的委婉批判态度。

对史料典籍进行考稽辨正、讨源订伪，是《十驾斋养新录》的重要内容，也足见钱大昕学术功力之渊博精深。如卷十二有一则《韦应物》：

> 韦应物①贞元二年由左司郎中出为苏州刺史，而刘禹锡②集中有大和六年除苏州③举韦应物自代状④。宋叶少蕴⑤、胡元任⑥已疑其非一人。而沈作哲⑦撰韦传，合而一之。篇末虽亦有疑词，而终未敢决。
>
> 近世陈少章景云⑧据白乐天⑨于元和中谪江州后贻书元微之⑩，于文盛称韦苏州诗；又言当苏州（韦应物）在时，人亦未甚爱重，必待身后人始贵之，则是时苏州（韦应物）已殁，而刘状又在此书十年以后，

---

① 韦应物（737—792），长安人，有《韦苏州集》。唐贞元二年至七年（786—791）任苏州刺史，离任翌年卒于苏州。世称"韦左司""韦苏州"。
② 刘禹锡（772—842），字梦得，洛阳人，贞元九年（793）进士。大和六年至八年（831—833）任苏州刺史。
③ 除苏州：授官苏州刺史。
④ 自代状：唐代规定官员在任时须书面举荐能够替代自己任职的其他官员，这样的书面材料称为举人自代状。
⑤ 叶少蕴，即叶梦得（1077—1148），字少蕴，长洲（今苏州）人，宋代著名词人。
⑥ 胡元任，即胡仔（1110—1170），字元任，绩溪人，南宋义学家。著有《苕溪渔隐丛话》。
⑦ 沈作哲，字明远，号寓山，湖州人。南宋绍兴五年进士。曾为岳飞幕僚，著有《寓简》。
⑧ 陈少章（1670—1747），本名景云，吴县（今苏州）人。博通典籍，著作甚丰。
⑨ 白居易（772—846），字乐天，号香山居士，祖籍太原，生于河南新郑。贞元十六年（800）进士，宝历元年至大和元年（825—827）任苏州刺史。
⑩ 元微之，即元稹（779—831），字微之，洛阳人。元稹与白居易同科及第，结为终生诗友，共同倡导新乐府运动，世称"元白"。

则其所举必别是一人矣。乐天守苏①日，梦得以诗酬之云："苏州刺史例能诗，西掖今来替左司。"言白之诗名足继左司耳，非谓实代其任也。

沈传谓：贞元二年补外得苏州刺史，久之，白居易自中书舍人出守吴门，应物罢郡，寓郡之永定佛寺。则误甚矣！白公出守在长庆间，距贞元初垂四十年，岂有与韦交代之理乎！

大昕案：乐天刺苏州②在宝历元年，陈以为在长庆间，亦误。

这是一个很有意思的现象，唐代有三位大诗人都做过苏州刺史。三人的任职时间顺序为：韦应物，唐贞元二年至七年（786—791）；白居易，唐宝历元年至大和元年（825—827）；刘禹锡，唐大和六年至八年（831—833）。而且，这三位都是从京城空降到苏州任上的。

白居易任苏州刺史时，刘禹锡有赠诗《白舍人曹长寄新诗，有游宴之盛，因以戏酬》：

苏州刺史例能诗，西掖今来替左司。

二八城门开道路，五千兵马引旌旗。

水通山寺笙歌去，骑过虹桥剑戟随。

若共吴王斗百草③，不如应是欠西施④。

诗中"西掖"指白居易，白曾任中书舍人，中书省在宫阙西侧，称西掖；

---

① 守苏：任苏州太守。汉武帝分全国为十三部（州），部置刺史。至隋炀帝、唐玄宗两度改州为郡，改称刺史为太守。后又改郡为州，复称刺史。此后太守与刺史互名。

② 刺苏州：任苏州刺史。

③ 斗百草：一种古代游戏，竞采花草，比赛多寡优劣，常行于端午。

④ 白居易有依韵和诗《重答刘和州》（刘禹锡时任和州刺史，故称）："分无佳丽敌西施，敢有文章替左司。随分笙歌聊自乐，等闲篇咏被人知。花边妓引寻香径，月下僧留宿剑池。可惜当时好风景，吴王应不解吟诗。"

"左司"指韦应物，韦曾任左司郎中。后来刘禹锡任苏州刺史时，又写有"举韦应物自代状"，也就是举荐一位名叫韦应物的人替代自己继任苏州刺史的呈文。南宋的沈作哲给韦应物写传记，把刘禹锡诗中提到的"左司"（韦应物）和在"举韦应物自代状"中所说的韦应物当作了同一个人，并以"西掖今来替左司"这句诗为据，认为是白居易接替韦应物担任了苏州刺史。

钱大昕比较了沈作哲、叶少蕴、胡仔、陈少章等人的说法，查检了相关资料，指出担任苏州刺史的诗人韦应物（左司）和后来刘禹锡"举韦应物自代状"里说的韦应物不是同一个人。钱大昕肯定了陈少章的说法，即：白居易任职苏州是在韦应物之后将近四十年（准确说是三十四年），那时韦应物已经作古，韦白两人没有交集。刘禹锡说"西掖今来替左司"，是"言白之诗名足继左司耳，非谓实代其任也"。钱大昕同时又纠正了陈少章文章中关于白居易任职苏州年代的错误："乐天刺苏州在宝历元年，陈以为在长庆间，亦误。"

卷十四还有《韦苏州集》一则，明确指出了沈作哲所撰韦应物传的错误：

《韦苏州集》十卷前有嘉祐①元年王钦臣②序，后附沈作哲所撰《补传》，最后有拾遗三叶③。其目云：熙宁丙辰校本添四首，绍兴壬子校本添三首，乾道④辛卯校本添一首，验其款式，当即是乾道椠本⑤。而于宋讳初不回避，盖经元人修改失其真矣。刘禹锡太（同"大"）和六年除苏州刺史，有举韦应物自代状，与左司同姓名而实非一人。作哲

---

① 嘉祐：北宋仁宗年号。
② 王钦臣（约 1034—约 1101），北宋藏书家、图书馆官员。
③ 叶：同"页"。
④ 熙宁：北宋神宗年号。绍兴，南宋高宗年号。乾道，南宋孝宗年号。
⑤ 椠（qiàn）本：刻本。

作传联合为一篇，终虽有疑词，然失史家矜慎之义矣。

这一桩疑案，经过钱大昕考证，终于厘清事实、水落石出。从中我们可以看到钱大昕实事求是的史学观和一丝不苟的考证态度。

再如，卷十七有一则《王深宁引九章有误》。

王深宁引《九章算术》："五雀六燕飞集于衡，衡适平。一雀一燕飞而易处，则雀重而燕轻。"（见《困学纪闻》卷十九）按：《九章·方程篇》云："今有五雀六燕集称之衡，雀俱重，燕俱轻。一雀一燕交而处，衡适平。"王氏所引不特文句有异，以算求之亦不合。

查《九章算术·方程篇》，完整引文如下。

今有五雀六燕，集称之衡，雀俱重，燕俱轻。一雀一燕交而处，衡适平。并燕、雀重一斤。问燕、雀一枚各重几何？

答曰：雀重一两一十九分两之十三，燕重一两一十九分两之五。

术曰：如方程，交易质之，各重八两。

译解如下：

今有 5 只雀、6 只燕，聚集在衡器两端称量，（此时）雀重而燕轻。将 1 只雀和 1 只燕交换放置，则衡器两端正好持平。5 只雀、6 只燕共重 1 斤（16 两）。问：燕、雀每只各重多少？

答：每只雀重 $1\frac{13}{19}$ 两，每只燕重 $1\frac{5}{19}$ 两。

解：依照方程术，1 雀 1 燕交换位置后称量，4 雀加 1 燕和 1 雀加 5 燕，重量各为 8 两（半斤）。

王深宁，即王应麟（1223—1296），字伯厚，号深宁居士，南宋著名学者、教育家。著有《玉海》《困学纪闻》等，大家熟知的《三字经》就是他编写的。《九章算术》，中国古代数学专著，也是世界数学名著。唐宋两代，《九章算术》是国家规定的教科书。〔按：此书现已列入《教育部基础教育课程教材发展中心中小学生阅读指导目录（2020年版）》（初中部分）〕

王应麟是钱大昕敬重的前辈，但是钱大昕不迷信权威，敢于指出前人错误，这里可以看出钱大昕科学严谨的探究精神和专精严密的数学能力。

钱大昕博览群书、笃学强记，精通经史、音韵、训诂、制度、地理等，熟悉天文、历法、数学，还懂得蒙古文，研究元史有开山之功。《十驾斋养新录》涉及内容十分广泛。再抄录几则：

卷十有一则《左右》，解释了唐、宋、元、明各代"左、右"何为上的问题。

唐宋左右仆射、左右丞相、左右丞，皆以左爲上。元左右丞相、左右丞则以右为上。科场蒙古色目人称右榜，汉人南人称左榜，亦右爲上也。明六部左右侍郎、左右都御史、左右给事中、左右布政使，仍以左为上。

卷十有一则《状元榜眼》，指出了"状元"称呼的由来。

进士第一人称状元，起于唐，至今犹因之。

朱国桢《涌幢小品》云："元时及第二者亦称状元。盖其时第一必蒙古人，以中国人居第二，故中国自以状元称之。"……国桢臆说不可信。

卷十六有一则《第一山诗》，指出了"第一山"称呼的由来和以后却渐隐没的情况。

　　盱眙县玻璃泉有米元章①书"第一山"三大字，傍题绝句云："京洛风尘千里还，船头出汴翠屏间。莫论衡霍②撞星斗，且是东南第一山。"此初刻也。厥后好事者钩摹三大字刻之它所，世遂不知此山之在盱眙矣。

　　馀录卷下有一则《欧公误用不识撑犁》。钱大昕指出了欧阳修（永叔）将"不识撑犁"误用于陆机之失当。

　　《缃素集》③记：欧阳永叔代王状元谢启④，陆机⑤阅史尚靡识于"撑犁"。陆机事不知载何书。王勉夫⑥云：此见《元晏春秋》⑦。云：予读匈奴传，不识撑犁孤途之事。有胡奴执烛，顾而问之，奴曰："撑犁，天子也。匈奴号撑犁，犹汉人称天子也。"其事亦著《艺文类聚》《类要》诸书。然则不识撑犁者，乃皇甫谧，非陆机也。

　　卷十有《唐人服色视散官》一则，可以帮助我们了解唐代官场的着装

---

① 米元章：即米芾（1051—1107），初名黻，后改芾，字元章，祖居太原，后迁襄阳，谪居润州（今镇江）。北宋书法家、画家、书画理论家。世称米元章、米南宫、米襄阳、米癫。
② 衡霍：衡山，一名霍山。
③ 《缃素集》：即《缃素杂记》，北宋黄朝英所撰笔记。
④ 谢启：对人表示答谢的一种文体。
⑤ 陆机（261—303），字士衡，吴县（今苏州）人，西晋文学家、书法家。
⑥ 王勉夫，即王楙（1151—1213），南宋福州福清人，徙居平江吴县（今苏州），字勉夫，号分定居士。
⑦ 《元宴春秋》：即《玄宴春秋》，皇甫谧所撰笔记小说。皇甫谧（215—282），字士安，幼名静，自号玄（元）晏先生，安定朝那（今甘肃灵台）人。东汉西晋间学者，文、史、医皆有建树。

规定，即"唐时臣僚章服，不论职事官之崇卑，唯论散官之品秩"。（按：散官是表示官员等级的官称，职事官是表示所任实际职务的官称。隋始定散官名称，授予文武众臣，而无实际职务；官员之有实际职务者为职事官。后自明清以降，官员待遇均依实际所授职事官的品级，散官则仅存名号而已。）

　　《野客丛书》[①] 云：唐制，服色不视职事官，而视阶官之品。至朝散大夫，方换五品服色，衣银绯。白乐天为中书舍人知制诰，元简为京兆尹，官皆六品（谓阶官也），尚犹着绿。其诗所谓"凤阁舍人京兆尹，白头犹未脱青衫。南宫启请无多日，朝散何时复入衔？"刘梦得贺给事加五品，诗曰"八舍郎官换绿衣"。元微之作《武儒衡陞朝散大夫》制曰："今由是级则服色骤加，诚足贵矣。"乐天授朝散大夫，制曰："荫子封妻，岂惟腰白金而已。"唐时臣僚章服，不论职事官之崇卑，唯论散官之品秩。虽宰相之尊而散官未及三品，犹以赐紫系衔。（后略）

　　仅从以上所录《十驾斋养新录》中的若干条文，就已经足见钱大昕民惟邦本的经世精神、渊博精邃的学术功底、寻根穷源的潜研态度、不断养新的人生追求。苏州教育博物馆收藏的钱大昕手书"敬业"匾和《十驾斋养新录》，是这位"九难先生"留给我们的宝贵财富。有诗可证："紫阳书院重行知，十驾养新多智思。群彦汪洋因敬业，潜研不辍仰宗师。"

---

① 《野客丛书》：北宋王楙（勉夫）所著笔记。

两座校钟

钟文化内涵探微

撰文 / 王桃桂

苏州教育博物馆近代馆二楼展厅陈列有两座校钟（复制件）。

一座是下口边缘为花叶状、铸有八卦图形的铜钟，通高 58 厘米，底径 42 厘米。无锡曹三房冶坊于民国十一年（1922）铸造，铭文为"海虞市立一校"（海虞为常熟古称）。钟体有严重锈迹，用于悬挂钟体的"甬"已断裂。该钟原件现存常熟市徐市中学。

另一座为苏州市五中校钟，该铜钟由美国马里兰州巴尔的摩市亨利·麦克沙恩公司铸造于 1885 年。清光绪十八年（1892），美国基督教北长老会传教士海依士博士到苏州办学，携来此钟，放置萃英书院。该钟原件现存苏州市五中校园内古钟苑。铜钟横截面为正圆形，钟体呈上细下粗喇叭型样式，通高 52 厘米，底径 64 厘米。钟体铸有英文铭文：

HENRY MC SHANE & CO.

BALTIMORE, MD.

1885.

苏州很多学校都在校园内悬挂铜钟，有的还特地建有钟楼。学校设置校钟的缘由，可以从钟的形制与材质、钟的功能和钟的教化意义三方面说起。

一、钟的形制与材质

钟是古老的打击发声器之一，也是人类文明演进的实物证明。钟起源于一种体积较小的铃。最初，铃由陶土烧制而成。陶铃多为橄榄状，腔体封闭，内置圆球，手摇或系于人、畜身上，晃动而发声。目前学界认为最早的钟为陕西龙山陶钟，属于仰韶文化时期。公元前 16 世纪前后，中国进入青铜时代，青铜铸造技艺日趋成熟，随后，出现了铙、甬、铎、乐钟、镈钟、梵钟、道钟、更钟、朝钟、校钟等多种类型的钟。

中国古代的钟可分为两大类：一类是用于音乐演奏的乐钟；另一类以传达声音信号为主，可以称为"信号钟"，如梵钟、道钟、更钟、朝钟、会馆钟、校钟等。乐钟和信号钟均为打击响器，二者形制上的主要差异在以下两个方面：

首先，乐钟横截面呈椭圆形，信号钟横截面呈正圆形。乐钟钟体呈合瓦形，这种结构是一钟发双音的根源，也是声音迅速衰减的原理所在，有利于演奏中对钟体声音的控制。先秦时期的钟、铃多为此种造型，如现存湖北省博物馆的曾侯乙编钟。信号钟钟体多为上细下粗的喇叭形，也有上下细、中间略鼓的铁锤形，以及上下等粗的直筒形。这种结构使得钟声浑厚悠长、庄严肃穆，满足了宗教场所以及城市、学校等民众聚集场所钟声远闻的需求。

其次，由形制差异而带来悬挂方式的不同，乐钟多为侧悬，信号钟均为正悬。古代青铜编钟一般较轻较小，钟体多为扁平状，顶端有长柄形的甬，用于悬挂。钟体呈倾斜状，利于侧悬。信号钟以铜钟、铁钟居多，较大较重。钟体顶部均铸有用以悬挂的纽。信号钟是钟体一端闭合、一端敞口的大型中空响声器，不能通过铃舌晃动碰撞或自然风力而发出声响，需要用棒槌敲击钟体表面发出声响，所以均采用正悬的方式。

钟的音质除了与形制、尺寸比例相关外，还与铸造所用材料成分相关。铜钟的材质是掺有锡、铅、锌、金、银的铜合金。"现代科学研究表明，当铜钟的含锡量低于 13% 时，音色单调、尖刺；含锡量在 13%—16% 时，音色丰满悦耳；当含锡量在 15% 左右时，钟有最大强度"[1]。如果其中掺入少量铅，还可以起到阻尼和加快衰减的作用。夏商周三代是中国青铜文化高度发展的时代，也是青铜冶铸技术走向成熟的阶段，不仅铸造工艺精湛，而且各地的冶铸规模越来越大，出现了形态各异、功能多样的青铜礼器和乐器，如甬钟、编钟、铙、铎、钲、镈[2]钟、句鑃[3]等。

二、钟的功能

钟是人类喉舌的延伸

人类创造一切器具都是为了满足自身生存、发展的需要，以及弥补自身生理器官抵御自然灾害的能力。人类创造钟铃是为了弥补人类声音传播距离过短、穿透力不足的缺憾。钟由于声音宏扬有力、绵长清晰，被广泛应用于宫廷宴享、军事征战、宗教祭祀、庙宇学堂等人员集聚的场所。例如梵钟，因其声音洪大，又称为洪钟，是佛寺中修行起居的讯号和诵经礼佛的器物。《释名》云："钟，空也。内受空气多，故声大也。"这种腔体的钟振幅均匀，具有良好的音响持续性和传远性。在传播技术落后的古代社会，这种音色圆润洪亮、声响可传数十里的响器，在人员集聚、人声鼎沸的场所尤为重要。

钟是礼教秩序的象征

《说文解字》对钟的解释是："钟，乐钟也。秋分之音，物种成。从金，童声。"由此可见，钟本身就是一种金属质地的乐器。乐钟初现于西周初年，

---

① 杜迺松：《先秦两汉青铜铸造工艺研究》（油印本），北京故宫博物院。

② 镈：音 bó。

③ 句鑃：音 gōu diào。

鼎盛于西周中期，为周王朝的王公贵族所独享的礼乐之器。乐钟为八音之首，所谓"乐必发于声音，形于动静"，"人不能无乐，乐不能无形"（《荀子》）。这里的"形"即乐钟。乐钟作为奏乐之器，古代王公贵族用于祭祀、庆典、征战等各种活动，集乐器和礼器双重功能。作为乐器功能而言，主要用于殿堂宴享、朝政仪典等场合的音乐演奏；就礼器功能而言，乐钟是尊贵地位和权力的象征，仅为天子、诸侯所独享，体现出鲜明的阶级性和秩序性。所谓"藏器于礼"，古钟不仅是精美的乐器，更是历朝历代备受重视、不可或缺的礼器，被赋予了许多特殊的意义。

钟是向公众报时的器具

钟是古代报时的主要器具。秦汉之际，朝钟出现，成为宫廷传达信息、朝廷集众的响声器和信号器，报时功能逐渐完善。汉代崔寔《政论》有"钟鸣漏尽，洛阳城中，不得有行者"[①]之句，可见当时已有鸣钟报时的制度。汉代蔡邕撰《独断》则记载得更为详细："夜漏尽，鼓鸣则起；昼漏尽，钟鸣则息也。"[②]鼓楼击鼓定更，钟楼撞钟报时，"鼓鸣则起""钟鸣则息"，即"晨鼓暮钟"。因此，许多城市都建有钟楼、鼓楼，居于城市中心位置。在没有钟表计时的古代，民众和官员以钟鼓声为信号，起息劳作，城市生活循时而行、井然有序。

钟是警醒清修的法器

"姑苏城外寒山寺，夜半钟声到客船"，钟和寺庙有着不解之缘。佛教倡导清规戒律，推崇静坐冥想。僧人在诵经礼忏时，敲打木鱼，配合铜磬，

---

① 崔寔《政论》：见《文选》卷二十八鲍照《放歌行》李善注引。转引自夏玉润：《中国古代都城"钟鼓楼"沿革制度考述》，故宫古建筑研究中心·中国紫禁城学会：《中国紫禁城学会论文集（第七辑）》，故宫出版社，2010年，第36页。
② （东汉）蔡邕：《独断》卷下，《文渊阁四库全书》子部，原文电子版，SK316. 转引自同上文注①。

可以起到凝心静气、摒弃杂念、一心向佛的作用。在佛教仪式场合中，借助梵钟所发出的振聋发聩的声音和铿锵有力的节奏来体现宗教的内在精神和无穷法力。"闻击钟磬之声，能生善心，能增正念"，能"儆昏怠，肃教令，导幽滞，而和神人"。

三、钟对于教育的特殊意义

木铎金声，教化民众的象征

学校是集众之地，何时集散、出操、上课、休息，都需要一个能将声音传至每个角落的响器来发出信号，于是信号钟自然而然进入校园，并有了一个特定的名称——校钟。

钟铃出现在教育领域，可以追溯到春秋时期的孔子。《论语·八佾》记载："仪封人请见，曰：'君子之至于斯也，吾未尝不得见也。'从者见之。出曰：'二三子何患于丧乎？天下之无道也久矣，天将以夫子为木铎。'"这里"夫子"即孔子，"铎"是铜质木舌的响器。古时公家如有要事宣布，便摇木铎，召集听众。"天将以夫子为木铎"即上天将借孔子之口，传布正道之声。这里，木铎被喻为宣传真理、宣扬学说、传布教化的人。由此，木铎又引申为"教化"，成为教师的代名词。

北京师范大学本部的京师广场，矗立着一个"铎"的雕塑，题有"木铎金声一百年"十个大字，将"木铎"作为学校的标志。悠扬不绝、荡气回肠的木铎金声，象征着北京师范大学名师荟萃，秉教化之铃，摇木铎之舌，培育一代又一代致力于播洒人类文明的教师。

钟磬铭文，历史文献的补充

中华文化延绵数千年，除了口耳相传，更有确凿可据的文字记载。开始，古人将文字刻在竹木、甲骨、石头等可以留存的物件上。在漫长的摸索中，人们逐渐发现，"唯有金石可以垂不朽"。钟多用青铜浇铸而成，坚固耐用，流传久远，于是人们将文字镌铸在青铜器上，这类文字就是"铭"。"铭"始于商，盛于周，记录的内容包括政治、经济、军事、礼仪、祭祀、庆典、赏赐、册命等，像极一本本生动翔实的史书文献。"有钟则有铭"，铭铸在钟上的文字不仅具有值得欣赏的美化效果，更重要的是使得中华民族的历史足迹和文明成果得以保存。古钟负载的不朽记忆，积淀了浓厚的文化印迹，为后人研究古代历史文化提供了珍贵史料。例如，本馆收藏的两口校钟，所铸铭文就是这两所百年老校办学起源与历史沿革的确凿物证。

钟罄清心，中华文化的传承

古钟是封建礼乐文化的载体，是德行的象征。钟声具有一定的象征意义，钟声会引发听者对某些特定事物产生关联和想象，形成相应的意象符号。在源远流长、博大精深的中华文化中，与钟相关的诗句数不胜数。《诗经》中多次出现与钟相关的诗句，如"钟鼓乐之""钟鼓既设，一朝飨之""钟鼓既设，举酬逸逸"等，这些诗句说明钟鼓之乐是古代礼乐文化的重要载体。

有研究者称，《全唐诗》中与钟声的象征意义相关的词汇共出现一千两百零六次，共有两百八十多名诗人写到钟或钟声[1]。诗歌中的钟声大多来自深山古刹，晨叩暮响，清净悠远，意境恬淡清远，质朴清新，展示了历代诗人丰富的内心世界，留下了富于美学内涵的人文教育素材。

总而言之，钟进入校园不是偶然的，这与钟自身的形制材质相关，与它厚重的钟体、悠扬的钟声所包含的博大、宽广、丰厚的信息密不可分。钟声能直驱师生的心灵深处，让他们真切地感受到历史的深邃、文化的厚重、教育的精髓。校钟不仅是一种信号器，更是传播文化的载体、弘扬教化的象征。

---

[1] 傅道彬：《晚唐钟声——中国文学的原型批评（修订本）》，北京大学出版社，2007年。

俞樾个人定制朱砂墨

赪艳朱砂春在天

撰文 / 张宜英

朱砂墨是用于绘画及圈点批文的朱红色墨，主要成分为朱砂（学名硫化汞 HgS）。朱砂又称丹砂、辰砂。我国用朱砂做颜料可追溯到殷商时代，甲骨文的"涂朱甲骨"即把朱砂磨成粉末，涂嵌在甲骨文的刻痕中。

本馆收藏俞樾定制两件朱砂墨。一件为一盒一锭，8 厘米 ×2 厘米 ×1 厘米。正面铭文"春在堂"，背面铭文"曲园先生著书之墨"。另一件为套墨，共八锭，每锭 8.3 厘米 ×1.8 厘米 ×0.9 厘米。每锭墨正面铭文"青云路"并题诗一句，分别为："萤光不亚藜光灿""雪色还同灯色明""焚膏静究古今事""刺股终邀锦诵荣""一部汉书随牧诵""几篇经史带樵吟""聊向窗帷参妙义""还披邺下考遗文"，背面为对应诗句的人物图及题名"囊萤""映雪""焚膏""刺股""挂角""负薪""鸡窗""邺架"。

俞樾（1821—1907），字荫甫，号曲园居士，浙江德清人。国学大师、教育家。俞樾为道光三十年（1850）庚戌科进士。时礼部复试以"淡烟疏雨落花天"命题，俞樾诗作开首有"花落春仍在，天时尚艳阳"之句，博得阅卷大臣曾国藩赏识，取俞樾为保和殿复试第一名。后俞樾在苏州购曲园置宅，为纪念曾氏知遇之恩，以"春在"为堂号，并由曾氏亲笔题署。曾氏题署文字为：

春在堂　荫甫仁弟馆丈[①]以春在名其堂，盖追忆昔年廷试落花之句，即仆与君相知始也，廿载重逢，书以识之。　　　　　　曾国藩

先介绍俞樾定制朱砂墨中的套墨。

这件套墨名为"青云路"。"学而优则仕"，古时科举入仕是读书人出人头地的唯一途径，一朝得中就可平步青云，因而视之为"青云路"。八锭朱砂墨正面的八句诗，每两句可以合为一联，配合背面的铭文和人物图，记载了古代士子发愤读书、刻苦钻研、精进学业的故事，折射出物件主人的心怀所系和志趣所在。

第一联，"萤光不亚藜光灿，雪色还同灯色明"，用的是"囊萤""映雪"两个典故。

萤光，就是萤火虫发出的微弱光亮。《晋书·车胤传》记载："胤恭勤不倦，博学多通。家贫不常得油，夏月则练囊盛数十萤火以照书，以夜继日焉。"晋朝人车胤谨慎勤劳而不知疲倦，知识渊博，学问精通。他家境贫寒，常常买不起灯油。夏天的夜晚，车胤就用白绢做成透光的袋子，装几十只萤火虫，用萤光照着书本，夜以继日地学习。藜光指烛光。《太平广记》记载："刘向于成帝之末，校书天禄阁，专精覃思，夜有老人著黑衣，植青藜之杖，扣阁而进，见向暗中独坐诵书。老人乃吹杖端，赫然火出，因以照向，具说开辟以前。向因受《五行洪范》之文，辞说繁广，向乃裂裳绅以记其言。"汉成帝末年，刘向在天禄阁校对图书，精心钻研，认真思考。有一天夜里，有个老人穿着黑色的衣服，挂着青藜拐杖，登上天禄阁，进入阁中，看见刘向在暗中独自坐着背诵典籍。于是老人朝拐杖端头吹了口气，拐杖一端就冒出火花燃烧起来，老人借着光照亮刘向，和他说起天地开辟之前的事情。刘

---

① 馆丈：清代翰林前辈对后辈的称呼。

向从老人这里听到了《五行洪范》这本书里的内容。老人说得很多，刘向就把衣服和带子撕下来，在上面记录老人说的话。明代李东阳《刘太宰入阁后省墓》诗："天禄阁中藜火动，相州堂上锦衣归。"后世文人多以藜光代指烛光，借以表达自己刻苦求学以谋取前程的良好愿景。萤光不亚藜光灿，是借囊萤夜读的故事告诫世人，无论环境有多么不尽如人意，都要坚持勤奋学习，这样才能学有所成。

《艺文类聚》卷二记载："孙康家贫，常映雪读书，清介，交游不杂。"晋朝的孙康由于贫困而无法点灯夜读。一个冬夜，雪下得特别大，白茫茫一片。半夜时分，寒冷令孙康从睡梦中惊醒，他发现窗外有光亮，原来那是白雪映射出微光。于是他倦意顿消，翻身起来，取出书卷，来到窗前借着这白雪微光如饥似渴地读书。整个冬天，他夜以继日地读书，不怕寒冷，也不感到疲倦，常常一直读到鸡叫，即使是北风呼号，滴水成冰，他也从来没中断学习。功夫不负有心人，凭着这样的学习精神，孙康学有大成，终于成为学富五车的一代名士。

"萤光不亚藜光灿，雪色还同灯色明"，这一联记载的就是车胤与孙康的故事。"如囊萤，如映雪。家虽贫，学不辍。"古代学童的启蒙读物《三字经》也记录了这两人的故事，来激励学子发愤苦读。

第二联，"焚膏静究古今事，刺股终邀锦诵荣"，用的是"焚膏""刺股"两个典故。

"焚膏"，出自唐代韩愈的《进学解》，我们所熟知的"业精于勤荒于嬉"就出自《进学解》。文中"焚膏油以继晷，恒兀兀以穷年，先生之业，可谓勤矣"；"少始知学，勇于敢为；长通于方，左右具宜，先生之于为人，可谓成矣"，就是对"焚膏静究古今事"的最好注解。膏油是燃灯的油。古时的书院经费和学子读书费用，叫膏火之资。晷，指日光。日复一日年复一年，夜以继日地勤奋学习，这是韩愈描述自己学习"可谓勤矣"。"静，审也。""究，穷也。"韩愈一生"静究古今事"，终于成为一代文豪。

"刺股"，股是大腿。《战国策·秦策一》记载："战国时魏人苏秦说秦王，十次上书不用，资用乏绝，归家发愤读书。欲睡，则引锥自刺其股。"苏秦是战国时洛阳人。洛阳是当时周天子的都城。他很想有所作为，曾求见周天子，却没有引见之路，一气之下，变卖了家产到别的国家找出路去了。但是他东奔西跑好几年，也没做成官。后来钱用光了，只好回家。苏秦回家后，开始发愤读书，有时候读书读到半夜，又累又困，他就用锥子扎自己的大腿，虽然很疼，但精神来了，就能接着读下去。这就是后来人们说的"锥刺股"，用来表示读书刻苦的精神。公元前334年开始，苏秦到六国去游说，宣传"合纵"的主张，结果他成功了。第二年，六国诸侯订立了合纵的联盟，苏秦挂了六国的相印，成了显赫的人物。

"焚膏静究古今事，刺股终邀锦诵荣"，这一联记载的就是唐宋八大家之首韩愈与战国时期六国宰相苏秦的读书故事。

第三联，"一部汉书随牧诵，几篇经史带樵吟"，用的是"挂角""负薪"两个典故。

"挂角"，指把书挂在牛角上，用心读书，比喻刻苦学习，用功求学。《新唐书·李密传》记载："闻包恺在缑山，往从之。以蒲鞯乘牛，挂《汉书》一帙角上，行且读。"李密少年时候被派在隋炀帝的宫廷里当侍卫。他生性灵活，在值班的时候，左顾右盼，被隋炀帝发现了，就罢免了他的差使。李密并不懊丧，回家以后，发奋读书，决心做个有学问的人。有一回，李密准备去拜访包恺，骑了一头牛，牛背上盖着一块蒲草坐垫，还把一套《汉书》挂在牛角上，一只手捏着牛绳，一只手翻书阅读。越国公杨素在途中与李密相遇，看见李密在勤奋读书，与他交流后，佩服他的学识气度，将此事传为佳话。李密牛角挂书的典故，也激励着一代代的读书人。

"负薪"，背负柴草，指从事樵采之事，形容生活贫困。《汉书·严朱吾丘主父徐严终王贾传》记载："买臣字翁子，吴人也。家贫，好读书，不治产业，常艾薪樵，卖以给食，担束薪，行且读书。"西汉时期的朱买臣是吴县（今苏州）人，家里很贫穷，但非常喜欢读书。他常常靠砍柴换取粮食维持生计，利用担柴草的时间边走边读书。后来，他经过同乡严助的推荐，做了官，并向汉武帝进献平定东越的计策，获得信任，出任会稽太守。

"一部汉书随牧诵，几篇经史带樵吟"，这一联记载的就是李密和朱买臣的故事。《三字经》中将这两个故事表述为"如负薪，如挂角，身虽劳，苦尤卓"，这种珍惜分阴刻苦读书的精神对于我们现代人仍然有教育意义。

第四联，"聊向窗帷参妙义，还披邺下考遗文"，用的是"鸡窗""邺架"两个典故。

"鸡窗"，指书斋。南朝刘宋时期《幽明录》记载："晋兖州刺史沛国宋处宗，尝买得一长鸣鸡，爱慕之至，恒笼著窗前，鸡遂作人语，与处宗谈论，极有言智，终日不辍，处宗因此言巧大进。"晋代兖州刺史沛国宋处宗曾经买得一只长鸣鸡，对待这只鸡他十分爱惜养护，常常把鸡笼子放到书斋窗前。后来，鸡突然说出人类的话，与宋处宗谈论，说出的话十分有智慧，每天都不停止。宋处宗因此言谈大有进步。

"邺架"，指藏书的书架。韩愈《送诸葛觉往随州读书》一诗有云："邺侯家多书，插架三万轴。"邺侯，指的是唐代京兆人李泌（音 bì）（722—789），德宗时被封为邺县侯，家里藏书很多。李泌去世后，他的藏书就留给了儿子李繁。韩愈这首诗中的邺侯，其实指的是李繁。韩愈送诸葛觉去随州读书。为什么去随州呢？其中一个重要的原因就是投奔当时的随州刺史李繁，李泌丰厚的藏书都留给了他的儿子李繁，诸葛觉跟着李繁读书，学问必然会有所长进。后人也因此用"邺架"比喻藏书之多。

"聊向窗帷参妙义，还披邺下考遗文"，这一联描述的都是读书藏书之地，旨在鼓励学子一心钻研学问，不慕虚名浮华，不图富贵显赫，醉心书斋书海，潜心学术以求长进。

再说俞樾定制朱砂墨中单独的一锭。这锭以"春在堂"为名的"曲园老人著书之墨"，形制呈长方形，正面背面和两侧都有文字，分别是"春在堂""曲园先生著书之墨""徽州胡子卿制""光绪丁酉仲春鞠庄精选轻烟"。这些文字如果放在一块黑墨上就很正常，但是这些字出现在朱砂墨上又有一些不合情理。朱砂墨起初是御用之墨，随后渐渐扩散到官员以及文人。朱砂墨的用途一般只在于官场的朱笔文批和文人的句读校对等，用朱砂墨著书不合常理。黑墨制作有"轻烟"之说，因黑墨是通过燃烧松枝等方式取其黑烟加工制作，所以越上层的烟（轻烟）质地越好，"精选轻烟"是指品质优良的黑墨。而朱砂墨是采用一种叫红汞的矿物质研磨加工制作而成，并无燃烟这道工序，自然没有轻烟一说。俞樾一生著述有《春在堂全书》五百卷，结合"曲园先生著书之墨"，我们可以推测，他可能并没有特意定制朱砂墨，而是定制了一批著书用的轻烟墨，又用同一个模具做了一批朱砂墨做注校之用。

周作人在《藏墨小记》中记载："我的墨里最可记念的是两块'曲园先生著书之墨'，这是民廿三春间我做那首'且到寒斋吃苦茶'的打油诗的时候平伯送给我的。墨的又一面是'春在堂'三字，印文曰：程氏掬庄，边款曰：光绪丁酉仲春鞠庄精选轻烟。"这些文字印证了我们的猜想，文中的"曲园先生著书之墨"应该就是那一批轻烟墨中的两块。平伯，俞樾的曾孙俞平伯，他将曾祖父留下的著书之墨送给了自己的好友周作人。

俞樾中进士后，任翰林院编修，后放任河南学政，被御史曹登庸劾奏"试题割裂经义"，因而罢官，遂移居苏州。我馆收藏的两件朱砂墨，也是俞樾在苏州潜心学术四十余载的一个见证。俞樾一生治学以经学为主，旁及诸子学、史学、训诂学，乃至戏曲、诗词、小说、书法等，可谓博大精深。时任江苏巡抚的李鸿章邀聘俞樾担任苏州紫阳书院讲习。"门秀三千士，名高四百州"，这是评说俞樾的一幅对联。他的弟子包括陆润庠、章太炎和吴昌硕等名士。海内及日本、朝鲜等国向他求学者甚众，尊之为"朴学大师"。

本馆所藏两件朱砂墨，从尺寸大小到文字图案当是按照物件主人提出的要求制作，以物见人，反映了物件主人的志趣、爱好和价值取向。

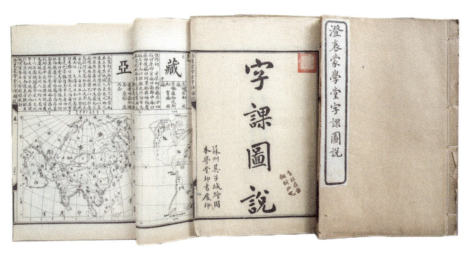

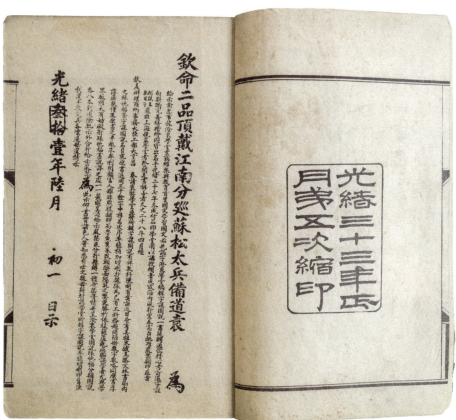

《澄衷蒙学堂字课图说》书影

一部图文并茂的小型百科全书

——介绍《澄衷蒙学堂字课图说》

撰文 / 褚佳妮

《澄衷蒙学堂字课图说》（以下简称《字课图说》）是编纂出版于晚清的一部汉字教材，该书从光绪二十七年（1901）初版到光绪三十一年（1905），四年之间重印达十四次，可见其当时影响之大。苏州教育博物馆收藏了三套不同版本的《字课图说》，分别为光绪二十九年（1903）、光绪三十年（1904）的石印版和光绪三十三年（1907）的缩印版。目前展陈的是该书光绪三十年版，全书四卷八册，共编入汉字三千二百九十一个、插图七百六十二幅。

《字课图说》是当时小学堂的启蒙用书，编纂宗旨是专为教导初入学的孩童而作，所以选字尚浅近，不涉及深文奥义。《字课图说》注意贴近儿童心理特点，所选三千余字，均为当时"世俗所通行及尺牍所习见者"。据当前《义务教育语文课程标准（2022年版）》的要求，小学毕业累计认识常用汉字三千个左右，可见百年前的这套识字教材按照今天的标准来看也依然适用。

《字课图说》的编制，归功于两个人：一位是澄衷蒙学堂的创办人叶澄衷（1840—1899），另一位是澄衷蒙学堂的首任校长刘树屏（1857—1917）。

叶澄衷是晚清巨贾，年少时因家贫辍学，晚年病重中念及少时失学之痛，决定捐道契①二十五亩、现银十万两，兴建了中国第一所私立新式学校——澄衷蒙学堂。办校伊始，学校没有现成的教材可用，首任校长刘树屏便组织教员自编教材。1900年到1901年冬，刘树屏对汉字进行了系统梳理，从中精选了三千余字，并把西方科技知识融入到传统国学之中，编辑成《字课图说》这一识字课本。除此之外，当时澄衷蒙学堂还出版了各种教科书，如《小学本国史》《小学格致读本》《小学练字法》《高等小学国文读本》《中学本国史》《中学东洋史》《中学西洋史》《高等东西洋历史》《亚洲地理教科书》《欧洲地理》《非洲地理》《美洲地理》《大洋洲地理》等。澄衷蒙学堂出版的教材涵盖内容广泛，上至天文地理，下至社会民生，为当时的国民教育提供了难能可贵的教育资源。

《字课图说》的编排体例，分为"检字、类字、图说卷一、卷二、卷三、卷四"六个部分。"图说"四卷中，按照事类进行排列，前三卷基本为名词，较为具体；第四卷包含动词、介词、连词、助词及叹词，较为抽象。卷一（第二册）所收汉字包括天文地理、自然现象、山川河岳、各国知识、地方小志等；卷二（第三、四册）所收汉字涉及人事物性、乐器武器、花鸟鱼虫、矿物金属等；卷三（第五、六册）所收汉字为度量衡、日常生活、农业工业、野生植物、虫豸动物等；卷四（第七、八册）所收汉字包括人类活动和语言文化。这种"以事类之"的排序继承了历代字书的排列方法。在内容编排方面，《字课图说》对所收之字的解释分为简说和详说，简说为十岁以下的学生而设，详说为十一岁以上的学生而设；注音、释义各有侧重。《字课图说》以常用字为主，生僻者不载；字义分简详二类，识字之序也分浅深二

---

① 道契：清末时外国人在中国境内可随意以永远租用的名义，向业主租赁土地。议妥成交，由当地道署发给地契，叫做道契。

级，先浅后深。以"鼓"字为例，字的左上角标注了字的声调为"上"，即"上声"，下方框中标注了字的直音①和简单释义，左侧框中则标注了更为详尽的释义。为了更为生动直观地诠释文字，部分汉字还配以插图，书的扉页注明"苏州吴子城绘图"。"吴子城"并非人名，是旧时民间对苏州内城的称呼。"苏州吴子城"应是民间画匠的化名。尽管是民间画匠作品，其绘画艺术表现，却不输艺术大家。而书中的汉字则是被誉为民国十大书法家之一的唐驼所书写。

我馆收藏的光绪三十三年正月第五次缩印版《字课图说》卷首印有光绪三十一年（1905）六月颁发的"版权令"，内容如下：

钦命二品顶戴江南分巡苏松太兵备道②袁

为给示③谕禁事

据澄衷学堂禀，窃维振兴教育，首重国文学习，国文必先认字。澄衷学堂编辑《字课图说》一书，延聘通儒④精心考订，选字注句，斟酌完善，缮楷⑤绘图皆出名手。光绪二十七年冬成付石印。学堂用以讲授颇著成效，海内风行。禀奉宪台⑥批准，严禁翻印。

---

① 直音：用同音字来注音。
② 分巡苏松太兵备道：清初设置，雍正二年（1724）改为此称，移驻松江府上海县。因驻地在上海县并兼理江海关，又简称上海道、沪道、江海关道。其长官称"道台"，是管辖苏州、松江、太仓三地行政、治安、海关、外交等事务的高级官员（一般为正四品）。时任道台为二品大员袁树勋。旧时告示性公文指称长官时，仅出现官衔及姓而不称其名。
③ 给示：授予公示，使众所周知。
④ 通儒：通晓古今、学识渊博的儒者。《字课图说》的文字作者是刘树屏。
⑤ 缮楷：（用）楷书誊写。
⑥ 宪台：官署名。汉称御史所居官署为宪台。唐龙朔二年（662），改御史台为宪台。后泛用为地方官吏对知府以上长官的尊称。

在案：醇亲王、振贝子①道出上海，亲莅学堂考察，阅是书称善者久之。二十八年四月经钦差办理商约事务大臣工部大堂吕②奏请褒奖学堂，并将所辑《字课图说》有裨教科陈明有案。

讵③近日查，有美租界铁马路文林书局内之环地福，袭《字课图说》名目，就原书选用三千余字中，移易次序，率臆稍加增删，抄撮④攘为已有。工料务趋简陋，册数字数略同原书，厚薄广狭仅及原书之半。只求牟利，罔顾害人。虽非照样翻印，而鲁鱼亥豕⑤改头换面隐混之弊，更胜于依样葫芦。既虑贻误学者，尤与学界版权大有妨碍。将《环地福书》讹谬之处一一签明，呈请给示严禁，并分行县廨⑥一体查禁等情，并呈《澄衷学堂图说》《环地福分类图说》各八本到道。除批示外，合行给示严禁。为此示仰⑦书贾⑧诸色人等知悉。自示之后，毋得将该学堂所辑《字课图说》率臆增删印售渔利。违干提究⑨，其各凛遵毋违。

特示

光绪三十一年六月初一日示

---

① 醇亲王和振贝子是两个人。醇亲王，爱新觉罗载沣，清摄政王，光绪帝之同父异母弟，宣统帝之父。振贝子，庆亲王奕劻之子贝子衔镇国将军载振。贝子是清朝皇族爵位。

② 钦差办理商约事务大臣工部大堂吕：吕海寰（1842—1927），字镜宇，山东掖县（今莱州）人。工部尚书、钦差商约事务大臣、兵部尚书、外部尚书、督办津浦铁路大臣，中国红十字会创始人、清末外交家。大堂，指政府各级部门的长官（一把手）。

③ 讵：不料，哪知。

④ 抄撮：摘录。

⑤ 鲁鱼亥豕：把"鲁"字误为"鱼"字，把"亥"字误为"豕"字。指文字传抄或刊印错误。

⑥ 县廨（xiè）：县衙，县里办公的地方。

⑦ 示仰：指示、传达。

⑧ 书贾（gǔ）：书商。

⑨ 违干提究：（如有）违抗冒犯，（一定）提讯查究。

《字课图说》在出版发行之时即在教育界和出版界引起了巨大轰动，作为中国第一本自有学校以来的识字教科书，它在当时普遍流通且广受好评。在其问世的第二年，市面上出现了一套名为《环地福分类字课图说》的书，虽然字的分类与《字课图说》有所区别，但基本体例结构、内容排版都极为相似，明显存在"山寨版"的嫌疑。由于具有极高的相似度，该书上市以后影响了《字课图说》的正常销售，澄衷蒙学堂便向官府提出抗议。为保护《字课图说》的版权，当时的江南分巡苏松太兵备道道台、二品大员袁树勋颁发了上述"版权令"，对文林书局等印刷的《环地福书》"一体查禁"，这成为清末版权保护的先锋案例。而《环地福书》的出现也从侧面印证了《字课图说》出版的成功和广受欢迎的程度。

《字课图说》有四个显著特点：

一是内容新创一格，知识覆盖面宽，超越了传统识字教材的局限。

汉字是记载汉语文化的重要工具，识字是历代启蒙教育的必修功课。旧时童蒙识字教材都是以识字为目标，有的如《百家姓》编为韵语形式，以便上口朗读和记诵，每个汉字之间并无意义上的联系；有的如《千字文》，在押韵的同时，考虑到把内容相关汉字加以整理分类；有的如《三字经》，把传统文化的有关内容编写进去，起到了励志学史立德传道的教化作用；有的如《文字蒙求》，扣住汉字音形义合一的特点，讲解汉字的来源、构成等知识，形象生动，激发儿童情趣。但是这些蒙学教材都局限于传统文化的框架，识字教学仅停留在读音、识形、释义的层面。

《字课图说》的问世，打开了启蒙教育的一扇全新的门窗，具有破旧立新的里程碑意义。这部书在吸纳历代蒙学识字教材长处的基础上，大胆突破，锐意求新，按照全新的思路加以编排。它不拘泥于固有传统，大胆采用"六宫格"的版式，不仅以图文合参的形式帮助儿童认识并理解汉字，同时还十分注重科学知识的普及。例如，卷一的"朔""望""弦""晦"等字，分别讲解了月亮的各种形态及名称。《字课图说》内容覆盖广，涉及知识面宽，它用图文并茂的新颖形式展示出中西合璧的丰富内容。其一经刊出，便引发社会强烈反响，成为唯一能与清末学部颁发、商务印书馆印行的"新学制课本"相抗衡的课本。《字课图说》的实用价值，远远超出了普通的汉字教科书。因此，与其说它是一套常用汉字识字教材，不如说它更像一部用来了解世界万象的小型百科全书。

胡适、竺可桢、茅盾等大家，童年时都受过《字课图说》的启蒙。在浙江乌镇的茅盾纪念馆中就陈列着这套书籍。据茅盾回忆："我童年所用的启蒙教材，是由我母亲为我选定的《澄衷蒙学堂字课图说》。"他晚年回忆起童年生活时，仍念念不忘这套课本带给他的知识和快乐。古籍专家黄裳在晚年所写的《读书生活杂忆》一文中说："我是由大伯父（他是清朝最后一科举人）开蒙的，用的课本是上海出版的澄衷学堂《字课图说》。"胡适对这套教材的评价极高："中国自有学校以来，第一部教科书，就是《澄衷蒙学堂启蒙读本》（即《澄衷蒙学堂字课图说》），这一部读本在中国教育史上，有着历史性的价值。"这是该书被誉为"百年语文第一书"的原因所在。

二是折射出清末那个特定时代的忧患意识和民族情怀，体现了传承中华优秀传统文化、爱国爱家积极用世的价值取向。

1894 年爆发的中日甲午战争给中华民族带来了空前严重的民族危机，由此激发了一代知识分子救国图存的强烈愿望。《字课图说》正是在这样一种时代背景下应运而生，它具有鲜明的时代特征，反映了清末以来国人的世界观。我们读《字课图说》中有关国家名称的汉字会发现，"倭""暹""爱""俾""那"等当时外国国名的汉译，与今天这些国家的汉译名称有很大的差异。这是时代的印记，是历史变迁的佐证，对研究古今国际关系和国家观有重大意义。如"亚"字条目（见卷一）：

衣驾切①。亚西亚，安息之长音也②。本土耳其地，欧人东来，凡地之在其东者，皆谓亚西亚，逐以名洲。亚西亚在五洲中为最大，三面环海，西接欧罗巴，以乌拉岭乌拉河及高加索山为界，综其方积，约千七百万五千英里。为国五：曰大清，曰日本，曰高丽，曰暹罗，曰波斯，又尼泊尔及布鲁克巴，亦称。自主半主者四：曰安南，曰爱乌罕，曰俾路之，曰阿拉伯，俄属之布哈尔③，亦尚存虚名。其他若印度，若缅甸，若西比利阿，若中亚西亚诸回部，皆夷为属地矣。全洲人口，约七万四千六百万。开辟最早，凤以文化甲五洲。近百年俄雄于北，英竞于南，法据安南，德义④亦觊觎其侧，喧宾夺主之势，骎骎⑤盛矣。

相较于一般汉语字典注重对字本身含义的诠释与运用，《字课图说》更偏重于相关知识的普及。从以上释义中便能看出，对"亚"的详解是有关亚洲的地理和历史知识的输出。当时的亚洲国家分为三类：一类是主权国家，包括大清、日本、高丽、暹罗、波斯；一类是半殖民地国家，包括尼泊尔和布鲁克巴、安南、爱乌罕、俾路之、阿拉伯；还有一类是殖民地国家，包括布哈尔、印度、缅甸、西比利阿、中亚各部（国）。亚洲是五洲（亚洲、欧洲、非洲、美洲、大洋洲）中最大且最有文化底蕴的洲，却遭来西方列强虎视眈眈。"近百年俄雄于北，英竞于南，法据安南，德义亦觊觎其侧，喧宾夺主之势，骎骎盛矣。"今日读这段话，仍能感受到当时知识分子内心

---

① "衣驾切"是亚的拼合注音，即取衣的声母（y）和驾的韵母（ia）拼合出亚的读音，这是旧时汉字标音的一种方法，即反切法。

② 亚西亚来自英文"Asia"的音译，将"安息"的发音拖长则接近 Asia 的发音。

③ 高丽即朝鲜半岛，暹罗即泰国，波斯即伊朗，布鲁克巴即不丹，安南即越南，爱乌罕即阿富汗，俾路支即巴基斯坦，布哈尔在今塔吉克斯坦一带。

④ 德义：德国和意大利。

⑤ 骎（qīn）骎：疾速。

对列强侵扰、国朝不安的担忧与痛心。

再如对大清国的描述（见卷一）：

> 大清者，我朝有天下之号也。土地之广，亚于俄英；人民之众，冠于列国。统属之地，中为二十二省，北为内外蒙古，西为青海西藏，物产殷阜，尤全球所艳称。

甲午战争的战败导致清政府割地赔款，丧权辱国。处于这样的时代背景下读这段文字，令人唏嘘不已。

再如"倭"字的释义："昔为蕞尔之岛邦，今则骎骎乎强国矣。"（见卷一）这是甲午战争后国人对日本的记述，眼看昔日这个小小的岛国迅速崛起强大，对中国虎视眈眈痛下杀手，可以想见，当时编者是怀着强烈忧患的心情写下这段文字的。编者将晚清末造风雨如晦的情境形诸文字，教给牙牙学语的孩童，寄希望于下一代能够让中国重新富强起来。

三是积极传播科学知识，反映了当时进步知识分子打开视野看世界的目光，对于破除因循守旧的陋习和封建迷信思想产生了积极影响。

《字课图说》出版之际正处于思想杂出、旧学新学接壤的时代，编者在书中编入了大量西方先进的科学理论知识，涉及化学、物理等各种学科。例如，"摆"字的详释这样写道（见卷二）：

> 动物之摆，谓之能力。静物之摆，谓之永动性。其力与地心吸力相牵制，故近赤道处摆力较大，渐向两极，则摆力渐小。凡造钟摆者，必测地心吸力之大小而定摆之长短，即此理也。

短短一段话道出了钟摆所蕴含的力学原理。再如"幻"字的释义（见卷二）：

光学，折光映射所成虚形，谓之幻景。濒海居民，忽见空际楼台城郭，误为仙境。实则海面光线折向天空，与诸岛转相映照，聚成虚像，而折入人目也。两平镜相交，其角愈小，成像愈多，亦同此理。

　　通过这段话可以得知，海市蜃楼并不是幻觉也不是假象，而是地球上物体反射的光经大气折射而形成的虚像，是一种光学现象。编者用科学知识解释了海市蜃楼这一自然现象，打破了古时候人们将蜃境视为仙境的认知。

　　再看各种气象的形成。对"雪"的解释（见卷一）："空气中所含之水汽，遇冷则结为冰花，彼此辐辏成六出之形，则为雪。"便是对物理现象凝华的描述。

　　如"雷"字条目下的释义（见卷一）：

　　阴阳二电，摩荡空际，鼓击而成声者为雷。雷声必在电后者，光行较速于声。如施放火炮，先见火后闻声也。避雷之法，勿近铁器，勿着湿衣，勿倚高墙，勿开窗户。屋高者设防雷杆，可以引电入地。

　　这里不仅对雷的形成过程作出了解释，还提及了避雷的方法，向学习者传播了防雷安全知识。

　　在普及化学知识方面，选用了"化""养""轻""弗""酸""金""煤""铅""硝""晶"等四十个字，其中还包括了当时刚引入中国不久的"锌""锰""铂"等化学元素名称。这些化学元素以及有关物质的色、形、味、化学反应、用途等属性，通过图文并茂的形式一一呈现。

　　在一些字的释义中，既描述了本国的情况，又介绍了西方的认知。如"卝"（"矿"）（见卷二）：

矿有层理，恒与地势相关，故采矿者必明地学，矿质非化合化分不能悉其纯杂，故辨矿者必谙化学。西人最重矿学，中国前朝引为弊政，且有风水之说阻之，故矿产虽饶，未及畅办。

从这里可以了解到西方科学对于矿产资源的认知，也批判了中国传统风水学的弊端。以上所引文字清晰地反映出《字课图说》受到了西学东渐思想的影响，也折射出当时进步知识分子打开视野看世界的目光。时代的因素在《字课图说》中留下了鲜明的印记，这套书对于破除因循守旧的陋习产生了积极影响。

四是图文并茂，以图释文，版面活泼，充满情趣，具有可读性和观赏性。

图文并茂、以图释文是《字课图说》最显著的特点。书中的插图虽是为了配合文字内容而出现，但从艺术角度来看却具有其独特的观赏性。这些插图均采用中国传统白描的方法，配合运用西洋明暗法绘制，构图严谨完整，线条细致流畅，画面简洁优美，有如晚清十分流行的出版物《点石斋画报》的绘画风格，兼具精准性与艺术性。我们看一下卷一中"城""郭""街""巷""路""桥"等字的描绘，单看文字说明或许不容易理解，而一张清晰细致的配图就精准地表达了这些字的含义与区别。

对于儿童而言，图画往往比文字更便于接受和理解。《字课图说》中"凡名字动字之非图不显者，均附以图，或摹我国旧图，或据译本西图"，通过形象的图画辅助蒙童掌握抽象的汉字。如介绍古代帽饰的部分，编者用清晰的图示来区分冕、弁、冠、帽、笠等几种不同的样式，让观者对古人各种帽饰的名称和样子一目了然，这种视觉的呈现更容易让人联想到各色人等佩戴帽饰的情景。这对于后人的名物考证，也具有一定价值。在卷二与人体结构相关的近九十个字中，超过三分之一的字都配有插图。像"腕"字的配图，清晰地将手腕与脚腕处每块骨骼的名称都标注出来，如同人体解剖学书中的图解，帮助学生更精准地理解骨骼结构。卷三有关动植物的字中，大部分都配有插图。这些图画线条流畅优美，富有弹性和张力。虽不施色彩，却能够把要表达的对象的特质刻画到位。通过线条的直中带曲、粗细浓淡、疏密变化、虚实结合，将物象的形、神、光、色表现得淋漓尽致。很多画面单独拿出来都可以作为一幅精美的工笔画作品来欣赏。这些生动形象的插画，兼具知识性和趣味性，能够帮助孩童认识许多生活中所不常见的动植物，在带给少年学子愉悦的同时，也大大地开阔了他们的眼界。

《字课图说》除绘画精美以外，文字书写也极具观赏性。用正楷书写的大小汉字，工整规范，秀美遒劲，不仅为观者灌输了知识，也为儿童习字提供了范本。画与字的美感共同造就了全书的艺术性，二者的完美结合，让《字课图说》不仅具有观赏价值，更具有收藏价值。

综上所述，用历史的眼光来审视《字课图说》，它作为一套蒙学教材，在内容丰富的基础上，兼具教学实用价值与艺术审美价值。这套教材不仅教孩童学会识字，更是让读者从书中了解世界和人生。整套书蕴含着编者的人文关怀、国际视野和开启民智的使命感。既可见其开放与包容，又可见其保守与传承。它扎根中国，放眼世界，在传承中发扬，在进步中自省。正可谓"百年课本，历久弥珍，中西兼容，今古合一，开卷抚之，受益良多"。

参考文献

1. 方璐：《澄衷蒙学堂字课图说》研究，淮北师范大学，2018 年。

2. 吕俐敏：《澄衷蒙学堂字课图说》的价值与启示，《语文建设》2020 年第 3 期。

3. 朱明霞：《澄衷蒙学堂字课图说》的特色研究，《文教资料》2014 年第 33 期。

4. 余世存：汉字的时代演变与生机，https://aijiahao.baidu.com/s?id=1661575050284283926&wfir=spider&for=pc.2020-03-23。

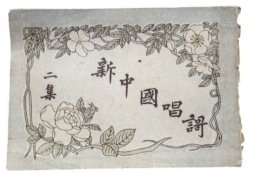

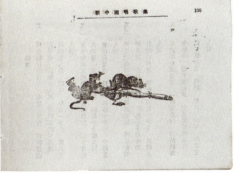

《新中国唱歌集》书影

时代音　赤子心

——我国近代最早的学校音乐教材《新中国唱歌集》

撰文／谷公胜

苏州教育博物馆有一件珍贵文物《新中国唱歌集（二编）》。这本《新中国唱歌集》初版年代不详，上海小说林社[①]再版于清光绪三十三年，也就是 1907 年，辛亥革命前四年，距今一百一十六年。该书开本 19 厘米 × 13 厘米，封面三色套印，书名"新中国唱歌二集"七字横排左起。内芯共一百页，曲谱为简谱，与首段歌词一同横排左起；首段之后各段歌词文字另排，竖排右起。扉页横排右起，分为三行："二编""新中国唱歌集""吴江金一编"。金一，即著名学者、诗人、教育家金松岑。封底版权页上，有花边"小说林版权证""光绪三十三年再版　同年同月发行""编辑者吴江金一""校阅者常熟初我""发行所小说林社""印刷者上海派克路福海里小说林活版部""发行者上海棋盘街中市小说林总发行所""代售处各大书坊""二集定价洋三角"。

金松岑（1873—1947），原名懋基，又名天翮、天羽，字松岑，号壮游，吴江同里人。在清朝末年那个风雨如晦的年代，金松岑立志教育救世，

---

① 小说林社 1904 年初成立于上海，由曾朴、徐念慈、丁芝孙（初我）、朱远生等合资创办，是近代中国第一家以出版翻译小说为主的出版机构。丁初我（1871—1930），名祖荫，字芝孙，号初我，常熟人。曾任《女子世界》杂志主编。

诚如他自己所说："天下兴亡，匹夫有责。吾虽微贱不得位，处乱世，犹将肩名教之任，延人道于一线，是吾志也。"（《天放楼文言遗集·蔡冶民传赞》）他以执着不渝的实际行动践行了自己的诺言。1898 年 25 岁时，他和同乡陈去病在同里创办"雪耻学会"，鼓吹抵御外侮、革旧图新。此后，相继在同里创办"自治学社"和"理化音乐传习所"，出任南菁书院学长，创办同川两等小学、明华女学，创办同川学堂；1903 年（30 岁），应蔡元培邀请赴上海襄助中国教育会会务。1911 年（38 岁）辛亥革命爆发那一年，金松岑移家苏州，居濂溪坊，继续从事教育活动，收徒传授国学。他门墙桃李满天下，学生中有柳亚子、潘光旦、金国宝、严宝礼、费孝通、王绍鏊、蒋吟秋、范烟桥等，这一连串重量级人物的名单，足以证明金松岑无愧于教育大家的美誉。

梳理一下金松岑在辛亥革命之前的教育实践，我们就明白了，在戊戌维新失败之后、辛亥革命酝酿之时那个特定的新旧交替年代出版的这本唱歌集上，金松岑冠以"新中国"三个字，正是为了表达他祈盼中华民族凤凰涅槃、获得新生的赤子之心和殷切之情。

《新中国唱歌集》是为中小学校音乐教学而编的。当时，中国教育正处在旧学式微、新学甫兴的阶段，新式学堂开设音乐课是一件新鲜事。这一时期，出现了沈心工的《男儿第一志气高》（1903）、张之洞的《学堂歌》（1904）、秋瑾的《勉女权》（1906）等学堂歌。我馆收藏的这本 1907 年再版（初版时间未详）的《新中国唱歌集（二集）》是目前我们收集到的最早版本的音乐教材，是我国近代学校美育留下来的一份珍贵遗产。

当时国内音乐人才极其匮乏，用梁启超的话说，"举国无一人能谱新乐"。所以那一时期的学堂歌多是借用西洋或日本歌曲的曲调，或采用民歌的曲调，由作者重新填词。例如大家熟悉的学堂歌曲《送别》，就是 1915 年李叔同借用美国约翰·庞德·奥特威谱曲的《梦见家和母亲》的曲调填词创作的。

《新中国唱歌（二集）》中的歌曲也是如此，曲调往往采用现成的，歌词除少数为他人作品，大多数均由金松岑自己撰写。他有深厚的中华传统文化学养，有扎实的古诗词功底，写出来的歌词融通古今中外，内涵富赡，意象丰满，典雅优美，韵律鲜明，朗朗上口，非常适合中小学生歌唱。张一麐曾这样赞叹金松岑的文笔："观君之文，如深山大泽，阳开阴合，波谲云诡，不可方物；又如黄钟大镛①，韶濩②竞奏，钧天广乐③，群神醉酒。时或冲淡其容，委蛇其词；如春华怒发，群莺乱飞。远绝尘壒④，真灵所嬉。"（张一麐《金鹤望天放楼文言序》，见《心太平室集·卷二》）即以这本歌曲集中的歌词而论，也可窥见一斑。

《新中国唱歌（二编）》共编入歌曲四十首，按内容可以分为三类。

一类是借他山之石，通过引进西方文化来宣传爱国主义、鼓吹民族革命的，如《法兰西马赛革命歌》（即法国的《马赛曲》）、《摆仑叹希腊》（即英国拜伦的《哀希腊》）、《吊埃及》、《哀印度》等。

请看《摆仑叹希腊》（选录第一段歌词，译文为金氏意译）：

葱葱漪，郁郁漪，海岸景物漪。呜呼希腊之山河漪，如火如荼漪。呜呼希腊自由空气，旧时弥漫漪。光荣人物，伟大墓门，何者人间漪？

一类是表现校园生活的，这些歌曲朴实健康，色彩明亮，充满向真向善向美的朝气。如《幼稚园上学歌》（六段歌词）：

---

① 黄钟：古代庙堂所用打击乐器。大镛，大钟，古乐器。
② 韶濩（sháo hù）：古乐名。泛指高雅之乐。
③ 钧天广乐：天上的音乐，仙乐。
④ 壒（ài）：尘埃。

春风来，花满枝。儿手牵娘衣，儿今断乳儿不啼。娘去买枣梨，待儿读书归。上学去，莫迟疑！

春风来，花满枝。儿身穿新衣，儿手还要娘提携。儿今读书去，娘心应欢喜。上学去，莫徘徊！

春风来，花满枝。好风吹儿衣，儿今长大与桌齐。儿课列第一，娘心更欢喜。上学去，更欢喜！

春风来，花满枝。儿今能早起，邻儿结伴列队齐。阿师如阿娘，对儿真欢喜。上学去，真欢喜！

春风来，花满枝。儿今能识字，按图识字有滋味。学堂功课好，唱歌且游戏。上学去，此其时！

春风来，花满枝。儿今放学归，师把银牌挂儿衣。道儿读书好，阿娘见之未？上学去，得奖励。

（此歌注明"首曲黄遵宪，金一补"。第一段为黄遵宪作，后面五段为金一补作。）

如《女学生入学歌》（六段歌词）：

二十世纪女学生，美哉新国民。校旗妩媚东风轻，喜见开学辰。展师①联袂整衣巾，入学去，重行行。

脂奁粉盒次第抛，伏案抽丹毫。修身伦理从师教，吟味开心苗。爱国救世宗旨高，入学好，女同胞。

---

① 展师：展拜老师。

缇萦木兰①真可儿，班昭②我所师。罗兰③若安梦见之，批茶④相与期。东西女杰并驾驰，愿巾帼，凌须眉。

天仪地球万国图，一日三摩挲。理化更兼博物科，唱歌音韵和。女儿花发文明多，新世界，女中华。

紫裙窣地芳草香，戏入运动场。秋千架设球网张，皓腕次第攘。斯巴达⑤魂今来飨，活泼地，女学堂。

鱼更三跃灯花红，退习勤课功。明朝休沐⑥归家同，姊妹相随从。励志愿作女英雄，不入学，可怜虫！

再如《暑假》：

榴花照眼正鲜红，池荷送香风。学期试验⑦今已终，放假期又逢。师生同学经年契⑧，临歧⑨情悰浓。新秋开校同来早，努力把书攻。

第三类，是数量最多的爱国之歌、励志之歌、醒世之歌。从歌名上就可以看出来，如《招国魂》《亡国恨》《古行军》《哀祖国》《爱国歌》《大汉纪念歌》《太平洋》《扬子江》《黄河》《演孔》《大国民》等。金松岑是一位

---

① 缇萦：汉代舍身救父的孝女。木兰：女扮男装替父从军的巾帼英雄。
② 班昭：东汉史学家、文学家，班固、班超之妹，续写《汉书》。
③ 罗兰：梁启超译著《罗兰夫人传》主人公，法国大革命时期女杰。
④ 批茶：美国小说家斯托夫人，《黑奴吁天录》（即《汤姆叔叔的小屋》）作者。
⑤ 斯巴达：斯巴达克，古罗马奴隶起义领袖。
⑥ 休沐：休息洗沐，休假。
⑦ 试验：考试。
⑧ 经年契：一年（或多年）的情谊。
⑨ 临歧：在岔路口分手告别。

学养深厚的国学大师，也是一位率真赤诚的至情诗人。面对积贫积弱的祖国，面对饱受欺凌的同胞，面对骄横跋扈的列强，面对昏庸无能的当局，人生之慨、家国之忧、教育之悲、天下之任交织在一起，金松岑内心有太深的悲愤和忧虑，也有太多的寄托和希望。他把这些写进了学堂歌里，为的是让学子们铭国耻、树大志、立人生、图强国。

你听《招国魂》（五段歌词）：

> 吁嗟美哉神圣国，沉沉睡狮东海侧。妖梦千年醒不得，莽莽河流浸山色。河源上溯昆仑极，我祖于焉斩荆棘。鬼雄长啸髯如戟，魂兮归来我祖国！

> 吁嗟美哉神圣国，沉沉睡狮东海侧。宝藏千年富源殖，海岸黄金象牙出。橘柚苹婆南北实，禾黍油油土膏泽。伟大先民此血食①，魂兮归来我祖国！

> 吁嗟美哉神圣国，沉沉睡狮东海侧。文治武功烂朝日，纪功碑字长城刻。天马葡萄徕西极，到今唯有和戎策。瓜分惨祸免不得，魂兮归来我祖国！

> 吁嗟美哉神圣国，沉沉睡狮东海侧。连理同胞枝斜结，多是黄炎旧血脉。相思相爱相亲昵，大难临头要分拆。何不奋起图自立，魂兮归来我祖国！

> 吁嗟美哉神圣国，沉沉睡狮东海侧。世界平和守不得，是我国民死绥②日。十万头颅供一掷，血溅梅花殷红色。古雄若在祭坛结，魂兮归来我祖国！

---

① 血食：用于祭祀的食品。
② 死绥：效死沙场，为国捐躯。

你听《哀祖国》（六段歌词）：

我登昆仑之山巅兮，下视锦绣之中原。我游太平之洋海兮，回眺黄金之海岸。是我祖宗之天国兮，生根着地不可搬。而今天国将如何兮，哀哉涕泪相澜汍。

我登长城之废址兮，想见神圣之雄图。我游北邙之故墟兮，如听鬼雄之暗鸣。祖宗血汗子孙食兮，秋如粳稻春花果。祖宗明德子孙堕兮，秋不结实春奈何？

美哉祖国之文明兮，时花美女之芳香。美哉祖国之名誉兮，金刚钻石之琳琅。顾我国权无失堕兮，海涵地负天中央。而今国权竟失堕兮，天荒地老山茫茫。

世界安有亡国种兮，犹埃波印^①真惨凄。世界何者大国民兮，英美德日真可喜。问我国民居何等兮，昔也日辟国百里。而今国民居何等兮，今也日蹙国百里。

哀我祖国之长夜兮，鹡旦^②何为而不鸣？哀我同胞枝黑狱^③兮，太阳何时而得生？四百兆^④人穷且卖兮，廿二行省瓜分定。四百兆人顽且死兮，二十四（"四"疑为"世纪"之误）亡国民。

哀我祖国其无救兮，为奴为隶千万重。苟我祖国犹可济兮，愿为世界主人翁。百年老树中琴瑟兮，一斛旧水藏蛟龙。只今祖国已如此兮，不知我涕之何从！

---

① 犹埃波印：犹太、埃及、波兰、印度。
② 鹡旦：鸟名。鹡旦不鸣，指长夜漫漫。
③ 枝黑狱：身陷地狱。枝，同肢，肢体。黑狱，冤狱。
④ 四百兆：四亿，当时中国人口为四亿。兆，数词，一百万。

你听《舍身报国》（两段歌词）：

大陆烽烟惨淡中，男儿跃马去从戎。地棘天荆吾族穷，欧云莽莽杀气浓。杀气浓，杀气浓，侧身四顾谁我容？

血溅沙场如潮涌，头颅一掷为鬼雄。众志同，众志同，鼓我勇，鼓我勇。瓜分大祸不旋踵①，奴躯七尺何所用！

你听《黄帝》（四段歌词）：

赫赫我祖名轩辕，降自昆仑山。北逐獯鬻②南苗蛮，驰驱戎马间。扫除异族定主权，以贻我子孙。嗟我子孙无忘无忘乃祖之荣光。

温温我祖名轩辕，世界文明先。考文教算明历元，还将医药传。科学思想寻厥源，文明我最先。嗟我子孙遗传继续乃祖之荣光。

巍巍我祖名轩辕，明德一何远。手辟亚洲第一国，布地金盈寸。山河锦绣烂其明，处处皆遗念。嗟我子孙保持勿坠乃祖之荣光。

绳绳我祖名轩辕，血系多豪俊。秦皇汉武唐太宗，寰宇威灵震。至今白人说黄祸，闻者颜为变。嗟我子孙发扬蹈厉乃祖之荣光。

你听《国旗》（四段歌词）：

国旗国旗，美哉今日何荣光！二千年前，日出东方，海尽西方，威稜四抗，九夷八蛮皆来王。国旗照耀，民族精神尔许强。

---

① 旋踵：掉转脚跟，形容时间短促。
② 獯鬻（xūn yù）：古代北方少数民族，匈奴古称。

国旗国旗，哀哉今日何辉光？有似秋风黄叶，一朝堕落何方？英狮俄鹫，日出处又见扶桑。国旗堕落，天半黄龙①尺影藏。

国旗国旗，尔乃世界大陆王。愿我国民，拥护国旗飘摇翔。亭亭不落，庄严神圣天中央。国旗所到，炮火强力不敢伤。

国旗国旗，祝尔万岁寿无疆！西穷乌拉②，北极冰洋，东太平洋，皆我国旗所到处，临风飘扬。从今后，国旗荣誉美哉吉祥！

金松岑曾在《女界钟》撰文，大力鼓吹女子解放，倡导女子教育，致力于开启新的社会风尚。"女子者，奴之奴也！""救奴隶之方法如何？曰：唯教育。"你听《女青年》（四段歌词）：

我姊妹们前来听，我姊妹们前来听。落花惨淡柳色新，白骨青山多哭声。阿谁肯把乾坤整？男儿不任女儿任。现出观音菩萨身，普度众生愿无尽。

我姊妹们听我唱，我姊妹们听我唱。春愁莽荡春日长，纤纤素手尔许忙。织成锦缎生辉光，裁作大旗长十丈。侬心不愿绣鸳鸯，愿绣汉字当中央。

我姊妹们请来前，我姊妹们请来前。锦绣山河竞管弦，哀哀大陆皆腥膻。三生石上未了缘，嫁得支那老大年。痴情脉脉恨绵绵，白头夫婿谁为怜？

我姊妹们向前走，我姊妹们向前走。囚凤篯③鸾不堪受，娲皇④补

---

① 黄龙：黄龙旗，清朝国旗。
② 乌拉：乌拉尔山脉，亚欧大陆分界线。
③ 篯：鸟笼。
④ 娲皇：女娲。

天无恙否？批茶女士耻为俦，罗兰夫人羞与友。祀尔自由一杯酒，女权万岁更千秋。

今天，当我们听一听一百多年前这些激昂慷慨的校园歌曲，仍然深受感动，会受到精神的洗礼。

我们完全有理由说，《新中国唱歌集》是中国近代教育史上最早的优秀音乐教材，金松岑是中国学堂歌最早的耕耘者之一，是我国近代学校美育的先驱者。

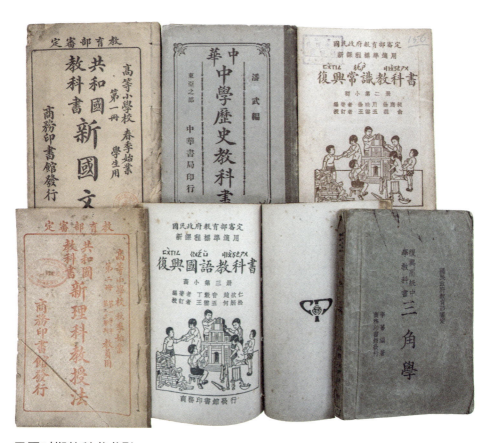

民国时期教科书书影

中国近代教科书演进路径初探

——以馆藏民国时期教科书为例

撰文 / 傅嘉德

教材是课程和教学的要素之一，是课程的重要载体，也是体现国家或社会主流价值观、意识形态与文化教育的一种文本表达。我国现代意义上的教科书产生于 19 世纪末 20 世纪初，据陆费逵《与舒新城论中国教科书史书》所记，第一部教科书是 1897 年朱树人编、南洋公学出版、仿英美体例的《蒙学课本》。同年，又有《笔算教科书》一种，董瑞椿译《物算教科书》一种，张相文编《本国初中地理教科书》两种 [①]。这些是可考的中国教科书的最早记录。民国时期，在辛亥革命的冲击和西方文化的影响下，中国社会发生了深刻的变革，教育也加快了从传统向现代迈进的步伐。1912年，新政府对学制及学校课程体系进行了一系列改革，两千多年的旧式教育发生了翻天覆地的变化。这一时期正式颁布了两个学制，即 1912、1913年的"壬子·癸丑学制"和 1922 年的"壬戌学制"。"壬子·癸丑学制"对民国初期学校的教育体系作出了比较完整的设计。该学制颁布后，清末编印的教科书一律禁用，"务合共和政体"的新教科书迅速推出。之后，随着"壬戌学制"的颁布，教科书的编写进入了一个新的历史时期，国定教科书

---

① 陆费逵：《与舒新城论中国教科书史书》，《中国编辑》2003 年 2 期，第 91 页。

与民间教科书双轨并行，单品教科书与大型系列教科书同步发展，开启了民国时期教科书的黄金时期。

苏州教育博物馆馆藏民国时期教科书五百多册（套），本文试图从这些教科书中探寻中国近代中小学教科书的基本特点和发展脉络，揭示其所蕴含的教育理念和文化内涵。

一

"壬子·癸丑学制"是南京临时政府1912—1913年间制定并公布的学校系统，因这两年为农历壬子、癸丑年而得名。学制设普通教育、师范教育、实业教育三个系统。其中普通教育分三段四级；初等教育七年，初小四年，男女同校；高小三年，不设男女分校。中等教育四年，男女分校。高等教育六至七年，大学预科三年，本科三至四年；专门学校预科一年，本科三年（医科四年）。学前儿童入蒙养院。"壬子·癸丑学制"对中小学提出了明确要求，即小学教育以留意儿童身心之发育、培养国民道德之基础、并授以生活所必需之知识技能为宗旨；中学校以完成普通教育、造成健全国民为宗旨；取消了清末的文实分科制度。该学制废除了读经讲经课，不再囿于传统的经史子集等经典著作，充实了自然科学类的课程，知识体系进一步开放。"壬子·癸丑学制"影响非常广泛，除1915年至1916年袁世凯复辟期间出现了短暂的回流外，直到1922年新学制颁布，学校教育因该学制的施行而保持稳定。

教科书作为意识形态的工具和知识传播的载体，必然要体现国家的意志和时代的声音。1912年1月19日南京临时政府教育部颁发了《普通教育暂行办法》，其中关于教科书就有明确规定：

小学读经科，一律废止。凡各种教科书，务合乎共和民国宗旨。

清学部颁行之教科书，一律禁用。

　　凡民间通行之教科书，其中如有尊崇满清朝廷及旧时官制、军制等课，应避讳，由各该书局自行修改，呈送样本于本部，及本省民政司、教育总会存查。如学校教员遇有教科书中不合共和宗旨者，可随时删改，并可指出，呈请民政司或教育会，通知该书局改正。[①]

　　这时候，离开学时间已经不远了，旧教科书废止了，学校迫切需要符合教育宗旨、适应新学制要求的新教科书。2 月 19 日，上海书业商会呈文教育部，要求将旧存教科书修正应用。教育部随即批准，"现距开学期迫近，为应急需，各书局已修改之教科书，如重印不及，则准许先印校勘记，随书附送或备各处索取，以免延误开学。"[②]就在此时，中华书局和商务印书馆的"中华教科书""共和国教科书"等教材以全新的面貌问世。

1. 中华书局的"教科书革命"

　　1912 年元旦，中华书局在上海成立，创始人陆费逵提出了"教科书革命"的口号，并宣告"立国根本在乎教育，教育根本实在教科书。教育不革命，国基终无由巩固；非有适宜教科书，则革命最后胜利仍不可得"[③]。在陆费逵领导下，中华书局迅速出版了一套涵盖中小学、师范学校各年级的教科书，称为"中华教科书"，这是民国第一套系统而完整的教科书。这套"中华教科书"于 1912 年 2 月学校春季开学之前陆续出版，到 1913 年出齐。其出版宗旨为："一、养成中华共和国国民，二、并采取人道主义、政治主

[①]　朱有瓛：《中国近代学制史料（第三辑上册）》，华东师范大学出版社，1996 年，第 2 页。

[②]　陈学恂：《中国近代教育大事记》，上海教育出版社，1981 年，第 22 页。

[③]　陆费逵：《中华书局宣言书》，《申报》1912 年 2 月 23 日。

义、军国民主义，三、注意实际教育，四、融和国粹欧化。"① "中华教科书"有初等小学修身、国文、算术、习字帖、习画帖五种四十册，教授书三种二十四册；高等小学修身、国文、算术、历史、地理、理科、英文、英文法八种三十三册，教授书六种二十八册；中学、师范用书共二十七种五十册。

苏州教育博物馆藏《中华国文教科书》就是这套教科书中的一种。虽然这套教科书的"体例和编写方法，则并无多少新颖之处，而且编写出版仓促，很有点粗糙之嫌"②，但是"中华教科书"在内容上积极适应新的形势，强调按照"养成共和国民"的培养目标来组织材料，适应了民主共和国政体和教育目的的需要。

比如第六册"国旗"一课：

先生曰：此中华国旗也。诸生爱国，当敬国旗。

再来看清末教科书的相关课文：

大清皇帝治天下，保我国民万万岁，国民爱国呼皇帝，万岁万岁声若雷③。

"尊君"是清政府教育宗旨在教科书中的反映，相比清末的课文，《中华国文教科书》的课文就是一个革命性的改变。课文强调"中华"，这既是民国国名，又是一个历史概念，文化传承性十分明显。其次是"爱国"，如

---

①　陆费逵：《中华书局宣言书》，《申报》1912 年 2 月 23 日。
②　王建军：《中国近代教科书发展研究》，广东教育出版社，1996 年，第 206 页。
③　无锡三等公学堂：《蒙学读本全书》，二编第一课。

第四册课文："中华，我国之国名也。溯自远祖以来，居于是，衣于是，食于是。世世相传，以及于我。我为中华之人，岂可不爱我国哉？"再如"中华教科书"的历史教科书在《编辑大意》中明确申言，"择述自黄帝以来开化之概略，历代伟人之言行，与夫最近中外交通之关系"，使儿童"既知文化之由来，复知世界大通之利益"①。这样的观点紧跟时代潮流，鲜明地体现出"教科书革命"的宗旨。

此外，这套教科书选文精良，文字精美，深受师生的欢迎，其影响一直延续到现在。如《中华高等小学国文教科书》第三册中《曹刿论战》，直到现在各个出版社的语文教科书中都收录了这篇课文。

"中华教科书"出版几个月后新学制颁布，改春季始业为秋季始业，每学年三学期制，而"中华教科书"是春季始业的，于是他们就迅速再出版一套"新制教科书"。"新制中华教科书"由范源濂组织编写。范源濂曾任民国教育部次长、总长，他组织编写的"新制中华教科书""比较全面贯彻了南京临时政府的教育宗旨和新教育方针，刻意从新教育这个角度去体现教科书的时代特色，而不是标举几个政治口号"②。"新制中华教科书"内容注重国民知识、世界知识和国耻教育。"举凡关于法律、政治、经济、军事国防等要义，俱一一述其概要，以养成国民之常识"；"凡丧师辱国割地赔款之事，撮要胪举③，以励卧薪尝胆之志，振雪耻图强之心"④。

苏州教育博物馆藏《新制国文教科书》（民国二年）就是"新制中华教科书"中的一套。其中小学第六册第一课是"自立"，初级中学第一课是

---

① 章嵌、丁锡华：《新制中华历史教科书》（第 1 册），中华书局，1913 年，编辑说明。
② 王建军：《中国近代教科书发展研究》，广东教育出版社，1996 年，第 206 页。
③ 胪（lú）举：列举。
④ 华鸿年、何振武：《新制中华初等小学国文教科书》（第一册），中华书局，1912 年，编辑大意。

"劳工神圣",第二课是"新生活",第三课是"我的新生活观"。课文内容丰富多彩,既教授语文知识,也传授生活常识,教会学生做人的道理。比如:

第二十四课

一儿出游,途遇先生,鞠躬行礼,直立于旁。

第二十六课

秋末冬初,夜间降霜,明日早起,屋瓦皆白。

第三十课

童子早起,折被挂帐,漱口洗面,扫地拭几。

第三十一课

风雨之中,有丐行乞。儿怜之,走告母,与以残饭。

第三十六课

霜雪已降,树叶尽黄,风吹叶落,积于地上,持帚扫之,可以为薪。

课文"从儿童生活上着想,适应儿童生活需要,形式也注重儿童化,务求合于儿童经验①"。课文的语言是浅显的文言,"力求浅显,句不倒装、字不精简,以使接近白话②",这在编写教科书的历史上开创了一代新风。

本馆馆藏《新式国民学校国文教科书》(民国五年)、《春季始业新国文》(民国六年)、《高小国文新课本》(民国九年)都是这个时期中华书局出版的教科书。

其中《新式国民学校国文教科书》也是值得关注的一套教材。近代以

---

① 舒新城:《中华书局图书馆基本教育图书教具展览会缘起》,《中华书局图书馆基本教育图书教具展览会目录》,中华书局,1947年,第12页。
② 吴研因:《〈旧中国的小学语文教材〉文史资料选辑》第40辑,中国文史出版社,2000年。

来，受西方列强入侵的刺激，一大批知识精英对中国传统文化进行了深刻的反思和批判，并逐步融入西方科技与教育发展的潮流。在教育领域，实利主义教育思想和实用主义思潮开始兴起并盛行，以自学辅导主义为代表的新教学方法影响全国。受此影响，商务印书馆、中华书局开始编写相关的教科书。1915 年 12 月，中华书局陆续出版体现实用主义、自学辅导主义等新教育思潮的"新式教科书"系列，涵盖了民国初期中小学各学科。馆藏《新式国民学校国文教科书》《新式国民学校国文教科书（春季始业用书）》就是其中的两个系列。《新式国民学校国文教科书（春季始业用书）》由李步青、沈颐、陆费逵等人编写。编者善于把抽象枯燥乏味的说明文改写成文学化的故事，使儿童感到生动有趣。如第三册第一课《伏羲神农》。

第一课 伏羲神农

上古之人，知识未开，生活之事甚简。伏羲氏出，教民佃鱼畜牧。

神农氏出，教民农耕，设商事，制医药。生活之事，至是渐具。

故言吾国开化，必首推二帝。

学习这些课文能让孩子们形象地了解中华民族的悠久历史，在具体生动的故事中接受优秀文化的熏陶。

这套教科书与苏州有着不解之缘。该教科书的宗旨是适应"实用主义、自学辅导主义。……务贯彻国民教育之真正目的"[①]，而我国自学辅导主义的最早研究者和大力倡导者为俞子夷。俞子夷（1886—1970），苏州人。1912 年，俞子夷应杨保恒之邀，到省立一师附小（今苏州实验小学）任算术、英

---

① 中华书局：《中华书局新式小学教科书出版预告》，《中华教育界》1915 年第 4 卷第 10 期。

文教师。1913 年 8 月，俞子夷继任主事（校长）。同年，江苏都督府教育司派俞子夷赴欧美考察教育。回国后，俞子夷借鉴西方先进教学法在一师附小开展了具有设计教学法特色的"联络教材"局部教改实验，尝试给予学生更多自主支配时间和学习内容的选择权，这是我国最早实行的自学辅导主义设计教学法实验。

这套教科书中的《新式国民学校国文教科书》由吴研因编写。吴研因（1886—1975），1906 年毕业于上海龙门师范学校。1912 年秋，吴研因任江苏省立第一师范学校教员兼附属小学主任，后任一师附小主事（校长）。吴研因在俞子夷教学改革的基础上，倡导启发式教学，积极推行教学法改革，进行教学设计法实验。俞子夷和吴研因主张自行编写各科教材。经过两个学期的努力，他们基本完成了一师附小全套教科书的编写工作。其中《新学制小学国语教科书》《小学历史自习书》由上海商务印书馆出版，风行全国。馆藏《新式国民学校国文教科书》1916 年出版，共八册。书中编选了《国会》《宪法》等有关民主共和政体的文章，以适应反对帝制的需要；选取《文天祥》《史可法》《鸦片之战》《琼山之战》《中日之战》等课文，以培养学生爱国御侮的精神。吴研因还选编了一些赞美工人劳动业绩的课文，让学生感受劳动的光荣。

1916 年中华书局出版的高等小学《新式国文教科书》由吕思勉（1884—1957）编著。1919 年，吕思勉由吴研因介绍到省立第一师范学校（今苏州中学）任教，1923 至 1925 年在省立第一师范学校专修科任教。吕思勉编辑了多种中小学国文、历史、地理等学科教科书，《新式国文教科书》是目前尚存的其中一套高等小学校国文教材。这套教科书的课文用浅显文言编写，文字既平实，又活泼，"明晰、势力与流畅"，所谓"势力"，即"与读者之刺激力"，也就是我们今天所说的"感人的力度"。六册国文教材共一百六十六课，吕思勉自己撰写的课文有一百二十三篇之多。如《新式国文教科书》第三册第十课《勃罗斯》：

第十课　勃罗斯

　　勃罗斯者，苏格兰君也。六百余年前，屡与英吉利构兵①。众寡不敌，辄为所败。迨第六次，良将尽亡，疆土亦失。不得已，伏匿茅屋中以避兵。

　　时勃罗斯子焉如寄②，末路兴叹，乃席地偃卧。瞥见梁上蜘蛛，吐丝作网。勃既无聊，姑觇之以遣闷。梁有二椽，其一较低。蛛系丝高椽，引其一端，欲下垂于低者。垂未及半，丝断而坠，前功尽弃。然蛛虽蹉跌③，攀援力作，仍不少衰。坠而复起者六，迄未就绪。勃孤影自怜，喟然叹息，而蛛复援丝下矣。

　　至第七次，竟无波折，微丝一缕，直达低椽。两端既系，其余易易。瞬息间已成方罫形④。勃大感动，奋然曰："吾敢不如蛛乎！"跃而起。号召旧部，搜集散亡。再与英战，复有苏格兰。

这篇课文还影响着今天的小学语文教材，苏教版小学语文三年级上册第十一课《第八次》就脱胎于此：

　　古时候，欧洲的苏格兰遭到了别国的侵略。王子布鲁斯带领军队，英勇地抗击外国侵略军。可是，一连打了七次仗，苏格兰军队都失败了，布鲁斯王子也受了伤。他躺在山上的一间磨坊里，不断地唉声叹气。

———————

① 构兵：交战。
② 如寄：好像暂时寄居。
③ 蹉跌：失足跌倒，比喻失误。
④ 方罫（guà）形：整齐的方格形。

对这场战争，他几乎失去了信心。

布鲁斯躺在木板上望着屋顶，无意中看到一只蜘蛛正在结网。忽然，一阵大风吹来，丝断了，网破了。蜘蛛重新扯起细丝再次结网，又被风吹断了。就这样结了断，断了结，一连结了七次，都没有结成。可蜘蛛并不灰心，照样从头干起，这一次它终于结成了一张网。

布鲁斯感动极了。他猛地跳起来，喊道："我也要干第八次！"他四处奔走，招集被打散的军队，动员人民起来抵抗。经过激烈的战斗，苏格兰军队赶跑了外国侵略军。布鲁斯的第八次抵抗成功了①。

苏教版小学语文三年级上册的这篇课文与吕思勉编写的课文内容基本一致，虽比吕文多了三十个字，却少了很多精彩之处。如蜘蛛结网的细节："梁有二橡，其一较低。蛛系丝高橡，引其一端，欲下垂于低者。垂未及半，丝断而坠，前功尽弃。然蛛虽蹉跌，攀援力作，仍不少衰"；"微丝一缕，直达低橡。两端既系，其余易易。瞬息间已成方罫形"。勃罗斯王的姿态和神态："勃孤影自怜，喟然叹息""勃大感动，奋然曰"。这些精彩的细节删削之后，就缺少了情境的现场氛围，因而缺少了感人的力度。行文的内在节奏，如故事发展的速度、情节的张力和人物的内心矛盾等也大不如吕文。由此可见吕思勉"高深之学理，以浅显之言出之"的叙事能力。

2. "共和国教科书"后来居上

商务印书馆是当时影响最大的出版社，在编写出版教科书方面，更有经验，更有实力。1911亥革命前夕，商务印书馆就开始秘密编写新教科书。1912年开始，在蔡元培主持下集中力量编写与民国教育方针相适应的新教科书，4月开始陆续出版了一套"共和国教科书"。"共和国教科书"的编

---

① 张庆、朱家珑：《语文》（三年级上册），江苏凤凰教育出版社，2016年，第64页。

写宗旨为："注重自由平等之精神，守法合群之德义，以养成共和国民之人格"；"注重国体政体及一切政法常识，以普及参政之能力"；"注重汉满蒙回藏五族平等主义，以巩固统一民国之基础"；"注重博爱主义，推及待外人、爱生物等事，以扩充国民之德量"[①]。这套书比"中华教科书"晚了三个月，但在其后十年间，共销售七千至八千万册之多，创造了中国百年出版史上版次最多的记录，是当时影响最大的一套教科书。

苏州教育博物馆藏《共和国新国文教科书》（民国二年）、《国民学校春季始业新国文》（民国二年）、《实用国文教科书》（民国四年）、《共和国教科书国文读本评注（四册）》（民国八年）、《国文新课本》（民国九年）就是商务印书馆"共和国教科书"系列中的部分高等小学校国文教材。这些教科书遴选了大量的生活故事、历史故事、自然故事、童话、传说、笑话等，贴近儿童生活。在插图、文本的选择上都很有匠心，体现了"儿童本位"的思想。如《共和国新国文教科书》第一册第一课《人》，第二课《手、足》，以及《读书》《采桑》《打麦》《萤》《蚊》《灯》《人影》等课文，内容都与学生的生活密切相关，读着十分亲切。有的课文宣扬中华民族的传统美德，如《孝亲》《爱弟》《慈幼》《诚实童子》《俭训》《积贮》等，启发儿童以人生的思考。如第二册第二十二课：

> 竹几上，有针、有线、有尺、有剪刀，我母亲坐几前，取针穿线，为我缝衣。

这是一首母爱的颂歌，与孟郊的《游子吟》有异曲同工之妙。课文以

---

① 张元济、杜亚泉：《编辑共和国小学教科书的缘起》，《教育杂志》1912 年第 4 卷第 1 期。

第一人称视角，通过看似平常的针线物件，以及母亲"取针穿线，为我缝衣"这一动作，表现了浓厚的亲子之情。

高小的国文教科书开始渗透科学知识，介绍西方的文化，如《共和国教科书新国文》高等小学第三册中第一课《气球及飞艇飞机》，第十八课《南丁格尔》，前者充满了科学趣味，后者人文精神满满。

这套教科书受欢迎的原因还在于内容新颖，编写精良，文字精美。比如第二册第二十七课：

> 北风起，大雪飞。登楼远望，一片白色。雪止日出，檐溜成冰，其形如箸[①]。

这篇短文，言辞清丽，画面清新自然，把雪天的景色描写得多姿多彩，充满了童趣。

再如第三册第三课《燕子》：

> 燕子，汝又来乎。旧巢破，不可居。衔泥衔草，重筑新巢。燕子，待汝巢成，吾当贺汝。

这是关于燕子归来的叙述，课文中的孩子和燕子是朋友，孩子充满温情地和燕子打招呼，表现出天真淳朴的童心，十分可爱。这也体现了当时教科书编写者的理念，即让启蒙时期的儿童，阅读一些与他们的生活相关的作品，让他们从中涵养天性，在自省中增长德行。

值得关注的是，这套国文教科书十分突出现代政治文明的内容，体现

---

① 箸（zhù）：筷子。

了自由、平等、权利、义务的思想，如《自立》《独立自尊》《平等》《共和国》等。

不仅国文教科书如此，其他学科的教科书的编辑理念也都一致。比如杜亚泉编写的《共和国教科书理科教科书（高小用书）》，特色也十分鲜明。

第七课　秋之风景

秋日气候渐寒，风景独佳。其点缀以成秋色者，则有杂草；凄切以发秋声者，则有鸣虫。杂草之果实，至秋成熟。种子散落以后，渐渐枯死。其种子于明春发生新芽，再成杂草。鸣虫之翅，常摩擦而成声，有高低强弱之殊，各不相混。其鸣者皆雄虫，所以招其雌也。雌虫能产卵，故易繁殖。

在民国初期的教科书中，像这样具有形象美、韵律美，有色彩感兼具知识性的课文并不多见。

当时教科书的版式也别有风味，图文并茂，生活气息浓郁，学生喜闻乐见。

民国初期，社会动荡，在列强辱国辱民的刺激下，英语教学承受着更多的期待和使命，英语教科书的编写成为备受关注的热点。民国初期制定的外语教学方针是培养学生的语言运用的能力，增进他们的智慧、知识。1913年3月19日颁布的《中学校暂行课程标准》中对英语学科每学年的教学内容做了细致的划分：第一学年主要是发音、拼字、读法、译解、默写、会话、文法、习字；第二学年取消了发音、拼字、习字，增加了造句；第三学年减少了造句、默写的内容，增加了作文；第四学年又增加了文学要略。这一时期的英语教学更多地凸显出对学生实用能力的培养。

苏州教育博物馆藏《共和国教科书中学英文读本》（民国九年）、《英语会话教科书》(民国七年)、《初级英语读音教科书》(民国十年)等，是"共和国教科书"系列中的英语教材。其中，《共和国教科书英文读本》是商务印书馆为适应中华民国临时政府的教育改革而编辑的一套教科书，包括《共和国教科书英文读本》(高小)和《共和国教科书中学英文读本》。《共和国教科书中学英文读本》共四册，甘永龙、邝富灼和蔡文森编纂，1913年出版。在选材上，教科书以英美读物中的经典作品为主，如传说、历史介绍、传记、发明发现等，并将阅读与语法结合起来，课文内容之间也有一定的连贯性，增加了学生的学习兴趣。《初级英语读音教科书》对最基本的英语语音知识进行概括性的讲解，阐释英语常见单词的读音和拼法。当时的英语教材大都为文选形式，"读音教科书"并不多见。

3. 各类出版社千帆竞发

除了商务印书馆和中华书局这两大出版机构之外，当时还有很多出版社都纷纷加入教科书出版的行列，形成教科书多样化的发展态势。1924年以后，世界书局开始编写出版各类教科书，与商务印书馆、中华书局逐渐形成三足鼎立之势。馆藏《新体广注书翰文自修读本》《古文评注读本》等就是世界书局在这一时期出版的教科书。

除了国人出版发行企业外，外国教会主办的出版社也积极编写教科书，上海土山湾印书馆是当时影响最大的教会出版社。土山湾印书馆由上海徐家汇天主教堂于1874年设立，是近代中西文化交流中重要的印刷出版机构，主要出版宗教书刊以及中、英、法、拉丁文书籍，还编写了大量供中外学生学习的教科书、工具书，在介绍西方实用技术和科普著述、教科书等方面起到了积极的作用。该印书馆出版了中英文双语国文教科书《国民学校国文新课本》，把汉语课文作为主课文，然后辅之以英文译文作为辅文，中英文对照，特色鲜明。课文内容生动，语言简练，图文并茂。这是教会学校本土化的有益尝试。

如本馆馆藏《国民学校国文新课本》双语版本第七课《鹦鹉》，语言简洁明了，内容生动有趣，讲述了鹦鹉赶走猫的故事，表现了鹦鹉的勇敢和智慧。有意思的是商务印书馆出版的《共和国新国文教科书》第三册中也有这一课：

架上鹦鹉，白毛红嘴，时学人言。有猫缘柱而上，举爪将攫之。鹦鹉惊呼曰："猫来猫来。"童子闻声趋至。猫急遁去。

不同的是，课文中出现的人不是"主人"而是"童子"，这样就更能让人感受到孩童视角下的"护生"之意，表现出"童子"善良诚实、爱护生命的品质。

本馆馆藏《中学国文课本菁华》是民间编写的国文教材，民国八年（1919）由上海土山湾印书馆出版。编者邹弢曾任《苏报》主编，这套教科书是他晚年在上海启明女学任教时编写的。此书大量收录历代名家名篇，涉及名家众多，兼及各类体裁，每一册都有近百篇课文，内容精彩纷呈。最突出的亮点是每篇课文中均有详细注解，文末还附有精要点评。这是当时其他教科书所没有的。如《菊圃记》一课：

菊圃记
元结

春陵①俗不种菊。前时自远致之，植庭墙下；及再来也，菊已无矣。徘徊旧圃，嗟叹久之。谁不知菊也方华②可赏，在药品是良药，为蔬菜

---

① 春（chōng）陵：古地名，今湖北枣阳市境内吴店镇。
② 方华：正开花时。

是佳蔬。纵须地趋走①，犹宜徙植修养。而忍踩践至尽，不爱惜乎？呜呼！贤人君子自植其身，不可不慎其身，不可不慎择所处。一旦遭人不重爱，如此菊也，悲伤奈何？于是便为之圃，重畦植之。其地近宴息之堂②，吏人不此奔走；近登望之亭，旌旄不此行列。纵参歌伎，菊非可恶之草；使有酒徒，菊为助兴之物。为之作记，经托后人。

文末的点评是：

平易近人，最宜初学。其重要处，在贤人君子数句。虽是说菊，即以说人也。

点评语言简明扼要，观点鲜明独特，品评阐幽发微，指导精要得当。编写者告诉学生要关注的是："贤士君子"立身处世，应慎重选择适宜自己生活的土壤和环境，不然也就难逃春陵菊花被踩践、被抛弃的悲惨命运。之后，教科书中的"阅读提示"均源于此。

我国的中小学音乐教育开始于晚清的学堂乐歌，民国初期蔡元培先生积极倡导美育，新学制也把音乐课列为小学和初中的必修课程，推动了我国早期音乐教育的发展。馆藏《民国唱歌集》（民国三年）、《新体唱歌集》（民国三年）、《高小新体唱歌集二集》（民国三年）、《小学唱歌》（民国九年）、《女子新唱歌》（民国九年）、《唱歌集初编》（民国九年）、《唱歌集三编》（民国九年）就是当时的音乐教科书。其中商务印书馆发行的《民国唱歌集》由沈心工编撰，他是中国近代启蒙音乐家，被李叔同（弘一大师）称为"吾

---

① 纵须地趋走：就算在人来人往的地方。趋走，小步疾行，此处指人来人往。
② 宴息之堂：人起居休息的地方。宴息，休息。

国乐界开幕第一人"。

民国初期是中国教科书发展史上重要的转折点。从内容上看，民国之前的教科书大都是经史之类的"圣人之言"，清末虽然有所改观，但整体上变化不大。而民国初期教科书的内容则贴近学生生活实际，紧随时代步伐，彰显民主、自由精神，将学生从四书五经和八股文中初步解放出来了。从形式上看，虽然民国初期教科书还是以文言文为主，其话语形式并没有根本性的改变，但是，文字却简明清新，给人耳目一新的感觉。随着时代发展，文言文与新教育内容的对立愈发尖锐化，以致成为近代教育发展的桎梏。此时，新文化运动思潮开始萌芽，受此影响，一些进步知识分子开始了白话文教学的探索。1913年，江苏省立一师附小（今苏州实验小学）在校长俞子夷带领下率先进行语体文（白话文）教学改革，并由吴研因主持编写了我国第一套语体文（白话文）各科教材。1915年吕思勉编写的《新式高等小学国文教科书》由中华书局出版，每册后面都附有四课白话文课文。1916年吴研因为中华书局编制《新式国文教科书》一至八册，其中也有白话文附课。这在中国教科书编写史上无疑是具有里程碑意义的创举。1919年商务印书馆编写出版的"新体教科书"是中国第一套系统的白话教科书，"实为开国语教科之声"。伴随着五四运动的步伐，1919年后白话教科书逐渐占领教科书舞台，初步形成了现代教科书的全新体系，为民国教科书的后续发展奠定了基础。

二

1922年10月，《学制改革案》颁布，史称"壬戌学制"，又称"六三三学制"。新学制规定初等教育六年，其中初级小学四年（可单设），高级小学二年；中等教育六年，分初高两级，各为三年。这一新学制受美国学制、特别是杜威教育思想的影响很大，但也并非盲从，其中更多体现了"五四"

新教育的基本精神，更加适合中国社会现状及教育自身的发展规律。"壬戌学制"的颁布和实施，标志着中国近代以来学制体系建设已经基本完成。这是中国近代教育史上实施时间最长、影响最大的学制。1923 年，《新学制课程标准》颁行，规定小学校课程为国语（包括语言、读文、作文、写字）、算术、卫生、公民、历史、地理、自然、园艺、工用艺术、形象艺术、音乐、体育等学科。初级中学课程分社会科、言文科、算学科、自然科、艺术科、体育科等。高级中学分普通科和职业科（有师范、商业、工业、农业、家事等科）；普通科以升学为目的，又分为两组：第一组注重文学和社会科学。第二组注重数学和自然科学。因此，各学科的教科书也将重新编写送审。

1. "新学制教科书"一马当先，诠释新学制教育理念

1922 年新学制刚刚颁布，商务印书馆就迅速组织编写了一套"新学制教科书"，这套教科书共三大类一百六十六种，五百二十七卷，被称为"最完备的教科书"。教科书围绕儿童及其生活展开，内容取材趋于综合性、国际化，在编写理念、品种类型、编制方法、内容选择等方面呈现多样化发展的特点。苏州教育博物馆藏《新学制自然教科书》、《新学制历史教科书》（民国十八年）即其中的两套教科书。

"自然科"依据 1922 年"壬戌学制"新设置的初级中学科学课程，由动植物、矿物、理化学、天文、气象、地质等领域的内容构成。"壬戌学制"初中理科采用混合制，自然科学为一门课。自然科学教材则有两种形式：一种是物理、化学、生物三门科目分别编写，另一种是将三门科目混合成一门理科，合编一本教材。馆藏的杜亚泉编写的《新学制自然科学教科书》（共四册）属于后者，1923 年 3 月，由上海商务印书馆出版。该教材第一册以动植物为主，物、化和矿物为辅；第二册以物理为主，气象和动生物的重要生态为辅；第三册以化学为主，磁学和矿物为辅；第四册以自然法则为主线，以物理、自然地理和生物为载体。前三册的内容多系简单、具体的实际应用，第四册安排了比较抽象和理论的内容。四册教科书都采用编、章、节的结构形式，多数概念、规律的引入均直接给出，即使给出实例或实验，也只是简要说明，实验也多为验证性。下面是该教科书第一册目录，从中可以粗略看到其科学内容的分类。

第一册 目录

总论——

自然界　生物和无生物　动物植物和矿物

第一章　植物的外观

第二章　动物的外观

第三章　水

第四章　空气和燃烧

第五章　岩石和土壤

第六章　植物的生长

第七章　动物的生长

这套教科书内容选取的标准注重与生活相联系。第一册的"编辑大意"中明确表示："（1）习见的事物、为吾人所当理解的；（2）于个人生活有重要关系的；（3）于吾人思想上或社会生活上有重要关系的——总以毕业后可供实际应用的为主。"[1]教科书十分重视知识的衔接、梳理和归纳。第一册"编辑大意"第（2）点特别说明，教科书的编纂力求与高级小学用《新法理科教科书》相衔接，注意循序渐近。此外，该教科书中涉及需提示知识间相互联系的地方，均给出标识，使学生以所学知识或已知事项为基础，

────────────

① 杜亚泉：《新学制自然科教科书》（第一册），商务印书馆，1924 年，第 2 页。

109

循序渐进。同时，注意引导学生关注知识的归纳总结，构建知识的系统性研究。教科书在章节中设置有"提要"栏目，适时对知识内容进行梳理、归纳，有利于学生的自学和复习。

高中物理教科书使用较广的是王季烈编《共和国物理教科书》（1924年商务版）。王季烈（1873—1952），苏州人，清末民初物理学著作翻译家。其父王颂蔚是蔡元培参加会试时的恩师，母亲谢长达是近代著名女教育家。他曾翻译出版了中国第一本以物理学命名、具有大学水平的教科书，还编著了中国第一本中学物理课本，主持编印了《物理学语汇》，为近代物理在中国的传播做出了重要贡献。王兼善编《民国新教科书物理学》（1925年商务版）也是当时用得比较多的物理教科书。高中化学主要是《复兴高级中学教科书 化学》。馆藏教科书中还有部分理化生及其他教材，如《无机化学教科书》、《重水分析法的研究》（张青莲）、《有机化学》（哈钦斯基）、《生物显微技术》、《细胞生物学》、《经济学纲要》（民国十九年）、《卫生学》（民国二十三年）、《实用化学题解》（民国三十五年）、《动植物大意》（民国三十六年）等。

商务印书馆的历史教科书代表着该类教科书的编写方向和编写水平。夏曾佑《最新中学教科书中学历史》是中国近代教育史上第一部真正意义上的中学历史教科书。馆藏《新学制历史教科书》由傅运生编写、朱经农等校订，1923年商务印书馆出版。"编辑大意"明确阐释了该书编写意图："打破朝代的、国界的旧习，专从人类文化上演述变迁的情形。"[①] 全书共九编，将中外前史、经济史、宗教史、政治史、思想史、战争史混合编辑，体现了新学制历史课程改革的新理念。此书从初版到1929年已印达102版，可见其影响程度。馆藏这一时期历史课本还有《历史课本》（民国十七年）、

---

① 傅运生：《新学制历史教科书》（第一册），商务印书馆，1923年，第2页。

《高级小学历史课本》（民国二十四年）、《高小历史教科书》（民国二十七年）、《高中外国史》（民国三十七年）等。"壬戌学制"颁布后的历史教科书体现了当时的文化史观、进化史观，在编排上大多采用中外历史混编形式。高中专门设有外国史，蕴含了初步的全球史观的意识。

2. 复兴教科书"为国难而牺牲，为文化而奋斗"

1932 年 1 月 28 日，日本侵略者挑起淞沪之战，敌机疯狂轰炸上海闹市区，号称东亚最重要藏书楼的商务印书馆藏书楼被炸毁，四十六万册藏书、包括三万多册珍本善本被毁之一炬，这是中国文化的一场浩劫。劫难过后，张元济提出以"为国难而牺牲，为文化而奋斗"为目标，重振商务印书馆，当年 8 月 1 日商务印书馆复业。此后，用不到一年的时间，商务印书馆编辑出版了教科书出版史上编写人数最多、出版种类最多、持续时间最长、经历课程标准最多的一套里程碑式的教科书，这就是"复兴教科书"。本馆馆藏《复兴国语教科书（高小学生用）》（民国二十二年）、《复兴高级中学教科书三角学》（民国三十五年）、《复兴地理教科书（合订本）》（民国二十二年）、《复兴公民教科书（合订本）》（民国二十二年）、《复兴常识教科书初小》（民国二十二年），就是"复兴教科书"系列中的一部分教材。这一套记录着中国国难历史的教材，一直沿用到新中国初期。

《复兴国语教科书》是其中代表性教材之一，也是当时发行量最大的教科书。该教科书 1933 年出版后多次重版印刷，在全国范围普遍使用。馆藏《复兴国语教科书（高小学生用）》由丁酦音、赵欲仁主编，王云五、何炳松校订。该教科书选文很有特色。首先，内容紧扣"以儿童为主体"的理念，关注儿童生活，具有时代感。教科书选辑了一组表现爱国、革命、精忠报国、勇敢、道义、互助的文章，强化对学生的爱国、修身教育。同时还选辑了科普类文章，以培养学生的科学素养。四册共计选入十三篇科普类文章。如第四册《五十年后》一课，用四篇课文连载的方式编排，引导学生以科学的眼光畅想未来。其次，选文由简入繁，循序渐进，外国作品逐渐增多，第四册共有十二篇外国作品。这些外国作品内容多是表现风俗、地理、爱国、革命、勇敢及道义的，有的课文今天的教科书还在使用，如《最后一课》。值得注意的是，整套教科书没有文言文入选，文言文都被翻译成白话文，如《苏武牧羊》《李愬雪夜入蔡州》等，这是该教材的一种尝试，也是最大的特色。

如第一册第二十一课《农夫与蚕妇》（节选自刘大白的《郑板桥教子》）：

郑板桥虽然是清代雍乾间的名士，但是他的思想，既有和当时一般名士不同的地方；他底①诗、文和词，又常常有近于白话，或竟用白话做的。

他那潍县寄舍弟墨第三书后面，附抄着四首五言绝句；是叫他兄弟教给他的儿子，月亮下，坐在门槛上，唱给母亲、叔叔和婶娘听，骗果子吃的。那诗是：

二月卖断丝，五月粜新谷，医得眼前疮，剜却心头肉！（其一）

耘苗日正午，汗滴禾下土，谁知盘中餐，粒粒皆辛苦！（其二）

昨日入城市，归来泪满巾，偏身罗绮者，不是养蚕人！（其三）

九九八十一，穷汉受罪毕；才得放脚眠，蚊虫獦蚤②出！（其四）

这篇课文用白话文作引子设置了一个情景，形式新颖，增加了阅读的

---

① 底：在五四时期至三十年代与助词"的"并行，但只用于领属关系，现已不用。

② 獦蚤（gé zǎo）：跳蚤。

趣味性。现代苏教版小学语文教材中的"文包诗"① 可能就源于此吧。这种在选文和编写方面的探索精神，值得后人学习。

这套教科书的编排也很有特点。编写者"依据增长儿童阅读趣味的原则，尽量使教材富有情趣"，行文中插入图画，以增强直观性，培养学习兴趣。为了体现"用整段文字或整篇文字完成对文字的教学"的编写主旨，保证所节录课文的完整性，编写者创造性地把一个长篇或相对完整的故事分成几篇课文连载。如《武松打虎》《柏林之围》《五十年后》等都用了四篇课文连载完成。

《复兴国语教科书（高小学生用）》的编者之一赵欲仁与苏州有着很深的渊源。赵欲仁（1895—1965），字景源，1916年春以第二届本科第一名的优异成绩在江苏省立第一师范学校（今苏州中学）毕业。1916年8月在省立一师附小（今苏州实验小学）实习和工作，直至1920年1月离开苏州。

民国教育把"修身"列为重要课程，该课程传承中国传统德育的内容，强调做人修身的重要意义，并编有大量的教科书。馆藏有《启蒙二百课》《常识一百七十课》《修身一百八十课》《新教育教科书修身（高等小学校用）》等教科书。这些教科书从日常生活切入，以故事的形式，强调修身的道理，内容涉及修养、爱国、教育等方面；语言深入浅出、言简意赅。1928年7月国民政府公布《各级学校增加党义课程条例》，规定进行"三民主义"教育。此后各出版社相继出版了"三民主义"教材共十五种。馆藏《小学新时代三民主义教科书》（民国十七年）、《三民主义课本（合订本）》（民国十七年）是商务印书馆和世界书局在这一特定背景下出版的两种教材。1933年商务印书馆《复兴公民教科书》首次提出"养成三民主义共和国的良好

---

① "文包诗"是苏教版教材中一种特殊的教学内容，由诗词演化而来，生动讲述诗词创作背景和创作历程。

公民"的主张，强化对"人"的关怀，并由此引发出对国民性的改造诉求。教科书对中国传统的道德观念也进行了全新的阐释，突出了以文化自信为依托的家国情怀和民族精神。

3. 开明教科书异军突起

开明书店成立于1926年，是当时出版社中的后起之秀，出版的教科书影响很大。本馆馆藏《开明国语课本》《开明算术课本》《开明幼童国语读本》《开明儿童国语读本》《开明少年国语读本》，即其中部分教材。

《开明国语课本》共八册，1932年开明书店出版，供初等小学使用。该书由叶圣陶撰写课文，初年级课本的文字用手写体，由丰子恺手写并绘插图。全书共四百多篇课文，大多是叶圣陶的原创作品，还有一些是重新改编的作品。插图中山川人物、花鸟虫鱼均寥寥几笔勾出，质朴自然、充满童趣。这套教科书面世后受到普遍赞誉。其主要特点有三：一是课文内容多取材于日常生活和校园生活，包括儿童生活中遇到的各种问题，生活气息浓厚。如小朋友与先生的课堂对答、与亲友的通信往来、参观工厂、看妈妈缝衣服、农人种田等。《早上起来》《冬天的风》《母鸡小鸡》《菜秧》《望远镜和显微镜》《种痘》《卖菜的老人》等属于这类课文。二是渗透公平、正义、自由、爱与被爱等最基本的社会价值观，展示人与人、人与动物之间的关系。这一切都从儿童的视角去表述，在见儿童所见、想儿童所想之中渗透了生活的道理，"随着儿童生活的进展，逐渐拓张到广大的社会。与社会、自然、艺术等科企图作充分的联络"①。《商代人的书》《孔庙和孔林》《荆轲》等课文着重于弘扬中华传统文化，《伊索寓言》《荒岛上的鲁宾逊》《月光曲》则介绍外国文学。三是在表达方式上把孩子当成平等对话的主体，用儿童的话语方式来叙述，看似简简单单，却表现出淳朴天真的童真和童趣，全无

---

① 叶圣陶：《开明国语课本》，开明书店，1932年，编辑要旨。

居高临下的姿态。还有部分课文是用信件、日记、游记、意见书、戏剧等形式写就，显出课文的丰富多彩，孩子们在阅读课文的过程中也学会了实用文体的写作。如《公园里（日记)》《小学生的信》《学校新闻的一页》等。从下面几篇课文可以粗略看出以上特点。

太阳，太阳，你起来得早。昨天晚上，你在什么地方睡觉？（《太阳》）

万年桥边小池塘，红白荷花开满塘。上桥去，看荷花。一阵风来一阵香。(《荷花》)

雨停了。云散了。太阳出来了。远处的山、远处的树又看得见了。山和树给雨洗过，都很干净。(《雨停了》)

小狗过来，把八九所小房子冲塌。妹妹哭了。

妈妈说："哭什么呢？小狗冲塌你的小房子，你不会再搭起来吗？"(《妹妹哭了》)

永儿的爸爸对永儿说："如果有客人来，先要问他尊姓。"明天，对门的徐先生来看永儿的爸爸，永儿说："徐先生，请问尊姓？"(《请问尊姓》)

这些充满童心童趣的课文，体现出叶圣陶的教育思想和教材编写理念，即：小学生是儿童，他们的语文课本必是儿童文学，才能引起他们的兴趣，使他们乐于阅读，从而发展他们多方面的智慧。这些课文现在读来仍然趣味盎然。

4. 数学、英语等教科书面貌一新

民国时期的数学教育经历了从传统向近现代化转型的过程，是数学教育发展的重要历史时期。经历了"壬子·癸丑学制"和"壬戌学制"之后，数学教科书的编写，已经从教科书的翻译、编译发展到自己编写，无论是在内容、形式还是编写理念的变革方面均发生了重要的转变，逐步实现了数学教科书的中国化。这个时期的课程标准把数学纳为学习科目，而并没有规定该科目的具体内容，比如算术、代数、几何各学什么内容，以及学习这些内容所要达到的要求等，并未作出明确界定。因此，课堂教学就必须完全依赖教科书。当时的数学教科书种类繁多，良莠不齐，质量好的教科书还是大受欢迎的，如商务印书馆、中华书局、世界书局、开明书店的数学教科书就占了教科书发行的绝大部分市场。

民国时期小学和初级中学所用的算术、代数几何等科目的教材大多为中国学者自己编写。本馆馆藏《新式算术教授书》（民国五年）、《算术要览》（民国十一年）、《新算术·笔算》（民国十二年）、《大代数学解式》（民国初年）、《方程解法》（民国九年）是"壬子·癸丑学制"最为流行的的数学教材。这一时期的数学教科书虽然还处于学步阶段，但也有很多独到之处。"壬戌学制"之后，数学教科书大部分还是在欧美教科书的基础上修改、增删之后编写的，但是数学知识的组织与呈现已经有了很大的改观，更加重视演算和推证，突出了中国特色，一些细节的安排也颇具特色。除了少数用原版的教科书外，一般学校都使用国人编写的数学教科书，这也促使教科书的编写越来越成熟。以商务印书馆的数学教科书为例，《算术》由数及四基法、约数及倍数、分数、小数、米制（测量单位）、复名数总论、比与比例、百分法、利息、银行计算、乘方及开方、量法、级数这十三章组成[1]。《几何

---

[1] 徐善祥、秦汾：《民国新教科书·算术》，商务印书馆，1914年。

学》是由直线、圆、面积、比及比例、比例之应用、平面、曲面形等七编组成①。《三角学》则是由论角、锐角之三角函数、对数及三角表与直角三角形、任何角之三角函数、论角函数间之关系、斜角三角形、三角形之性质及多边形、反函数与圆形 消去及三角方程等八章构成②。《代数学》分为上、下卷，由绪论和整式、一次方程式、整式之读、分式、二次方程式、特殊根、各种方程式、二项定理、指数及对数、比例及级数等十编组成③。

1922 年"壬戌学制"颁行后，高中成为中学教育的一个独立学段。民国时期高中数学教科书的编写在一步步摸索中逐渐成熟。民国时高中代数、几何、三角等科目的教材比较少，本馆馆藏有《范氏大代数》（民国三十二年）、《三 S 立体几何学》（民国三十年）、《三 S 平面几何学》（民国三十六年）、《三 S 平面几何学题解》（民国三十二年）、《葛氏平面三角术》（民国二十二年）、《葛氏平面几何三角学》（民国三十七年）、《葛氏平面三角学题解》（民国三十七年）等。其中"范氏""三 S""葛氏"等系列教材使用最多，这些教材都以学习、借鉴外国教材和翻译外国教科书为主。

"壬戌学制"时期的英语教学比"壬子·癸丑学制"有了很大的发展，学生英语学习的学时数量比较多，初级中学英文课程数量比重高达五分之一，高级中学英文课程的比重也和国文课程数相当。国家没有统一编写的教科书，也没有规定教科书选用的范围，学校对英语教科书的选用比较宽松。这一时期的英语教科书呈现出多样化发展的态势，但还是以商务印书馆、中华书局、世界书局、开明书店的为主。高中阶段的英语教科书比较少，很多学校都是直接用英语版的原作或原作的节选部分授课，再插入语法的

---

① 秦汾、秦沅：《民国新教科书·几何学》，商务印书馆，1914 年。
② 秦汾：《民国新教科书·三角学》，商务印书馆，1914 年。
③ 秦汾、秦沅：《民国新教科书·代数学》，商务印书馆，1914 年。

知识点进行教学。这也从某种程度上影响了高中英语教科书的编写。从馆藏《初级中学英语第五册》（民国三十四年）、《英文法初步》（民国十四年）、《汉译英文会话》（民国十六年）、《英汉双解韦氏大辞典》（民国十二年）、《中日德法英五国语言合璧》（民国十二年）、《俄文看图识字》等教材和教学用书，可以窥见当时外语教科书的状况。

"壬戌学制"时期的美术教育也有很大发展，美术教材特色也愈加鲜明，从馆藏《形象艺术课本（1—8）》（民国十九年）可以看出当时美术教育的实用取向、美育取向、儿童取向和生活取向等特点。

本馆馆藏有《万有文库》丛书（部分），其中《代数学一次方程式》（民国二十六年）、《联立一次方程式》（民国二十三年）、《代数学二次方程式》（民国二十二年）、《代数学对数及利息算》（民国十七年）、《代数学数及代数式之四》（民国十七年）、《代数学幂法开法及无理数虚数》（民国十七年）、《三角形之性质及其解法》（民国二十二年）、《几何学轨迹与作图》（民国二十三年）、《平面几何学直线图形》（民国二十三年）等，就是《万有文库》中初中数学的部分学习用书。

《万有文库》是商务印书馆出版的综合性丛书，共收书一千七百一十种，四千册，堪称是 20 世纪上半叶最有影响的大型现代丛书。1921 年，王云五经胡适引荐进商务印书馆任编译所所长，1928 年他开始筹备《万有文库》，1929 年起陆续出版。王云五在印行缘起中说："本文库之目的，一方在以整个的普通图书馆用书贡献于社会，一方则采用最经济与适用之排印方法，俾前此一二千元所不能致之图书，今可三四百元致之。"[①] "吾兹所计划者，非以一地方一图书馆为对象，乃以全国全体之图书馆为对象，非以一学科为

---

① 商务印书馆:《王云五与〈万有文库〉》, 2014[2022.3.9], https://www.cp.com.cn/Content/2014/07-31/1535554320.html.

范围，乃以全智识为范围。""使得任何一个个人或者家庭乃至新建的图书馆，都可以通过最经济、最系统的方式，方便地建立其基本收藏。"①丛书篇幅超过一亿字，涉及中国传统文化、西方自然科学、应用技术、社会科学等多种类别。有了这套书，就等于建立了一个小型图书馆。作为教科书的补充和拓展，《万有文库》在教学中所发挥的作用是不可估量的，这体现出当时教科书编写者超前的教育理念和长远的教育眼光。

总之，"壬戌学制"时期的教科书编写越来越注重实用性和科学性，越来越突出学生的主体性，教材的品类越来越多，质量也越来越好，形成了近代教科书建设的高潮。1928 年《整理中华民国学校系统案》出台，这是根据时局需要对"壬戌学制"做出的局部变通。1932 年，教育部颁布了新的《中小学课程标准》，1936 年又颁布了《修正课程标准》。"新课程标准"的修订和完善，使得教科书的编写更加有章可循，"新课程标准教科书"也相继出版。抗战爆发后，教科书的编写权被收回，政府推行"国定本教科书"，宣传抗战，激发民族的爱国热情。此后，民国教科书多元化发展时期也宣告结束。

三

在中国教育早期现代化的历史进程中，民国时期的教育思想和教育实践是最为活跃的，教科书也在普及新思想、新文化、新知识等方面起到了积极作用，乃至影响了一代中国人的思想发展和知识结构。

综观民国教科书的编纂出版，呈现出三大特点。

1. 根本性革命：白话取代文言，简明代替繁杂

从文言文到白话文教学是我国近现代教育史上的一次根本性革命，白

---

① 王云五：《万有文库第一集一千种目录》，商务印书馆，1932 年。

话文教科书则是这场教育革命的重要组成部分。1915 年，陈独秀在其主编的《新青年》(《青年杂志》) 刊载文章，提倡民主与科学，启发民众觉悟，为"反传统、反孔教、反文言"的思想文化革新、文学革命运动摇旗呐喊。这时期，一些进步知识分子试图用平民性、大众性的白话文向国民普及文化，白话教科书便是最有效的工具，于是白话文教科书应运而生。1913 年后，俞子夷在省立第一师范附小 (今苏州实验小学) 试行语体文教学，并由吴研因主持编写了配套的白话文课本，这是勇立潮头的创举。1915 年，吕思勉编写了一套《新式高等小学国文教科书》，由中华书局陆续出版，这套书的与众不同之处是，在每册的后面都附有四课白话文课文，这是正式出版的含有白话课文的教科书，"实为以后改用国语课本的先导"①。如第一册"附课"中的课文：

　　　那②一位给衣裳你穿？那一位给饭你吃？那一位很疼爱你？你仔细想想，不是你的父亲吗？

　　这些课文就像一股清流，迅速流进人们心中，得到社会的广泛好评。当时教育部给予了高度评价："查该书最新颖处，在每册后各附四课，其附课系用官话③演呈，间有与本册各课相对者。将来学校添设国语，此可为其先导，开通风气，于教育前途殊有裨益。至各册所用文句，其次序大致均与口语相同。令教员易于讲授，儿童易于领悟。在最近教科书中洵推善

---

① 钱炳寰：《中华书局大事记要 (1912—1954)》，中华书局，2002 年，第 24 页。
② 那：即"哪"，在五四时期至三十年代通用。
③ 官话：旧称明代以来形成的汉语中通行较广的北方话，特别是北京话。原用于官场，故名。后也用来统称北方话。

本。"[1]1916年吴研因为中华书局编制《新式国文教科书》1至8册，其中也有白话文附课。1919年8月商务印书馆出版了第一套系统的小学白话文教科书《新体国语教科书》。次年，商务印书馆《新法国语教科书》和中华书局《新教育国语读本》相继出版。1920年商务印书馆出版了吕思勉所编《自修适用本国史》，开启白话文编写历史教科书的先河。

1920年，在新文化运动的影响下，教育部公布了修正《国民学校令》，这是中国废弃文言、采用国语的第一个法令。通令要求将"国文"改为"国语"，以国语为教学语言，变文言文为白话文。通令要求"自本年秋季起，凡国民学校一二年级，先改国文为语体文，以期收言文一致之效"[2]。同年四月，教育部又发出通告，规定截至1922年，凡用文言文编的教科书一律废止，采用语体。教育部通过行政手段推行语体文，为推广国语提供了依据，国语在教育界乃至整个社会的法定地位得以确立。此后，白话文教材纷纷出版，白话文也日趋完善和规范。

白话文教材语言简练且生动形象，言简意赅而又道理清晰，便于识记又易于传诵，体现了中国文化的简洁之美。如《新学制国语教科书》第一册第十四课：

猫欢喜，一只老鼠到嘴里。狗欢喜，两根骨头丢下地。鸡欢喜，三个小虫一把米。羊欢喜，四面都是青草地。人欢喜，五个朋友在一起。

世界书局《初级国语读本》第二册第十五课：

---

[1] 《中国教育界》1916年第5卷第1期。
[2] 顾明远：《教育大辞典》，教育出版社，1998年。

小蚂蚁搬米，搬到小洞里。你吃一粒米，我吃一粒米。蚂蚁蚂蚁，我要问你：你们吃了米，心里欢喜不欢喜？

这样的文字明朗清丽，活泼有趣，又很有韵律感，一反原来枯燥乏味、陈腐古怪的腔调，受到广大师生欢迎。

2. 名人效应：名人学者编写教科书成为普遍现象

1912 年，南京临时政府颁布《审定教科用图书规程》，对教科书审定内容作了详细规定，教科书审定制随之确立。所谓"审定制"，即国家教育行政部门，根据教育部颁布的课程标准，通过教材审定机构，对出版单位编纂的各类教材进行审查鉴定，审定通过后允许其出版、发行、使用。当时，任何个人或团体都有编写教科书的权利，只要送请教育部审定即可发行。正是在这样的背景下，民间自编教科书迅速发展。

为了保证教科书编写质量，一些大出版社积极组织专家学者参与教科书编辑工作。商务印书馆董事长张元济广罗英才，建立起一支国内第一流的教科书编辑队伍。如"新学制教科书"有九十余人的编撰与校订队伍，其中有教育部特聘教授常道直、张其昀、何鲁；有"中央研究院"院士冯友兰、胡适、顾颉刚、周鲠生、竺可桢；有留学欧美博士张慰慈、郭任远、萧友梅、陆志韦、瞿世英、严济慈、周传儒；硕士段育华、任鸿隽、陈衡哲、汪奠基、朱经农、赵修乾；有科学家杜亚泉、文史学家吕思勉；一时蔚为大观。"新学制教科书"是当时唯一汇聚如此众多社会精英与学界名流的一套教科书。中华书局、世界书局、开明书店的创办者以及很多编辑都是从商务印书馆出去的，如中华书局的创办人陆费逵、世界书局的创办人沈知方、开明书店的创办人章锡琛等，后来在开明书店做编辑的叶圣陶也是从商务印书馆出去的。庄俞在《商务印书馆九十年》中写道："计自光绪二十七年至民国十年止，我馆为了创编教科书，经张菊生（按：张元济，字菊生）先生领导之下，编译人自数人增加至百数十人，在馆外帮忙的还不计其数，筚路蓝缕，煞费苦心，得成一种辅助教育的新事业。"[1]

民国时期很多文化精英积极参与编写中小学教科书，知名学者、作家编写中小学语文教材更是司空见惯。杨振声与沈从文、朱自清一起编撰了《实验小学国文教科书》《中学国文教科书》，叶圣陶与顾颉刚合编了《新学制初中国语教科书》，叶圣陶与夏丏尊合编了《国文百八课》，叶圣陶与郭绍虞、周予同、覃必陶合编了《开明新编国文读本》。这些知名学者和作家，站在文化和思想的高度，以学者的眼光遴选了大量典范的作品，提高了教科书的质量。同时，他们还创作了许多优秀的白话文学作品，不断地规范、完善国语的语法、词汇、修辞，使得教科书的文本呈现出内容多样化、思想个性化、语言规范化的特点。

民国时期英语教科书的编写者也都是大家。比如，当时最为畅销的英语教科书《开明英文读本》由林语堂编写，插图为丰子恺所绘。林语堂时任北京大学教授，他编写的英语教科书是最受学生和教师欢迎的教科书。民国初期英语教材的编写者，有的并不是语言学专家，而是其他学科研究方向的学者，他们编撰的教科书，也赢得了社会广泛的好评。例如，祁天锡是东吴大学美籍教师、生物系主任，他编写的《英文益智读本》是一套颇有影响的英语普及教材。民国时期藏书家、散文家周越然，1915年进入商务印书馆工作，先后翻译编纂的书籍与教科书有三十七种，其中《英文模范读本》的发行量与影响力非常大。

3. 求新立异：新旧思想碰撞，中西观点争鸣

首先，本土文化与外域文化在不断的碰撞之中逐渐融合。民国之前的

---

[1] 商务印书馆：《1887—1987 商务印书馆九十年——我和商务印书馆》，商务印书馆，1987 年，第 64 页。

教科书以翻译为主，大量教科书来自日本，大量留日学生成为教科书的主要翻译者、引介者，这对促进中国社会的思想革命和教科书革命起着重要的作用。"没有大量热心的翻译者，中国不肯能有思想更新"①。民国初期以后，这种现象逐渐改变，欧美教育思想影响逐渐增大，一大批留学欧美的学者加入教科书编写队伍，如胡适、冯友兰、竺可桢、张慰慈、周鲠生、郭任远、萧友梅、陆志韦、瞿世英、严济慈、周传儒、林语堂等。他们的加入，促进了学科的专业化认知和国际化视野的交锋，促进了传统与现代的思想碰撞，也促进了本土文化与外域文化的融合，形成了当时教科书编写的特色。之后，教科书编写者在传播外来文化的过程中，也根据自身经验和认知，对外来文化加以筛选、整理、改编，教科书呈现出新旧兼顾、中西融合的态势。如前文中提到的《南丁格尔》《最后一课》《柏林之围》等课文就是如此。同时，受新文化运动的影响，民主、自由、平等的精神、爱国主义、博爱主义精神渐渐深入人心。因此，教科书鲜明地体现出国家意识形态和统治阶级国民培养的指向。如《共和国教科书新国文》高等小学第七册中《共和国》一课："共和国者，以人民为国家主体。一切政务，人民自行处理之。故亦谓之民主国。虽然，一国之人数至多，欲人人与闻政事，为事势所不能。于是有选举之法。选举者，由多数人选举少数人，使之代理政务也。"

新文化运动的两大口号是"德先生"（民主）和"赛先生"（科学）。因此，从民国初期开始，教科书增加了不少介绍科学知识的课文。如中华书局出版的新制中华小学国语教科书中的《显微镜》《望远镜》《汽船之发明》《汽车之发明》《飞艇飞机》等课文就是在这样的背景下出现的。再如沈伯英参与编写的中华书局教科书《常识》第二册第十四课：

---

① （美）任达：《新政革命与日本：中国1889—1912》，江苏人民出版社，2016年，第125页。

水和雪

空中的水气，

遇着大冷，

就变成雪。

地面上的水，

遇着大冷，

就变成冰。

中华书局《新教育国语课本》第一册第十课：

空 气

世界上有一种东西，看不见他的形状，听不到他的声音，嗅不着他的臭味①，他却时时刻刻围绕着我们的周围，有了他，我们方能生存，离去了他，就要闷死，这是什么东西呢？就是空气。

中华书局《新制初等小学国语教科书》第十册第十五课：

汽 机

汽机创自英人瓦特，其最要之具凡三，一曰锅炉，所以蒸汽，一曰汽筒，所以通汽，一曰机轮，而全机动矣。舟车工厂，无不用之，较用人力，其速倍蓰②。瓦特幼时，视壶中水沸，壶盖掀动，悟蒸汽具有大力，研究多年，遂创此法，可见人能随处用心，自可悟得至理也。

———————

① 臭（xiù）味：气味的总称。
② 倍蓰（xǐ）：数倍。蓰，五倍。

这些课文从不同的角度介绍各类科学知识，介绍各国著名的科学家，以激发学生爱科学、爱探究的兴趣，培养学生的科学素养。这也有效地支持了新文化运动的展开，因为教科书的受众人数非常多，其宣传作用远远大于任何一篇文章或一部专著。

值得注意的是，民国的教科书倡导白话文、使用白话文，但它并没有消灭文言文，更没有摈弃传统文化。从馆藏教科书中可以看到，绝大部分国文教科书都保留着文言文课文，有些教科书中文言文课文的比例还不低。编写者秉持着取其精华、弃其糟粕的原则，对文言文课文重新取舍，并赋予这些课文以新的文化意义。此外，虽然大部分教科书的内容都从儿童熟悉的事物展开，也十分注重学习内容的趣味性，但课文中处处渗透出传统文化的"教化"意义，如小学阶段教科书就十分强调"仁、义、礼、智、信"等传统价值观。可见，民国时期教科书对中华文化的传承功能是十分显著的。

其次，新教科书对传统教科书的否定或改进，主要表现在引入现代的思想文化、现代的生活内容与现代的学习方式等方面。例如，历史学科在晚清时期成为一门单独的课程，到了民国迅速发展。民国的知识分子接触到了西方的新史学思潮及新教育理念，旧有的历史教学方式和旧的历史教科书已不能满足新学制的要求和学生学习的需要。历史教育从以往注重历史知识全面性和系统性的通史教学，逐步转变为关注人类生活状况变迁和文化演进的教学。新的教科书品种趋于多元，教科书的结构体系也日趋完善，奠定了现代历史教科书的基础。馆藏《西洋历史教科书》（民国元年）、《中学历史教科书》（民国二年）、《高等小学历史教授书》（民国二年）、《世界历史课本》（民国三年）、《本国史参考书》（民国四年）等都是在这样的背景之下面世的历史教科书。馆藏的《高等小学历史教授书》是商务印书馆共和国教科书系列中的教师用书，相当于现在的教学参考书。当时，新式学校陆续建立，教师对新教材还不熟悉，出版教学参考书对统一教学要求有重要意义。

在这样的大背景下，新的思想、新的观点就不断出现在教科书中。例如，顾颉刚与王钟麒（王伯祥）合作编写了一部初中本国史教科书《本国史》。该书分上、中、下三册，由商务印书馆出版，为教育界学术界所看好。顾颉刚编写的上册是全书精华所在。顾颉刚强调，新编历史教科书，应有自己的主张和特点，他也是这么做的。晚清时期对黄帝的评价很高，称他为"建国始祖"或"民族始祖"。而顾颉刚从自己的研究出发，对"黄帝"提出了新的看法，在教科书中这样表述：

> 自从地面上初有人类以后，一直到所谓黄帝时，都是鸿荒之世，实在的事迹，还是暧昧难明。只要看这黄帝的称号，便可与再前一点的炎帝一类同样看待，或许是后来的人推想出来的一个奠土建国的古帝，便用什么五行里的土德来表示他。
>
> 尧、舜的传说，为后世所崇信；我们看惯了，遂以为古代真有一个圣明的尧、舜时代了。其实尧、舜的故事，一部分属于神话，一部分出于周末学者"托古改制"的捏造；他们"言必称尧舜"，你造一段，他又造一段，越造就越像真有其人其事了[1]。

他的这些观点在当时引起了一场不小的风波，可是，"《本国史》不仅在教科书领域独步一时，而且在学术界也独树一帜"[2]。其实，从古至今，黄帝的形象是不断变化的，从"建国始祖"到"民族始祖"到"人文始祖"，在一定的社会历史时期，它们都有着特定的意义。我们暂且不讨论对这个

---

[1]　顾颉刚：《初中本国史》，商务印书馆，1923年。
[2]　李帆：《求真与致用的两全和两难》，近代史研究，2018年第3期。

问题的学术意义，仅从另一个角度看，就可以发现民国教科书编写领域开放的程度了。

其三，随着时代的发展，学科内容包括学科名称也渐渐发生演变。我们现在所说的"语文"，在1922年之前称为"国文"，1922年之后称为"国语"。清朝废除科举后，开始开办新式学堂，其中教授历代古文的科目，称之为"国文"，这个名称一直沿用到1922年。五四运动后，改"国文"为"国语"，为的是进一步提倡白话文，凸显口语的特点。地理，在古代称为"舆地"，舆地更多是人文地理，而近代所说的地理主要是指自然地理，从人文地理为主过渡到自然地理为主，这也是一个由名称到内容的演变历程。再如，从修身科到公民科的变化，就体现出修身课程内容的演变，即从"臣民"到"公民"，从"家"到"国"发生的历史性转变。民国高等小学的理科，先由清末的格致改为博物、理化，再将两科合为理科；中学也开设了地理、物理化学等课程。馆藏的《新理科教授法》（民国二年初版）、《最新实用化学》（民初绘印本）、《无线电学》（民国五年）、《物理化学手册》（民初）等就是当时使用的教科书。从这些教科书可以看出，教科书名称的变化，必然带来编写理念和教科书内容、教科书语言的变化。

结　语

民国初期是中国社会的重要转折时期，但是社会的转型远不是一帆风顺的，社会文化的发展往往呈现出步履蹒跚、新旧杂陈的态势。此时，中国教育领域也发生了深刻的变化，经历了民国初年的扑朔迷离之后，民国教育变革的步伐走得更加坚实了。辛亥革命、五四白话文运动，都对教育产生了巨大的影响。辛亥革命推翻了两千多年的帝制，给中国社会带来了巨大的变革，民主共和精神影响着社会的方方面面，包括中国的教育。新的教育思想、新的教育制度、新的教育要求，使得旧学校发生了脱胎换骨的变化。全新的教育宗旨及课程标准也引发了教科书的革命，力图博采世界众长、养成共和国之人格的教科书应运而生，并不断发展。1915年袁世凯复辟帝制，教育又陷入尊孔复古的逆流中，所幸这股逆流的影响并不大。之后，在五四新文化运动影响下，教科书发生了翻天覆地的变化，白话文教科书的出现更是引起了教科书编写的又一次革命。"壬戌学制"的推行，顺应了新文化运动的潮流，顺应了国人对民主、科学精神的诉求，这是中国基础教育体系趋于完备的开端。这一时期的教科书又呈现出在较高平台上和全新视野下的多样性发展态势，在课文内容和编排形式上发生了很大的变化。以儿童为中心的设计理念、国际化的内容取材、综合化的编写体例，使得教科书面貌焕然一新，呈现出多样化、系统化、竞争活跃而又规范化发展的态势，形成了民国时期教科书出版的繁荣景象。20世纪30年代抗战开始以后，由于国民党意识形态的统治加强、日本帝国主义的入侵和国定教科书的出版，民国教科书的黄金时代宣告结束。

民国教科书卷帙浩繁，苏州教育博物馆所藏只是沧海一粟。我们希望通过这些教科书可以管窥民国时期中小学教育发展的历史轨迹，对今天的教育改革有所启迪。

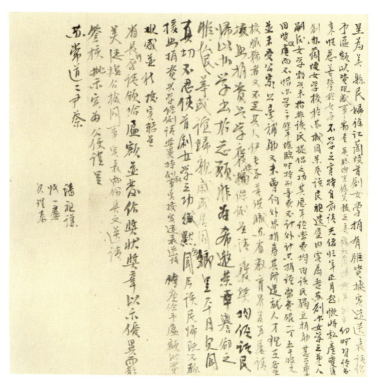

三士绅为徐江漱芳请奖呈文手稿

兰陵女校合影

中国近代创办女学第一人

撰文 / 谷公胜

一百二十多年前，在苏州一条幽静的小巷里，诞生了中国近代史上第一所由中国人自主独立创办的新式女子学堂——兰陵两等女学堂。苏州教育博物馆有一份一百多年前的珍贵文档，为此提供了确凿的实物证据。

这份文档是苏州三位士绅致时任江苏省政务厅厅长、金陵道道尹、苏常道道尹蔡宝善的呈文草稿。文稿写在一张约二十厘米见方的毛边纸上，共四百五十三字（其中七字难辨）。字体大小不甚均匀，竖写，右起，无标点，未分段。为方便阅读，兹加上标点符号并划分段落录出。□处为难辨或缺失文字。

呈为吴县民妇徐江兰陵首创女学，捐有巨资，据实造送表，请给予匾额以资观感事。

窃虑吴县附生①徐艾枝之妻徐江兰陵，□年□岁，幼时习诗书，秉

---

① 附生：明清时附学生的简称。在廪膳生（由公家供给膳食的生员）、增广生（增补廪膳生之缺的生员）定额之外所取的府州县学生员，附于廪膳生、增广生之后，故称附学生员，简称附生。

性慈善。鉴于女子不学之害，特自前清光绪二十三年①正月起，慨将私产变售，创办兰陵女学校于苏城因果巷该民祖遗屋内。实为吾苏创办女学之第一人。嗣后女学勃兴，未始非该氏提倡之功。

其历年经常费均由该氏独立捐助，甚至鬻田质钗而不惜。办学二十余年除临时特别等费不计外，计共捐经常费银一万五千余元。并未受公家丝毫补助，又未曾向外界捐募，其所造就人才现在各学校服务者又不乏其人。

伊长子荄②供职苏省教育界多年，屡请援照捐资兴学褒奖条例呈请褒奖。均经该民妇以办学出于志愿，非为希邀荣誉，却之。□公民等，或谊归亲戚，或居同乡里，平日见闻真切，不忍使首创女学之功缄默无闻。

今该民妇既不愿援照捐资兴学条例请奖，爰特列叙事实，据实造表，送请钧座给予匾额，以资观感，并祈据实转呈省长，可否请颁给匾额并发给奖状奖章以示优异而彰美德。

□□□□事实表两份，具文送请签核批示，实为公便。

谨呈苏常道道尹蔡

潘祖谦

张一麐

贝理泰

此手稿未注明书写呈报年月日，推断时间当在 1919 年前后。文中说徐

---

① 光绪二十三年：草稿原文用苏州码子标示"二十三"。苏州码子，也叫草码、花码、番仔码、商码，是早期民间流行的商业使用数字，常用于当铺、药房等。苏州码子脱胎于算筹，产生于苏州，是唯一仍被使用的算筹系统。
② 伊长子荄：她的长子（徐）荄。伊，第三人称代词，多用于指代女性。

江漱芳办学始于"光绪二十三年正月",即 1897 年,至今已经"办学二十余年",可知呈文时间当在 1918 年后。又,苏常道道尹蔡宝善在任时间为 1917 至 1920 年。因此可以推断,此呈文书写时间大约在 1919 年前后。

蔡宝善(1869—1939),字师愚,号孟庵,浙江德清人。清光绪二十七年(1901)举人,二十九年经济特科乙等及第。历任京师大学堂提调,陕西宝鸡、泾阳、兴平、三原、长安等县知县。民国初,先后为浙江海宁县知事、内务部秘书、平政院肃政厅肃政使、全国选举资格审查会审查员、江苏省公署咨议长等,授二等嘉禾勋章。1917 年 12 月起,调任江苏省政务厅厅长、金陵道道尹、苏常道道尹。1920 年卸任,卜居苏州沧浪亭畔。抗战爆发,避居上海,拒任伪职。

呈文署名的三个人都是当时的苏州社会贤达。

潘祖谦(1842—1924),字济之,吴县人。乾隆五十八年状元潘世恩之孙。同治十二年(1873)拔为优贡生,官至内阁中书。光绪年间曾主持苏州"丰备义仓"及"女普济堂"等慈善事业,并同王同愈、尤先甲等发起组织苏州商务总会。曾任江苏典业公会会长。

张一麐(1867—1943),字仲仁,吴县人。清光绪间举人,曾入袁世凯幕府,历任总统府秘书长、机要局长和教育总长。后隐退回苏。抗日战争爆发后,在苏州开设医院,救护伤兵,收容难民,并和李根源等倡议组织老子军。他热心苏州地方公益事业,出任多所学校校董,带头捐款开办公共图书馆。现苏州大公园和体育场布局均出自他设计。力促民国《吴县志》出版,并为县志写序。张一麐和李根源并称"吴中二老",被誉为"山中宰相"。

贝理泰(1866—1958),民初金融家,著名建筑学家贝聿铭的祖父。他热心公益,曾经担任苏州商会会长,以及救火会、市民公社、红十字会、市公所等社会团体的领导职务,为后人称赞。

三位士绅呈文的事由是请求省里为创办兰陵女学的徐江漱芳颁予匾额并发给奖状奖章。

徐江漱芳（1867—1928），字兰陵，吴县（今苏州）人。吴县附生徐艾枝妻，徐荄、徐谟母。徐江漱芳出身于吴中诗礼之家，其父江仲熊投身商界，其族叔江标为翰林院编修、湖南学政。江氏自幼接受家教，七岁读书，十五岁与康侯、吉士两弟研习诗文。光绪二十四年（1898），徐江漱芳带头放足，并联合王谢长达（苏州振华女校创始人）、胡蒋振懦等人，举行放足大会，倡导女子放足，开苏城风气之先。

从这份文稿可以得知，徐江漱芳于光绪二十三年（1897）正月在因果巷自家祖宅创办了兰陵两等女学堂。徐江漱芳为了办学不仅捐出了祖宅，更不惜变卖田产典押首饰以应经费之用。兰陵女校从未受到过官方补助，也没有接收过外界募捐。徐江漱芳完全靠一己之力办学，二十余年间共捐银一万五千余元，这还不包括临时的特别费用。徐江漱芳长子徐荄在苏省教育界供职，曾经"屡请援照捐资兴学褒奖条例呈请褒奖"。而徐江漱芳认为，"办学出于志愿，非为希邀荣誉"，因而一再推却。对于这样一位有志于办学、施惠于女童而又不希邀荣誉的杰出女士，潘祖谦、张一麐、贝理泰三人"见闻真切"、深为感佩，"不忍使首创女学之功缄默无闻"，因此呈文报请省里"颁给匾额并发给奖状奖章以示优异而彰美德"。呈文之外还有附件"列叙事实、据实造表"，提供徐江漱芳捐资办学的证据。

这所创办于1897年的兰陵两等女学堂就是我国近代第一所由中国人自己独立创办的女子学校。这是中国近代教育史上的一件大事，其意义至少体现在以下三个方面：

一是开时代风气之先，标志了中国近代女子教育的开端。兰陵两等女学堂创办的1897年（丁酉年），是戊戌变法的前一年，也是科举制度废止的前八年（科举制度于1905年废止）。在清朝末年那样一种保守腐朽的政治社会环境中，徐江漱芳以清醒的头脑、敏锐的目光看到了社会积弊，她"鉴于女子不学之害"，勇于破除旧习，敢为天下先，以"主治家政、改良母教"为宗旨，首开新式女学，这是需要大眼光、大智慧和大勇气的。诚如这份呈文草稿所言，"嗣后女学勃兴，未始非该氏提倡之功"。在兰陵女校的带动和影响下，苏州的苏苏女校（1904 创办）、振华女校（1905 年创办），以及国内其他许多地方的女校相继开办，蔚为风气，谱写了中国近代教育史上光彩照人的篇章。

二是以爱国之心办平民教育，以自立之志育女子人才。兰陵女校面向社会办学，为奖励入学，还特备奖品招生。入学女生由开始的三四人逐渐增到七八十人。女学开设国文、历史、英文、乐歌、图画等课程。徐江漱芳亲自执教，主持校务，教学严谨，校风良好，培养了不少女界人才，赢得了广泛的社会声誉。诚如呈文草稿所说，女校"所造就人才现在各学校服务者不乏其人"。有意思的是，徐江漱芳四子徐谟就是在他母亲所办的这所学校里接受了启蒙教育，后来学业有成。徐谟曾担任南京国民政府外交部常务次长、政务次长、代部长和驻外使节，是第一位在海牙国际法院担任大法官的中国人。

三是为苏州崇文重教的优良传统做出了生动的诠释，提供了可贵的例证。从古至今，苏州教育在很多方面都有领先全国的建树，从古代的官学、家塾、书院教育，到近现代的国民普及教育、特殊教育、职业教育、高等教育，每个时代、每个阶段都有闪光点。千百年来，姑苏大地弦歌不辍，文脉不断，名校星罗，人才辈出，形成了一种稳固的教育气场，孕育了一种自觉的教育坚守。就拿一百多年前的这份文稿来说，它折射出苏州教育一个令人深思的现象：在苏州这块土地上，既有像徐江漱芳、王谢长达这样舍财办学的教育实践者，也有像张一麐、潘祖谦、贝理泰这样奔走呼吁的教育助推者，还有像地方官员蔡宝善这样的教育支持者；民间和官方互动，社会和名士共襄，在时代大环境并不良好的情况下却形成一种良好的教育小环境，始终延续着崇文重教的传统。今天，苏州教育改革发展的丰硕成果就是和崇文重教的历史传统一脉相承而不断推陈出新的。

在苏州教育博物馆的近代馆一楼展柜中，与这份手稿同时展出的还有兰陵女校的一张照片，是徐江漱芳和学生们的合影。

五卅路路碑

侯绍裘、叶天底二烈士纪念文集书影

苏州教育的红色基因

——"五卅路"路碑背后的故事

撰文／邢 华

苏州教育博物馆陈列有"五卅路"路碑复制件、乐益女中阅览室模拟场景以及中共苏州独立支部有关烈士的文集。这些文物和场景为我们揭开了 20 世纪 20 年代发生在苏州的一段轰轰烈烈的革命历史，展示了苏州教育史上赓续至今的红色基因。这些展陈见证了苏州的革命历程，也承载了一代代苏州教育人的初心使命。

一、"五卅路"路碑，勾勒出一条红色之路

"五卅路"路碑原件在苏州大公园西南角五卅路与民治路交界口，本馆陈列的"五卅路"路碑为高仿真复制件，由基座和碑身两部分组成，基座长 50 厘米、宽 25 厘米、厚 12 厘米；碑身高 72 厘米、宽 31.5 厘米、厚 12 厘米，花岗岩质地。碑文分三列：右列"苏州各界联合会筑"、中列"五卅路"、左列"中华民国十五年五月立"，字体为正楷、阴刻，红色。

一条姑苏五卅路，半部苏州革命史。苏州的五卅路，是全国唯一一条为纪念"五卅惨案"而命名的道路。

读过中国近代史的人都不会忘记"五卅运动"。1925 年 5 月 15 日，上海日商内外棉七厂资本家以存纱不敷为由，故意关闭工厂，停发工人工资。

工人代表、中共地下党员顾正红带领群众与资本家论理，要求复工和开工资。日本资本家非但不允，竟悍然向工人开枪，打死顾正红，打伤十余人，这是"五卅"运动的直接导火线。5月30日上午，两千多名上海工人、学生分组在公共租界各马路散发反帝传单，发表讲演，揭露帝国主义枪杀顾正红、抓捕进步学生的罪行。租界当局未予理睬，继续拘捕上街游行的爱国学生。上万余名愤怒的群众聚集在老闸捕房门口，高呼"上海是中国人的上海""打倒帝国主义""收回外国租界"等口号，要求立即释放被捕学生。英国捕头爱伏生不仅不释放被捕学生，而且调集巡捕开枪屠杀手无寸铁的群众，致十三人死亡，伤者无数，制造了震惊中外的"五卅惨案"。

五卅惨案发生当晚，中共中央召开紧急会议，决定建立反帝统一战线，发动工人罢工、学生罢课、商人罢市的"三罢"斗争，并将运动推向全国。翌日清晨，中共党员、国民党江苏省党部秘书长姜长林从上海来到苏州，与中共党员、乐益女中教师叶天底，苏州工专学生秦邦宪，博文中学教师许金元取得联系，传达中国共产党的指示，决定迅速行动起来，发动苏州人民，扩大反帝爱国运动 ①。5月31日，叶天底先在乐益女中召开声援上海工人斗争大会，后去苏州青年会会址召开会议，具体研究集会游行事宜。同时陪同恽代英等人到知名人士家中走访，发起成立"苏州各界联合会" ②。

为支援上海工人的罢工斗争，苏州各界和学生发起募捐运动。苏州学联集合东吴大学等十三校学生代表在苏州北局召开紧急会议，决定自即日起罢课示威。1925年6月1日至30日，苏州学生、市民掀起了四次声援高潮，同声严斥日、英帝国主义屠杀中国民众的暴行。工人俱乐部发动工人改吃咸菜十天，将省下来的钱接济上海工人。学生深入苏州城乡开展募捐活动，

---

① 苏州党史网站 / 党史资料 / 苏州红色遗址遗迹 / 五卅路纪念碑
② 中共上虞县委党史办公室、上虞县民政局：《叶天底烈士传集》，1987年，第11页。

募捐所得近两万元悉数送往上海。乐益女中师生广泛开展了宣传、募捐活动，除在街头、沪宁线上进行募捐外，并在学校设台义演三天。校长张冀牖邀请著名京剧演员马连良登台演出，演出票款悉数捐献给上海工人。据当时《申报》报道：支援上海工人，组织募捐，苏州乐益女中成绩最佳①。

"五卅"运动后期，上海商会把部分捐款退回苏州。同年 7 月 10 日，苏州各界联合会决定将上海返回的捐款用于翻修位于乐益女中附近的言桥南至十梓街的道路（原名马军弄）。乐益女中师生和苏州工人学生一起，填平皇废基空地，把贯通南北的小路开拓为大马路，取名"五卅路"，以资纪念。

1985 年，苏州市人民政府将五卅路界石移至五卅路中段民治路口现位置，在路碑后立"五卅路纪念碑"，碑文为：

> 一九二五年五月三十日，帝国主义在上海制造了震惊中外的"五卅"惨案，并即引起了全国人民的公愤。在中国共产党的领导下，苏州人民迅速投入了大规模的反帝爱国运动，纷纷献款，支援斗争，为纪念这一事件，当时修建了此路，定名为五卅路，并竖了两块界碑。值此"五卅"运动六十周年之际，特镌此碑文，并将原界石竖于碑右，以志纪念。

苏州市人民政府　一九八五年五月

2015 年，在纪念五卅运动九十周年之际，本馆将"五卅路"路碑复制件作为重要红色文物展陈于近代馆二楼醒目处，警示观众勿忘国耻。

五卅运动是一场中国共产党领导的声势浩大的反帝爱国运动，深刻唤醒了国人的民族意识。本馆"五卅路"纪念碑成为游客参观的重点文物，这

---

① 中共上虞县委党史办公室、上虞县民政局：《叶天底烈士传集》，1987 年，第 11 页。

是对先烈的缅怀，是对那段荡气回肠的革命历史和革命人物的崇高敬意。

二、乐益女中，革命星火在这里点燃

近代馆拾级登楼，经过"五卅路"路碑，可以看到乐益女中阅览室模拟场景：桌上摆放着当年乐益女中师生上街游行所持的标语以及募捐用的竹筒（均为复制件）。当年，乐益女中阅览室书报架上摆放的是《新青年》《劳动界》《工商之友》《共产党宣言》等革命书刊，以及叶圣陶在苏州编辑出版的《妇女评论》。《妇女评论》是国内最早研究和论述妇女运动的专刊之一[①]。西侧是介绍侯绍裘、张闻天、叶天底、许金元、汪伯乐等人的说明牌。

苏州私立乐益女子中学校由张冀牖[②] 创办于 1921 年。"五四"运动后，张冀牖接受新思想的影响，深知教育尤其是女子教育的重要，于是变卖部分家产，独资兴办乐益女中。定名"乐益"，取"乐观进取，裨益社会"之意，强调自己办学是"以适应社会之需要，而为求高等教育之阶梯"，可以说乐益女中自诞生之日起就蕴含着进步的底色。

阅览室北侧墙上挂着由张冀牖作词的乐益女中校歌："乐土是吴中，开化早，文明隆。泰伯虞仲，孝友让，化俗久成风。宅校斯土，讲肆弦咏，多士乐融融。愿吾同校，益人益己，与世近大同。"一曲校歌，唱出了一段难忘的红色记忆。

为办好女中，张冀牖经常同著名教育家蔡元培、马相伯、吴研因等交往，虚心请教，并聘请张一麐、吴研因、施仁大、王季玉、龚赓禹、杨达权、周勋成等苏州知名人士担任校董，聘请具有民主思想和科学精神的人士主持校务[③]。为了提高教学质量，他大胆聘用了一批进步青年来校任教，柳亚

---

① 中共苏州市委党史工作办公室：《中共苏州地方史》，中共党史出版社，2001 年。
② 张冀牖（1889—1938），安徽合肥人，教育家。
③ 苏州党史网站 / 党史资料 / 苏州地方党史人物 / 张冀牖（1889—1938）。

子、匡亚明、叶圣陶、侯绍裘、张闻天等赫赫有名的人物都曾在乐益女中的校园里留下他们讲课的身影，他们为乐益女中带来了先进的民主思想和科学的进取精神。

1925年8月21日，中共上海地委改组为中共上海区委（亦称中共江浙区委），决定在苏州重新建立党组织，时任苏州乐益女中校务主任的中共党员侯绍裘成为负责组建苏州党组织的召集人。8月底，他邀请在上海大学入党的张闻天及共青团员张世瑜、徐镜平等到苏州乐益女中任教。侯绍裘、张闻天与已在该校任教的叶天底联系后，于9月初成立了中共苏州独立支部，叶天底为首任书记。这是苏州第一个中共组织，乐益女中也成了苏州革命活动的据点①。

中共苏州独立支部以乐益女中为基地，先后邀请恽代英、肖楚女、施存统、安东晚等来苏作演讲，宣传革命形势，启迪民众觉悟，推动党团组织发展，共商革命斗争大计。当时，共产党人教师在校发表讲演、传播革命思想，成为乐益女中的一道曙光。张闻天的《帝国主义与辛丑条约》、叶天底的《九·七与五·卅》、女教师徐诚美的《反帝国主义运动》，这些年轻的共产党人激情澎拜地向学生传递革命的声音。六十多年后，张冀牖的女儿、周有光先生的夫人张允和还记得当年在乐益女中听张闻天上课的情形："课堂上我们学习诗词歌赋、宋唐八大家，也学习翻译作品。张闻天老师讲的《最后一课》给我的印象最深，他学问好，思想新。"②

中共苏州独立支部的建立，在茫茫长夜中为苏州人民擎起了一盏指路明灯，苏州人民有了可以依赖的组织者和领导者，工人阶级有了自己的归属地，苏州人民的革命斗争有了坚强的领导核心，革命从此有了科学的指

---

① 苏州党史网站 / 党史资料 / 苏州地方党史人物 / 云间有颗启明星——侯绍裘。
② 沈慧瑛：《乐益女中的百年故事》，中国档案报，2022年12月27日。

导思想。

中共苏州独立支部前三任书记分别为：第一任书记叶天底（1898—1928）、第二任书记许金元（1906—1927）、第三任书记汪伯乐（1900—1926），他们为革命事业抛头颅洒热血，前赴后继，先后牺牲在敌人屠刀下。虽然经历多次严酷的斗争，中共苏州独立支部仍能顽强地恢复重建并不断发展壮大，推动了苏州城乡各地的建党活动，揭开了苏州人民革命斗争的新篇章，直至苏州解放。

三、两本文集，彰显革命烈士高尚情怀

在乐益女中阅览室模拟场景西侧展柜内，陈列着《侯绍裘纪念集》《叶天底烈士传集》以及相关的纪念图片。

《侯绍裘纪念集》由上海市松江地方史编纂委员会办公室、中共松江县委员会党史资料征集办公室编制，全书共一百五十四页，十六开本，1987年2月内部资料印行。内容由"序""侯绍裘传略""回忆侯绍裘"和"附录"四部分组成，同时收录了珍贵的图片资料，包括陆定一1983年12月题词"侯绍裘烈士永垂不朽"的墨迹照片、侯绍裘烈士遗像以及侯绍裘参与相关革命活动的照片。"侯绍裘传略"详细介绍了侯绍裘感人肺腑的革命一生。"回忆侯绍裘"是由侯绍裘的同事、亲朋撰写的纪念文章及回忆录等。"附录"主要还原了1927年侯绍裘在南京被国民党杀害的详细经过。

该书"建立苏州独立支部"这一章节写到，在1925年9月5日乐益女中的开学典礼上，侯绍裘宣布了现代女子中学的崭新主张，提出女子教育应以现代思潮为基础，把学生培养成"（一）有精确的思想和理智；（二）能自谋正当的生活；（三）能改造社会；（四）能享受高尚的艺术生活"的一

代新女性[①]。早在百年前，侯绍裘就用先进的教育理念，为乐益女中加强革命思想教育注入了活力，也为乐益女中成为中共苏州独立支部的发源地提供了很好的注解。

《叶天底烈士传集》由中共上虞县委党史办公室、上虞县民政局编制，全书共三十四页，十六开本，1987年10月内部资料印行。内容由"序""叶天底传略""叶天底遗墨""缅怀叶天底烈士"四部分组成。"叶天底传略"生动叙述了叶天底从一名师范学生成长为中共苏州独立支部书记、最后壮烈牺牲的历程。"叶天底遗墨"将叶天底的政论文章、书信、文学作品、绘画篆刻书法作品及艺术评论等进行了梳理汇总。"缅怀叶天底烈士"是叶天底生前战友所写的纪念文章。

该书第三部分"叶天底遗墨"，收录了叶天底于1928年2月3日写给他大哥叶焕蔚的绝笔信，信中写道："我绝无生路，不死于病，而死于敌人之手。大丈夫生而不立，死又何惜！先烈之血，主义之花……我决不愿跪着生，情愿立着死！"[②]这充分展现了一名坚定的共产党员坚贞不屈、视死如归的大无畏革命英雄主义形象，这种为共产主义事业奋斗到底的精神，永远值得我们学习、继承和发扬。

20世纪上半叶，苏州共产党人和革命志士在极其艰难险恶的环境中，以学校为据点组织青年学生学习革命理论，建立和发展党团组织以及进步社团，广泛发动师生同敌人展开不屈不挠的斗争。烈士们为了中华民族的解放事业贡献了自己的青春与热血、幸福与家庭，牺牲了宝贵的生命，谱写了一篇篇历史华章，在苏州乃至中国革命斗争史上留下了令后人敬颂的丰功伟绩。

---

① 1925年9月8日《苏州明报》报道"苏州乐益女中已开学，今日正式上课"。
② 中共上虞县委党史办公室、上虞县民政局：《叶天底烈士传集》，1987年，第60页。

苏州教育博物馆内的红史展陈，向我们讲述了老一辈共产党人、革命志士和进步青年学生的动人故事，这是革命先辈留给我们的珍贵精神财富，是鼓舞我们弘扬革命传统和革命文化、激发爱国热情、振奋民族精神的生动教材。

参考文献

1. 中共中央组织部、中共中央党史研究室、中央档案馆：《中国共产党组织史资料》（第一卷）"党的创建和大革命时期（1921.7—1927.7）"，中央党史出版社，2000 年。

2. 中共上虞县委党史办公室、上虞县民政局：《叶天底烈士传集》，1987 年。

3. 上海市松江地方史编纂委员会办公室、中共松江县委员会党史资料征集办公室：《侯绍裘纪念集》，上海，1987 年。

《高级中学国文读本分周教学方法纲要》书影

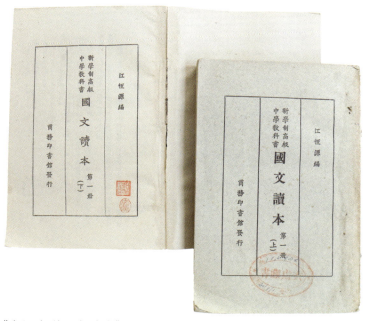

《高级中学国文读本》书影

做一个有根的中国人

——《高级中学国文读本分周教学方法纲要》评说

撰文 / 谷公胜

《高级中学国文读本分周教学方法纲要（第一册）》（以下简称《教学方法纲要》），江恒源编，民国十七年（1928）商务印书馆出版，与《新学制高级中学教科书国文读本》同时发行。该书开本 13 厘米 × 19 厘米。封面竖排，分三栏，右起为"江恒源编""高级中学国文读本分周教学方法纲要第一册""商务印书馆发行"。正文竖排版，采用新式标点。

江恒源（1885—1961），字问渔，号蕴愚，别号补斋，江苏灌云人，教育家。曾任中华职业教育社副理事长、中华职业学校校长、中央人民政府政务院文化教育委员会委员、上海市人民委员会委员、上海市文史研究馆馆员、中国民主同盟中央执行委员、中国人民政治协商会议第一届全体会议代表，第二届、第三届全国委员会委员。1926 年 4 月至 1927 年 4 月，由黄炎培介绍任江苏省教育厅厅长。1927 年南京国民政府成立后，应冯玉祥约请任河南省政府委员兼教育厅厅长。1928 年 7 月起，先后任上海中华职业教育社办事部主任、总干事、评议会评议长、副理事长等职，历时三十二年之久。

1922 年，国民政府颁布了《学校系统改革案》，即"壬戌学制"。新学制提出的改革宗旨及原则是："发挥平民教育精神；注意个性之发展；力图教育普及；注重生活教育；多留伸缩余地，以适应地方情形与需要；顾及国民经济力；兼顾旧制，使改革易于着手。"该方案规定了新的学制："实行六三三制，即初级小学四年（从六岁开始），高级小学二年；初级中学三年；高级中学三年；大学四至六年。"同时，该方案还提出了针对不同对象的教育实施办法："为使青年个性易于发展，采用选科制；为适应特殊之智能，对于天才者之教育应特别注重，其修业年限得予以变通；对于精神及身体上有缺陷者，应施以特殊教育；对于年长学者，应进行补习教育。"

新学制颁行后，各学段课程标准相继出台，各学科教科书也络绎面世，商务印书馆、中华书局、世界书局等出版社竞相上马，一时蔚为大观。这些教科书均标明为"新学制教科书"。参与教科书编纂的多为当时的知识精英、学术名家以及学界泰斗，也有一线教师乃至政府官员参与其中。当时，仅商务印书馆一家就邀集近百位国内知名学者专家（其中包括江恒源），组织编辑出版了一百六十六种五百二十七册各类中小学教科书（据吴小鹏、李想《1922年新学制教科书多样化的探索和启示》）。

在这本《教学方法纲要》书后所附广告中，开列了商务印书馆出版的新学制高级中学教科书目录。除江恒源编《新学制高级中学教科书国文读本》外，高中普通科还有二十二种：

《古白话文选》（吴遁生）、《近人白话文选》（吴遁生）、《词选》（胡适）、《修辞学》（王易）、《本国史》（吕思勉）、《西洋史》（陈衡哲）、《本国地理》（张其昀）、《政治概论》（张慰慈）、《社会学概论》（瞿世英）、《社会问题》（陶孟和）、《心理学》（陆志韦）、《论理学》（王振瑄）、《人生哲学》（冯友兰）、《戴东原的哲学》（胡适）、《科学方法》（汪奠基）、《公民生物学》（王守成）、《地质矿物学》（张资平）、《天文学》（王华隆）、《代数学》（何鲁）、《三角术》（赵修乾）、《水彩风景画》（周玲荪）、《医学常识》（洪式闾、鲍鉴清）。从这个目录足见当时名家荟萃，阵容强大，学科覆盖全面，文化内涵厚重，标志着当时基础教育教科书领域开启了一个全新的局面。

这本《教学方法纲要》是供教师用的教学方法参考书，与《新学制高级中学教科书国文读本》（第一册）相配套。

《新学制高级中学教科书国文读本》（第一册）在"总则"中明确提出：

> 本读本编著目的，固在供给全国高中学生诵读阅览，而最后希望，则在使一般高中学生，能了解本国历代文章及学术之变迁与价值；同时对于人生品行、才识方面，言语技能方面，皆能获得绝大效益；由此可以养成读书、作文之较优兴趣与能力，终身享用不穷。

《国文读本》第一册（分上下两分册）共编入课文九十一篇，其中正篇四十八篇、副篇四十三篇，其目录如下。（汉字序数表示正篇，阿拉伯序数表示副篇。）

第一周　一　胡适《中国文学改良刍议》

　　　　1　蔡元培《国文之将来》

第二周　二　蔡元培《复林琴南书》

　　　　2　林纾《致蔡鹤卿太史书》

第三周　三　曾国藩《欧阳生文集序》

　　　　3　吴敏树《与筱岑论文派书》

　　　　四　刘开《与阮芸台宫保论文书》

　　　　4　韩愈《答李翊书》

　　　　5　柳宗元《答韦中立书》

　　　　五　曾国藩《＜湖南文征＞序》

　　　　六　曾国藩《送周荇农南归序》

第十八周　四十七　司马迁《史记·信陵君列传》

　　　　41　唐顺之《信陵君救赵论》

　　　　四十八　司马迁《史记·廉颇蔺相如列传》

　　　　42　薛福成《书益阳胡文忠公与辽阳官文恭公交欢事》

　　　　43　王世贞《蔺相如完璧归赵论》

　　针对《国文读本》如此丰富的篇幅容量,《教学方法纲要》精心设计了分周教学计划，详尽安排了每周的教学内容，对教材进行了概要精到的分析，设计推荐了一些具体的教学方法，并补充了有关资料。

　　《教学方法纲要》在"总说"中说明了编写宗旨：

　　　　高级中学国文读本共计有四册，是专为供给高级中学国文教学之用。现在为力谋教学便利起见，特再编著《分周教学方法纲要》，以供一般担任教授国文读本教师的采用与参考。

　　　　国文读本，预定是每一学期读一册，恰好够高级中学第一第二两学年（即四学期）之用。分周教学方法纲要，也就与之适应，分编成四册。

　　根据《教学方法纲要》,《高级中学国文读本》第一册的教学内容分十八周完成。

　　从《新学制高级中学教科书国文读本》（第一册）以及这册《教学方法纲要》，可以看到当时的高中国文教育有以下几个特点。

　　第一是重视母语文化积累，注重扩展阅读面，丰富阅读量，尤其是强调阅读经典著作，开拓文化视野，提升文化品位。

　　《教学方法纲要》设计了一张《第一册高中国文读本选文篇数字数及

教学方法、教学用品、参考书一览表》。从表可以得知，当时高中一年级第一个学期（共十八周），国文阅读课文共九十一篇（其中正篇四十八篇、副篇四十三篇），阅读量共十二万四千六百六十字（其中正篇九万一千八百六十一字，副篇三万两千七百九十九字）。表中开列出每周的教学目的和辅助教授用品（如"春秋列国形势图""杜牧《罪言》文内所应备的形势图"等）。还配合教科书开列了学生参考用书书目，包括《左传》《战国策》《史记》《三国志》《资治通鉴》《晋书》《王临川全集》《板桥全集》《文史通义》《中山全书》《胡适文存》《新青年杂志》《新潮》《蔡孑民先生言行录》《国学丛书》《中国五十年之文学》《中国五十年之哲学》等十数种。

这样的古代典籍阅读量和阅读面，今天不仅高中生达不到，而且也是让大学文史专业的学生乃至许多高中语文教师感到汗颜的。

《新学制高级中学国文读本》作为教科书，选文数量足够丰富，充分保证了高中学生的阅读量；同时确保选文质量上乘，所选都是中华思想文化史上的名家名篇，并且注意到古今结合、古为今用。在教科书之外开列参读书目，这是一项提高教学水平的重要举措。开列书目有助于扩大学生的阅读面，为学有余力的学生开设营养丰富的小灶，有助于启发其自学，鼓励特长教育。教科书的编纂者就是要通过强化国文阅读教学，引导学生接触、感知、理解、接受中华优秀传统文化，用文化经典来熏陶、濡染青年学子，让学生能够沉浸醲郁、含英咀华，从中华文化经典著作中汲取精神养料，从而根植中华文化基因，延续民族精神血脉。

第二是强调学生自主学习，指出预习的重要性和预习方法，并指导正篇、副篇和参阅书籍的阅读方法。《教学方法纲要》指出：

> 每周教学，并不以教师登堂讲授为开始，应以学生着手预习为开始；而在为开始预习之时，并应由教师说明本周所授的各文要义，且

示以预习的方法。

教师对于课文的讲解，应在学生预习之后；讲解既完，尤应注意学生的复习。

国文读本所选各文，间分正篇副篇；副篇虽不必由教师讲解，但遇必要时，也可由教师加以说明，得与正篇受同等的待遇。若是普通副篇，在未讲正篇以前，仍须预习；其阅读次数，至少须经过三次以上。

学生预习时，首须阅读全文，次须阅读注解，再次须摘录文中要点及应质问的疑义。

学生除阅读副篇外，如须参阅其他必要书籍，希望教师授完某篇时，或一周选文授完时，向学生揭示其书名，并告以该书内容概要及阅读的方法。

第三是既突出了传承积累的重要性，又指出了分析批判的必要性，突出了阅读为家国、为人生的价值取向。《教学方法纲要》指出：

本来吾国有数千年的悠久历史，古人学说，藉文字贻留下来的，真是浩如烟海；吾们既是中国人，而且已受了中等以上教育的中国人，如何能不知道一点呢？

借文字以指示人生的行为，陶冶人生的情感，这却是有的；然而绝不是笃古者流，忘却时代思潮，一味步趋古人的，所可借口。我们读古人之文，有时认为有益于人生的，当然要特别加以发挥；其有不尽合的，也不可不分别指出，详示学生以取舍去就之方。

第四是倡导实用而有效的方法，注重培养阅读兴趣和能力。《教学方法纲要》强调：

国文分周教学方法，是否良善，却不敢说。唯中等学生，国文教授，既不便明划区域，分类选录，依次教授，若再漫无归宿，更觉精神无由集中；况且本读本的教学精神重在自习，重在讨论，重在引起学生读书兴味，增进学生读书能力，所以依个人的主张，要多供教材，使学生不致感其枯燥，要划成界限，使教材自成系统；此与分周教学，确是有莫大关系。

第五是坚持原汁原味读原著，朴实精炼，没有冗词赘语，不堆砌概念术语，不设计繁琐练习。讲解古代典籍只是在关键处点到为止，不是力求详尽、包打天下，而是留出更多的空间给教师自己发挥，让学生自己领悟。作为教学参考书，没有游离原著的分析解读，没有喧宾夺主的旁征博引，没有花里胡哨的训练设计，不是依靠第二手材料去肢解原著，不是以编写者一己之见代替学生的自主阅读，而是老老实实引导学生集中精力诵读原著，直接与大师对话，与经典交流。

教科书是教育资源中最核心最重要的资源。教科书是时代主流价值观和国家意志的体现，具有鲜明的规定性和导向性。教科书是教师实施教学行为的重要依据，是学生接受知识、养育人生的重要营养。教科书的功能不仅贯穿于整个教育的全过程，而且对一代人将会产生终身的长久的影响。我们可以看到，当时教科书的编纂者为了得天下英才而教育之，为了培养一代民族精英和社会中坚，真是苦心孤诣、殚精竭虑。

民族是经过长期历史发展而形成的稳定的人群共同体，是基于基因、语言、历史、文化、地域而与其他人群有所区别的群体。语言则是一个民族的根本属性，也是最显著的标志，因此，母语教育是最基本、最重要的国民教育组成。母语教育直接体现民族意识、国家意志和主流价值观，对于滋育民族感情、增强民族认同感、传承民族文化、提高审美素养、培养爱国主义精神，具有不可替代的重要作用。世界上无论哪个国家都一无例外地重视母语教育，把它摆在国民教育中最重要的位置。说什么话，读什么书，就是接受什么文化，就是做哪个民族的接班人。因此，母语教科书具有特殊的价值取向和教育功能。

在中华民族饱受欺凌的那个时代，许多有识之士就曾经痛心疾首地指出，"灭人之国，必先去其史"（龚自珍）。"我国前途之危险不独政治、经济有被人征服之虑，且有文化被人征服之祸患。文化之征服甚于其他方面之征服百千倍之"（闻一多）。事实正是如此。仅举一例，甲午战争后日本侵占台湾，在长达五十年的时间里，强制推行日语教授日文，其罪恶目的就是要从语言文化这个根子上进行精神阉割，以达到长期奴役中国人的目的。

章太炎精辟地指出：

> 国家之所以能成立于世界，不仅武力，有立国之元气也。元气维何？曰文化。

他在讲演《论读经有利而无弊》中说：

> 夫读史之效，在发扬祖德，巩固国本。不读史则不知前人创业之艰难，后人守成之不易，爱国之心，何由而起？经籍之应入史类而尤重要者，厥唯《春秋》，《春秋》三传虽异，而内诸夏外夷狄则一。自有《春秋》，吾国民族之精神乃固，虽亡国者屡，而终能光复旧物，还我河山。此一点爱国心，蟠天际地，磅礴郁积，隐然为一国之主宰，汤火虽烈，赴蹈不辞①。

---

① 章太炎：《章太炎国学讲演录》，中华书局，2013年。

当时的国文教科书编纂者之所以把阅读中华典籍列为高中生的重要学习内容，正是基于这样一种文化忧患意识的深层思考。他们认识到，人格的形成和发展是同母语文化的熏陶分不开的。一个人的文化修养是在母语环境中长期耳濡目染而形成的。一旦形成良好的习惯，就会对一个人的精神生活和行为方式产生无形的影响力，就会终身受益。没有阅读就没有积累，没有积累就没有文化。文化修养离不开文化营养，文化自信依赖于文化积淀。阅读优秀的文化著作，接受优秀文化的濡染，吸收优秀人物的思想，会对学生的成长产生重要的价值导向。高中生虽然已经在母语环境中形成了比较稳定的母语心理和母语思维，但是对于大多数高中生来说，他们对母语的感情、对中华文化的认识还是停留在自发的状态，而尚未达到自觉的高度。只有在与大师的对话中，在对经典的解读中，才能加深对民族先哲精神生活的感悟，获得丰富的内心体验，接受中华文化的优秀成果，在批判的思考中不断提升自己的精神境界。

国文教科书的编纂者们已经意识到，要让每个青年学子都做一个有根的中国人。这个根，就是母语之根、文化之根、历史之根。要通过母语教育，培育母语情怀，根植文化基因，增强民族自尊心和自信心。母语教科书正是承担这一使命的不可替代的重要载体和核心资源。

在五千多年文明发展进程中，中华民族俯仰天地，品察万物，洞知幽明，以勤劳和智慧创造出独树一帜、独具魅力、独领风骚的灿烂文化，成为人类历史的奇迹。放眼世界，唯有中华文化历经数千年风雨洗礼依然挺立，并且生气勃勃。中华文化是中华民族的丰厚滋养和突出优势，是我们最深厚的文化软实力，是我们文化发展的母体，积淀着中华民族最深沉的精神追求，是我们保持文化自信的根基。"自强不息"的奋斗精神，"精忠报国"的爱国情怀，"匹夫有责"的担当意识，"舍生取义"的牺牲精神，"革故鼎新"的创新思想，"扶危济困"的公德意识，"公而忘私"的价值理念，一直是中华民族奋发进取、开拓创造的精神动力。"天人合一""阴阳相济"的哲理思想、"天下为公"的社会理想，"以人为本""民唯邦本"的治国理念，"载舟覆舟""居安思危"的忧患意识，"止戈为武""协和万邦"的和平思想，"与人为善""己所不欲，勿施于人"的处世之道，"儒法并用""德刑相辅"的治理思想，"以和为贵""和而不同"的东方智慧，一直是中华民族治国理政、推进社会发展进步的思想渊源。

中华文化源远流长，积淀着中华民族最深层的精神追求，代表着中华民族独特的精神标识，也是一代代民族精英的精神支柱。举几个典型例子，可以充分证明这一点。

著名社会学家费孝通（1910—2005）晚年在《〈史记〉的书生私见》中有这样一段回忆：

> 我和《史记》相识是出于父命。未及冠，父亲带我去拜见老师。礼毕，老师说："那么，就让他从《史记》圈起吧。"这是他定下的入门规矩，先得圈几部书。圈书就是现在所说的标点，但符号单纯，只用圈断句。接着又指点一句："可以先从'列传'圈起。"

费孝通拜见的老师，就是金松岑（1874—1947）。这位国学大师要求一个十几岁的少年从读《史记》入门，之所以立下这样的高起点，就是让他从一开始就直接接触经典著作，是自己先行独立圈点阅读原著，而不是先去听什么人的心得或演义，这样才能原汁原味地接受中华文化的浸润和濡染。

著名核物理学家、中国科学院学部委员何泽慧（1914—2011）在苏州振华女中（现为苏州第十中学）求学时，不仅数理化成绩优秀，而且十分爱好文史，还写得一手好篆字。1932 年（壬申）毕业时，同学们给母校留了一件纪念物——在学校西花园立一块摩崖石刻，上面的篆文题字"仁慈明

敏　壬申级训　何泽慧篆"就是何泽慧的手迹,那年她十八岁。如今,这块近百年前的摩崖石刻成为当时学校浓厚的中华传统文化氛围和学生们良好的母语文化修养的珍贵物证。

苏步青(1902—2003)是中国科学院院士,著名数学家、教育家。这位中国微分几何学派创始人用"微分显万象,平生问几何"这两句联语精辟而形象地概括了自己从事的专业。他从小打下了厚实的国文基础,一生爱好古典诗词,发表了数百首格律诗词。请看其中一首《颂陶小咏》:

> 不为五斗折腰身,归去来兮辞赋新。
>
> 篱菊曾馨三径月,桃花犹泛一溪春。
>
> 行文爽朗而潇洒,咏史激昂如有神。
>
> 倘使先生逢盛世,何须高隐作闲人。

这首怀颂陶渊明的七律,境界高远,格调超逸,意趣清雅,格律规范,堪称佳作。

同样酷爱中华古典诗词的还有杨振宁。2001年4月26日,在纪念清华大学建校九十周年而举办的"世纪大讲堂"上,杨振宁以"美与物理学"为题作专题报告。他在演讲中特别推崇英国物理学家狄拉克(1902—1984)。他说:"20世纪的物理学家中,风格最独特的就数狄拉克了。我曾经想把他的文章的风格写下来给我的文、史、艺术方面的朋友看,始终不知如何下笔。"后来,杨振宁想到了唐代诗人高适的《答侯少府》中的诗句:"性灵出万象,风骨超常伦。"觉得用这两句诗来描述狄拉克方程和反粒子理论是再好不过的了。他解释诗句中的"性灵"两个字道:"若直觉地把'性情''本性''心灵''灵魂''灵感''灵犀''圣灵'等加起来,似乎是指直接的、原始的、未加琢磨的思路,那么这恰巧是狄拉克方程之精神。"东方和西方、古代和现代、科学和艺术、抽象的数理公式和形象的古典诗句，在一代大师的审美观照下，就是这样的水乳交融、相得益彰。

杨振宁和邓稼先（1924—1986）是同窗挚友，他们的友情经历了时代的考验。杨振宁是这样评价邓稼先的：

> 邓稼先是中国几千年传统文化所孕育出来的有最高奉献精神的儿子。
> 邓稼先是中国共产党的理想党员。

杨振宁在纪念邓稼先的文章中深情地回忆道：

> 青海、新疆，神秘的古罗布泊，马革裹尸的战场，不知道稼先有没有想起过我们在昆明时一起背诵的《吊古战场文》："浩浩乎！平沙无垠，夐不见人。河水萦带，群山纠纷。黯兮惨悴，风悲日曛。蓬断草枯，凛若霜晨。鸟飞不下，兽铤亡群。亭长告余曰：'此古战场也！常覆三军。往往鬼哭，天阴则闻！'"
>
> 也不知道稼先在蓬断草枯的沙漠中埋葬同事、埋葬下属的时候是什么心情？
>
> 假如有一天哪位导演要摄制《邓稼先传》，我要向他建议采用五四时代的一首歌作为背景音乐，那是我儿时从父亲口中学到的：
>
> 中国男儿　中国男儿
>
> 要将只手撑天空
>
> 长江大河　亚洲之东　峨峨昆仑
>
> 古今多少奇丈夫
>
> 碎首黄尘　燕然勒功　至今热血犹殷红
>
> 我父亲诞生于1896年，那是中华民族任人宰割的时代，他一生都

喜欢这首歌曲。

2021 年 9 月 22 日，由清华大学、中国物理学会、香港中文大学联合主办的杨振宁先生学术思想研讨会——贺杨先生百岁华诞在清华大学举行。杨振宁在讲话中回忆道，1971 年，邓稼先在给杨振宁的信中写了这样两句诗："但愿人长久，千里共同途。"他说："我觉得今天五十年以后，我可以跟邓稼先说：稼先，我懂你'共同途'的意思，我可以很自信地跟你说，我这以后五十年是符合你'共同途'的瞩望，我相信你也会满意的。"

两位杰出的物理学家，就是这样通过中华古典诗文来沟通内心世界、表达人生理念、相互倾诉情怀的。

上面这五位大师，有一个共同点，他们都出过国、留过洋，长期研习西方科学文化，在各自的专业领域取得了非凡的成就；同时，他们都是 20 世纪 20 至 30 年代在国内读的中学，接受了良好的母语教育，打下了扎实的母语基础，吮吸着中华优秀传统文化的乳汁成长。中华文化流入他们的血脉，融进他们的灵魂，成为他们精神世界的核心要素。不管身处异国他乡，不管遇到什么艰难阻遏，他们都没有丢掉自己的母语之根、文化之根，他们是真正的有根的中国人。

今天，教育正面临着多元文化的渗透、冲击和挑战。当今世界，随着经济全球化和信息技术现代化的迅速发展，文化多元化的现象日益凸显。网络环境和各种大众传媒为文化多元化提供了生存空间，体现不同价值观的各种文化突破了传统的传播形式，以最快的速度、最直接的形式，"零距离"地渗透到广大青少年的情感生活中，影响着他们的内心世界以及人生观、价值观。西方国家正在实施所谓"价值观转基因"和"文化转基因"的渗透策略，其意图昭然若揭，就是为了从精神上俘虏中国的年轻一代，就是要腐蚀、拔掉我们的中华文化之根。

在这样一种错综复杂的文化环境中，更加突显出传承中华优秀传统文化的重要性。中华优秀传统文化是中华民族的精神命脉，是涵养社会主义核心价值观的重要源泉，也是我们在世界文化激荡中站稳脚跟的坚实根基。强化、优化我们的母语教育，让中华优秀文化真正根植于一代学子心中，这离不开母语教科书的编纂、出版和使用。母语教科书要培养学生热爱祖国语言文字的感情，热爱以母语为载体传承下来的中华文化的优秀成果，增强继承和弘扬民族优秀文化的自尊心和自觉性，引导学生树立和坚持正确的历史观、民族观、国家观、文化观，增强做中国人的骨气和底气，增强实现中华民族伟大复兴的使命感和责任感。

将近一百年前编纂出版的这套母语教科书，为传播中华文化薪火付出了那个时代所能够付出的努力，达到了那个时代所能够达到的水平，也留给我们后来者以丰富而深刻的启示。

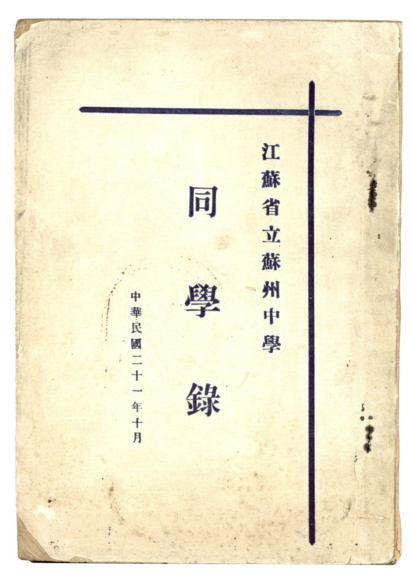

江蘇省立蘇州中學

同學錄

中華民國二十一年十月

《苏州中学同学录》书影

管窥 1932 年的苏州中学
——《江苏省立苏州中学同学录》简析

撰文 / 叶　敏

苏州教育博物馆有一本 1932 年《江苏省立苏州中学同学录》（以下简称《同学录》），该书长 22 厘米、宽 15.6 厘米。封面为白底蓝字，左下方落款处印有"中华民国二十一年十月"。该书没有出版社信息，当是学校内部印发的刊物。内芯自右向左竖式排版。封二有"汪东作歌、程懋筠制谱"的《苏州中学校歌》，五线谱，手写体，采用与封面相同的蓝色字体。目录四页，正文页码一至二〇四，均为黑色铅字印刷，封底为空白页，总计一百零六页纸。书角有较多磨损，纸张均已泛黄，装订用钉处也渗出锈迹。

史料记载，苏州中学首任校长汪懋祖任职四年后，于 1931 年 8 月离职，继任校长为胡焕庸。此书刊印于 1932 年 10 月，是时为胡焕庸继任校长一年后。

这本《同学录》目录中载有四项内容：一是在任教职员（本部、实小）名录，二是前任教职员名录，三是毕业生名录，四是在校学生名录。一般的同学录大多是毕业生名录，通常不会把教职员名单编入，更不会把前任教职员收录在内，故该书的"同学"一词大有深意。

1932 年 10 月之前苏州中学的师生名单在这本《同学录》中仿佛瞬间定格，为我们穿越历史长河，管窥当年的苏州中学，提供了宝贵的实证。

实证一：苏州中学建校后，高中普通科规模明显扩大

《同学录》中收录的毕业生，从 1928 年 7 月到 1932 年 7 月共五届，高中普通科三百零一人、高中师范科二百五十三人、初中四百一十四人、乡师一百三十八人，均为男生。

据《苏州教育志》载，1927 年秋，江苏省立第一师范学校与江苏省立第二中学校、苏州工专高中部合并为第四中山大学区苏州中学，不久改称江苏省立苏州中学。而 1927 年入学的学生应于 1930 年毕业。若以此为分界线，按前二届后三届（其中乡师因改四年制，缺第四届）分别统计，则如下表。

1928—1932 年苏州中学毕业生人数统计表

毕业生	后三届（人）	前二届（人）	对比值
高中普通科	243	58	4.19
高中师范科	129	124	1.05
初中	253	161	1.57
乡师	76（后二届）	62	1.23

若每届招生人数持平，则后三届毕业生应当是前两届毕业生的 1.5 倍。而各科毕业生的实际情况是：初中基本持平，乡师略有增加，高中师范科逐步缩小，而高中普通科人数明显上升。

从《同学录》收录的在校生情况来看，高中段五百七十三人、初中三百四十四人。高中段里，普通科三个年级四百零二人，化工科一年级十九人，师范科两个年级一百五十二人（1932 年师范科停止招生，同年乡村师范部独立成立吴江乡师）。在校生也是以高中普通科人数最多。

综上所述，《同学录》在毕业生、在校生两个方面都证实了建校以后高中普通科规模明显扩大这一事实，反映出学校办学功能定位的变化。

实证二：当时该校学生年龄普遍偏大，且年龄相差甚大

据《苏州教育志》载，1922 年教育部颁布新学制，仿美中小学六三三制，实行初中三年高中三年的分段制，高中并实行文理分科。自此至 1937 年夏，一直沿用此学制。

按 1922 年学制，七岁（六周岁）入小学者，初中毕业时为十六岁（十五周岁），高中毕业时为十九岁（十八周岁）。

据《同学录》中在校师生及毕业生"年龄"一栏（个别人为空白），若以十六岁、十九岁分别作为初、高中毕业生的适龄线，按适龄、超龄、未记载分别统计，数据如下表。

苏州中学毕业生年龄统计表

毕业生	适龄人数	超龄人数	未记载人数	最小者（岁）	最大者（岁）	同届年龄相差最大数（岁）
高中普通科	149	150	2	16	24	7
高中师范科	57	189	7	17	28	9
初中	116	294	4	12	22	8
乡师	14	124		15	30	13

从上表可知，毕业生中，高中普通科中适龄学生约占 50%，其他各科都是超龄学生远多于适龄学生。同届生中，年龄最大者和年龄最小者相差七岁以上；乡师则有毕业生年龄达三十岁，与同届生年龄最小者相差十三岁。

苏州中学在校生年龄统计表

在校生	适龄人数	超龄人数	未记载人数	最小者（岁）	最大者（岁）	同届年龄相差最大数（岁）
高中普通科	254	148	0	14	23	6
高中化工科	10	9	0	15	19	4

在校生	适龄 人数	超龄 人数	未记载 人数	最小者 （岁）	最大者 （岁）	同届年龄相差 最大数（岁）
高中师范科	53	99	0	15	26	7
初中	165	179		11	20	7

从上表可知，在校生中，高中普通科及化工科适龄学生超过 50%，其他各科依然是超龄学生居多。同届学生年龄相差最大的，除化工科以外，均在六岁以上。高中师范科有学生年龄已达二十六岁，初中生中年龄最大者达 20 岁。但是与前表所示毕业生年龄数据相比已经有所改善。

实证三：苏州中学锐意创新，首招化工科与女生班

据史料记载，1931 年 2 月，为培养抗日所需的化工人才，苏中首届化工科开始招生。化工科对学生的要求是：训练组织能力、注意实践力行、推广科学应用、发展国民经济。化工科学制三年，每年春季招生一班，至 1941 年底停办。化工科从首届招生到停办，历时十年，有七届学生毕业，共一百九十九人，为我国化工事业培养了不少人才。《同学录》中载录第一届化工科学生共十九人。在理论联系实际方面，化工科较其他科更为密切。二十世纪八九十年代苏州中学之有校办工厂，可溯源自三十年代创办化工科始。

1932 年 7 月，苏州中学首招女生班。当时苏州有省立苏女师，而无省立苏女中。苏中招女生入学，在全省有开风气之先的意义。《同学录》中载录第一届女学生共五十人，编为普通科一年级丙组。其中年龄最小者为十四岁，最大为二十岁。同时，学校专门配备了两名女教师担任女生导师，另加一名女体育教师。

《同学录》为苏州中学创办化工科与女生班提供了实证。

实证四：苏州中学有一个年轻有为的教师群体。

《同学录》记载了在任教职员的名单和年龄，统计如下表：

校本部教职员	百分比	男	女
50 岁及以上	4.12%	4	
46—49 岁	3.09%	3	
41—45 岁	10.31%	10	
36—40 岁	10.31%	10	
31—35 岁	30.93%	30	
30 岁及以下	40.21%	35	4
未记载	1.03%	1	
合计		93	4

从上表可以看出，1932 年苏州中学的教职员以年轻人为主，三十五岁及以下的占比为 71%，90% 以上的教职员在四十五岁及以下，这是一支年轻有为、朝气蓬勃的队伍。当时的苏中校长也是青年俊彦，第一任校长汪懋祖赴任时三十七岁，胡焕庸继任时年仅三十一岁。

1930 年，胡焕庸任中央大学地理系主任。1931 年 9 月，胡焕庸被江苏省教育厅借用，兼任江苏省立苏州中学校长，每周三天在南京，三天在苏州。在两年的任期内，胡焕庸进行了几项重要改革：一是实行男女同学，为女生搭建升入高等学校的台阶；二是创办化工科，培养了一批化工技术干部和管理者。1933 年夏，胡焕庸辞去苏州中学校长职，回中央大学专任教职。这在《同学录》的记录中可以得到印证。

《同学录》所载在任教职员中，本部有张绳祖（三十三岁）、沈同洽（二十九岁，后任南京大学西语系主任）、吕叔湘（二十八岁）、吴元涤（四十七岁，继胡焕庸任校长）、杨人楩（二十八岁，后任北京大学历史系教授）；实小部则有施仁夫（四十岁）、顾传瑜（二十三岁）、瞿苣丰（三十一岁）等。

《同学录》所载前任教职员中，不乏学界大师、教育名人，如吴梅、陈去病、杨荫榆、颜文樑、钱穆、沈维钧、汪懋祖、管一得、黄觉寺等。

实证五：苏州中学重视体育与军事教育

据《苏州教育志》载，1928 年国民政府教育部颁布课程标准，所设课程为：

初级中学：公民、体育及童子军、国文、英语、算学（包括算术、代数、平面几何、三角）、生理卫生、植物、动物、化学、物理、本国历史、本国地理、劳作、图画、音乐。每周教学总时数为 32。

高级中学：公民、国文、英语、立体几何、高等代数、世界史、世界地理、生物学、普通化学、普通物理、伦理、体育及军事训练。每周教学总时数 30，最后一学期为 29。

除以上必修课外，初高中均另设选修课。

《同学录》中，苏州中学除了高、初中各有两位体育教师、且有一位国术指导员（初高中兼）以外，高中还有一位军事教官加一位军事教练员，初中则还有一位军乐指导员。这样的师资配备充分证明了该校对体育和军事教育的重视。

实证六：苏州中学有超高的师生比

2001 年，我国规定城市高中教职工数与学生数之比为 1∶12.5，初中为 1∶13.5，小学为 1∶19。

《同学录》记载，1932 年的苏州中学，在校高中段学生五百七十三名，教职员九十七名，教职工数与学生数之比为 1∶5.91，即使把同时在初中任教的教师减半计入，也要达到 1∶6.16。初中则达到 1∶10.1。这比今天的国家标准要高出很多。

在 1933 年的全省第一届高中毕业会考中，苏州中学学生获全省前三名；前十名中有六人，前一百名中占了二十四人。对此，媒体纷纷以"新三元坊"为题进行报道，引起全国关注。而《同学录》为我们提供了另外一个角度的推想：除了年轻有为的教师群体、锐意进取的学校领导这两个原因，超高的师生比是否也是一个重要原因？

综上所述，这本《江苏省立苏州中学同学录》为我们穿越历史长河，管窥 20 世纪 30 年代的苏州中学，提供了珍贵的物证。

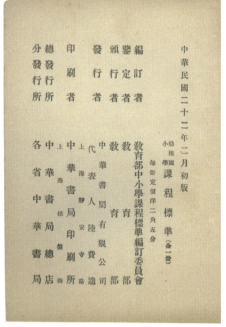

1932 年《幼稚园小学课程标准》书影

1932 年《幼稚园小学课程标准》浅析

撰文 / 谷公胜

　　我馆所藏 1932 年《幼稚园小学课程标准》，开本 13 厘米 × 19 厘米，竖排版。该书版权页标明中华民国二十二年二月初版。编订者：教育部中小学课程标准编订委员会。鉴定者：教育部。颁行者：教育部。发行者：中华书局有限公司。

　　课程标准是关于各级各类学校的培养目标、课程门类、各课程门类水准和基本内容的规定，是确定一定学段的课程结构和课程水平的纲领性文件。编订课程标准是一项建立教学秩序、规范教学行为、推进教学改革、保证教学质量的基础性工程。课程标准对于教育教学的实施具有规定性和规范性，是进行教学质量检测评价的依据，也是国家对基础教育质量的期望目标。

　　课程标准的编制在学制确定的框架内进行。我国在 1912 年南京临时政府教育部颁布的《普通教育暂行课程标准》中，最早使用"课程标准"一词。1949 年之前，我国学制和课程标准概况见下表。

年份	学制名称	代表人物	课程标准
1902（壬寅） 光绪二十八年	《钦定学堂章程》	张伯熙	
1903（癸卯） 光绪二十九年	《奏定学堂章程》	张之洞	

年份	学制名称	代表人物	课程标准
1912（壬子） 1913（癸丑）	《壬子癸丑学制》	蔡元培	《普通教育暂行 课程标准》
1922（壬戌）	《壬戌学制》 （六三三学制、新 学制）	全国教育会 联合会	《新学制课程标准纲要》
1928（戊辰）	《戊辰学制》 （《整理中华民国 学校系统案》）		《小学暂行条例》（1928） 《中小学课程暂行标准》（1929） 《幼稚园小学课程标准》（1932）

1932 年《幼稚园小学课程标准》（以下简称《课程标准》）于当年 10 月由教育部颁行，该课程标准以 1928 年戊辰学制为依据，以 1922 年《新学制课程标准纲要》为基础进行编订。

该《课程标准》内容包括以下各项：幼稚园小学课程标准编订经过，幼稚园小学课程标准施行办法，幼稚园课程标准，小学课程标准总纲，小学公民训练标准，小学各科课程标准（卫生、体育、国语、社会、自然、算术、劳作、美术、音乐）。

该《课程标准》有以下几个特点：

第一，编订工作程序规范，发挥专家团队、基层学校、各级教育行政机关等各方力量，集思广益，凝聚了当时我国教育界精英的集体智慧，体现了当时国民初等教育的育人导向。

该《课程标准》的编订从 1928 年 10 月至 1932 年 10 月，经过起草整理时期、实验研究时期、修订改正时期、编订完成时期共四个工作时期，历时四年得以完成颁行。编订过程周期较长，工作程序规范，重视专家引领，专家团队力量雄厚，行政官员和专家团队协力而行，召开大会小会，反复充分进行研讨，并交付地方教育行政机关和有关学校开展试验，在有关环节上能倾听各方意见，集中体现了当时国内教育界和社会主流对国民初等教育的认识水平和价值取向。该《课程标准》在"编订经过"中有这样的陈述：

幼稚园、小学课程标准，由教育部聘任专家，组织委员会，主持其事；计自十七年十月起，至二十一年十月，经过左列的四个时期，才得以编订完成。

第一，起草整理时期。由教育部聘任各专家，组织中小学课程标准起草委员会，于十七年十月起，约合幼稚园及小学各科研究有素者，分别担任起草、整理、审查、修订。到十八年八月，起草整理完成，由教育部令行各省市，作为暂行标准，试验推行。计尽力于这时期工作的，有左列诸先生（名单略）。

第二，试验研究时期。由教育部训令各省、市教育厅、局，组织研究会，并指定学校，研究试验，限期于十九年六月以前，开具意见，呈部，以供参考。去后，各省、市都尊令试验研究。但到了十九年七月，各省、市并无意见呈部，且有请延展试验研究期限的，乃由部通令延长试验研究时期一年，限于二十年六月以前，将结果呈部备考。到了二十年六月，各省、市把试验研究的结果呈报到部的，有如左各区：

浙江省教育厅　江苏省教育厅　南京市教育局

上海市教育局　广东省教育厅　热河省教育厅

吉林省桦甸县教育局

余如江苏各实验小学也多有意见送来。浙江省教育厅并将各校试验结果详细具报，意见尤多。

第三，修改订正时期。教育部以前中小学课程标准起草委员会，有变更必要，乃于二十年另行聘任专家，改组为中小学课程及设备标准编订委员会，从事汇集各方意见，研究修订。计于六月十八日起，开大会及各组审查修订委员会共三日,将幼稚园和小学各科标准,大致决定。并将未完工作,分别推员担任。到七月二十、二十一日又开大会及审查会两日,将各项标准议决,交由常务委员整理。计尽力于这时期工作的,有左列诸委员(名单略)。

第四,编订完成时期。在第三期修改订正之后,本来就可以颁行。不幸,部次长审核未完,而九一八事变继至,这项标准,便也只好暂行搁置。今年,朱部长①到部后,觉得课程标准关系重要,还须加以整理编订。因此,又重新聘定委员,加以审核修改。计自八月一日至八月五日,共开大会五天,将此项标准编订就绪。后来朱部长觉得小学国语课程标准,尤为重要,又聘请文学专家,详为审核,计自九月二十六日起开会两天,把小学国语课程标准再加上一番磨琢功夫(读书教材分量支配表,就是在这次审核中拟定的)。小学公民训练标准,八月开大会时,只有一个草案;整理后,分发各委员审查,到十月六日,乃集合在京委员,开会讨论。计开会两天,这项标准,也就大致完成了。尽力于这时期工作的,有下列诸君(名单略)。

此项标准编订完成后,并送请部长鉴核。由部长、次长细细地修改过一次,虽不能说毫无缺憾,但由一百多人起草修订,经全国各地方的试验研究,历时四年之久,又经许多委员的研究讨论,才得以完成,也可以算是近年来初等教育方面最重大的工作了。可是课程标准是应该不断地改进的,所望全国教育界共同研究,以期于施行几年之后,再行编订出一个更完善的课程标准来!

第二,该《课程标准》关注受教育者在德智体美劳各方面的发展,在

---

① 朱部长:时任国民政府教育部长朱家骅。

当时国内外形势和社会环境下，强调爱国爱群，强化民族意识。这主要表现在学科设置合理、覆盖全面，除公民训练外，设置卫生、体育、国语、社会、自然、算术、劳作、美术、音乐等九门学科，涵盖德智体美劳诸方面，重视学生全面发展，促进受教育者身心健康发展，关注学生在体格、语言、心智、品德、行为等方面的养成和发展，在各科教学目标中都突出了育人的价值导向。

该《课程标准》确定的幼稚园课程总目标为：

> 增进幼稚儿童身心的健康；力谋幼稚儿童应有的快乐和幸福；培养人生基本的优良习惯（包括身体、行为等各方面的习惯）；协助家庭教养幼稚儿童，并谋家庭教育的改进。

该《课程标准》确定的小学课程总目标为：

> 根据三民主义，遵照中华民国教育宗旨及其实施方针，发展儿童身心，培养国民道德基础及生活所必需的基本知识和技能，以养成知礼知义、爱国爱群的国民。

其中小学《公民训练》课程确立的宗旨和训练目标是：

> 发扬中国民族固有的道德，以忠、孝、仁、爱、信、义、和平为中心，并采取其他民族的美德，制订下列目标，训练儿童，以养成健全公民。
> 关于公民的体格训练：养成整洁卫生的习惯，快乐活泼的精神；关于公民的德性训练：养成礼义廉耻的观念，亲爱精诚的德性；关于公民的经济训练：养成节俭劳动的习惯，生产合作的知能；关于公民

的政治训练：养成奉公守法的观念，爱国爱群的思想。

第三，该《课程标准》教学内容设计周详，教学时间安排合理，教学方法简要切实，具有可操作性。

幼稚园课程范围包括"音乐、故事和儿歌、游戏、社会和自然、工作、静思、餐点"等七门，每门课程下分列"目标、内容大要、最低限度"等具体要求。特别注意强化行为习惯训练，重视儿童成长过程中的语言训练、品格培养和习惯养成。为落实教学目标，就教学方法提出了十七条"要点"，并列举若干实例加以解说。兹摘录部分内容如下：

以上各种活动（音乐、游戏、故事和儿歌、社会和自然、工作等），于实际施行时，应该打成一片，无所谓科目。

园中的事务，凡儿童能做的，如扫地、揩桌子、拔草、分工管理园具等，应充分地由儿童去做。

幼稚园除利用户外的自然和社会外，依左列标准设备一切：

（1）要合乎我国的民族性。我国的民族性是诚朴、坚忍，和欧美日本不同的；幼稚园的设备，不必过于华美，而须注意于坚固；不必多取洋式和舶来品，而须尽量中国化。

（2）要合乎当地社会情形。我国地方寥廓，都市、乡村、南方、北土、富饶地、贫瘠区……社会情形，各各不同。幼稚园的设备，应该多取当地常见的物品，而不和社会的实际情形分离。

（3）要适应儿童的需要。（下略）

（4）要不背教育的意义。积极方面要：（甲）可以发展儿童创造力和激引儿童想象力的；（乙）可由儿童自己使用并自己装置或拆开的；（丙）可以引起儿童的兴趣和美感的；（丁）可以引起儿童的情感的；

（戊）可以发展儿童的智力的；（己）有益于儿童身体的。消极方面要：（甲）有碍卫生的不取；（乙）容易发生危险的不取；（丙）儿童不感兴趣的不取；（戊）有损美观的不取。

（5）要利用废物、天然物和日用品。（举例略）这不但省钱，并可启发儿童的创造力。

关于小学课程目标，该《课程标准》从健康体格、良好品性、审美兴趣、生活知能、劳动习惯、科学思想、团结精神、爱国爱群观念等八个方面作出了具体界定。

培育儿童健康的体格；陶冶儿童良好的品性；发展儿童审美的兴趣；增进儿童生活的知能；训练儿童劳动的习惯；启发儿童科学的思想；培养儿童互助团结的精神；养成儿童爱国爱群的观念。

小学生在校活动总量规定如下：

一、科目及每周教学时间表（单位：分钟）

公民训练 60

卫生　60

体育　150（低中年级）180（高年级）

国语　390

社会　90（低年级）120（中年级）180（高年级）

自然　90（低年级）120（中年级）150（高年级）

算术　60（一年级）150（二年级）180（三年级）

　　　180（三年级）240（四年级）210（高年级）

劳作　90（低年级）120（中年级）150（高年级）

美术　90

音乐　90

总计每周教学时间为：

一年级 1170　二年级 1260　三年级 1380

四年级 1440　高年级 1560

（以上分钟均可以 3 尽除，便于安排每节课 30/45/60 分钟。）[①] 二、其余各种集团活动每周时间分数表

低年级 180　中年级 270　高年级 360

（朝会、周会、纪念周、课外活动、儿童自治团体活动等集体作业都在内。）

该《课程标准》并就小学教学提出了十五条"教学通则"，倡导"单元教学"，强调"手脑并用、身体力行"地"做"是"唯一的最紧要的原则"，提出"练习教学、思考教学、欣赏教学、发表教学"等教学方法，凝聚了国内教育专家亲身实践的经验和智慧，体现了当时先进的教学理念。兹摘录部分如下。

　　教材的组织，应尽量使各科联络，成为一个大单元，以减少割裂、掺杂、重复等弊。

　　教学应注重"做"。应适应儿童的心理，引起儿童的反应，指示活动所欲达到的目的，唤起儿童的兴趣，集中儿童的注意，因势利导以

---

① 如以 30 分钟为一课时计算，当时每周的课时总数为：一年级 39 课时，二年级 42 课时，三年级 46 课时，四年级 48 课时，高年级 52 课时。

使儿童自发活动、自行试验，努力进行。要儿童"手脑并用"，"身体力行"的"做"去，这是教学唯一的最紧要的原则。

凡教材须令儿童反复练习的部分（例略），应该用"练习教学"的方法。

凡教材须令儿童精密思考的部分（例略），应该用"思考教学"的方法。

凡教材须令儿童欣赏的部分（例略），应该用"欣赏教学"的方法。

凡教材须令儿童发表的部分（例略），应该用"发表教学"的方法。

第四，该《课程标准》在课程标准总纲的统一要求下，各学科突显本学科的特点和亮点。

"公民训练"课突出儿童主体地位，以受教育者的身份描述教学内容和行为规范。该项课程以学生为训练的行为主体，编制了"愿词"（誓言）及"规律"（规范和律则）。"愿词"为：

我愿遵守中国公民规律，使我身体强健，道德完全，做一个中国的好公民，准备为社会国家服务。

"规律"则从"体格""德性""经济""政治"四个方面提出共32条：

一、关于体格的（4条）

中国公民是强健的。我的全身各部分，都要锻炼强健。

中国公民是清洁的。我的身体、衣服、饮食，以及我所在的地方，都要保持清洁。

中国公民是快乐的。我的精神，要经常愉快，遇到了困难，也不垂头丧气。

中国公民是活泼的。我要有饱满的精神，活泼的态度。

二、关于德性的（20条）

中国公民是自制的。我要自己管束自己，摒绝恶习惯，养成好习惯。

中国公民是勤勉的。我读书、做事，都要刻苦、专心、努力，决不懈怠。

中国公民是敏捷的。我读书、做事，一切举动，都要迅速。

中国公民是精细的。我对于一切事物，要仔细地鉴别善恶，精密地判断是非。

中国公民是诚实的。我要说真话，干实事，自己信托自己，也可以受别人的信托。对待朋友、尊长以及团体、国家，都要忠诚不二。

中国公民是公正的。我要主张公道、正义，绝对不自私自利，也不因别人的地位势力而有所阿附。

中国公民是谦和的。我态度要和蔼。尊敬知识能力高山于我的人，对于无论什么人都要和气。

中国公民是亲爱的，我要孝父母、敬长辈，爱兄弟姊妹以及国内的同胞，国外的朋友。

中国公民是仁慈的。我是人类的同胞、物类的朋友。我要同情并帮助年幼的和力弱的以及劳动的和穷困的人；原谅无心伤害我的人；爱护无害于人的动物。

中国公民是互助的。我和我的朋友以及全国同胞，要守望相助，患难相救，疾病相扶持。遇事都要与人合作。

中国公民是有礼貌的。我对人家——尤其是弱者、老者、残疾、困苦的人，都要有礼貌。举止行动，力求合于礼节。

中国公民是服从的。我要服从父母师长的指导，和团体的决议。

中国公民是负责的。我应该当做的事情，一定去做，并且要做得好，决不推诿、敷衍，即是遇到了困难，也不放弃责任。

中国公民是坚忍的。我的意志要坚定，不顾一切的阻碍，力求贯彻自己的计划；无论如何吃苦，也能忍耐。

中国公民是知耻的。我要洗雪自己和国家的耻辱。临财毋苟得，临难毋苟免。

中国公民是勇敢的。我应该做的事情，要大胆去做，不怕一切困难、危险、失败，我要拒绝朋友的谄媚，敌人的讥诮恐吓。

中国公民是义侠的。我要时刻准备帮助别人，济困扶危，在必要的时候，我不惜牺牲自己。

中国公民是进取的。我的学问、思想、行为、事业，要常常向前猛晋，不愿落后。我充满着进步的希望。

中国公民是守规律的。我要遵守学校以及团体的各种规划和秩序。

中国公民是重公益的。我要尊重公共的利益，决不因自己的利益而损害公物，糟蹋公地，妨碍公众。

三、关于经济的（4条）

中国公民是节俭的。

中国公民是劳动的。

中国公民是生产的。

中国公民是合作的。

四、关于政治的（4条）

中国公民是奉公的。

中国公民是守法的。

中国公民是爱国爱群的。

中国公民是拥护公理的。

为将上述三十二条"规律"落到实处，列出了详细具体的"条目"。兹选摘其中第一、五、九、十、十五、十九、二十一、二十六、二十七诸条如下。

（一）中国公民是强健的

我不把不能吃的东西放在嘴里。

我不用手指挖鼻孔、挖耳朵、擦眼睛。

我吃东西分量不过多。

我吃东西细细地嚼碎了才咽下去。

我在应当吃东西的时间吃东西。

我不吃不容易消化的食物。

我不多吃糖食。

我除饭食外不吃零食。

我穿衣不太多。

我不穿太窄或太长太大的衣服。

我每天大便，有一定的时候。

我每天早睡早起，睡起都有一定的时间。

我睡觉的时候，头要露在被窝外面。

我用鼻子呼吸，嘴常常要闭着。

我坐定和走路的时候，都要留意腰和背的正直。

我在下课的时候，做适当的游息。

（以上为第一二学年起）

我在屋子里要留心开闭窗户，调换空气。

我要常常留心天气的寒暖而增加衣服。

我在食前或者食后，都不作剧烈的运动。

我每天要有适当的时间去运动。

我在天气好的时候，常常往户外散步游戏。

我不在光线不足或光线过强的地方看书。

我每天要练习一种体操或国术。

（以上为第三四学年起）

我要用冷水洗脸。

我要听医生的指导、种牛痘、打防疫针。

我生病时听医生的说话。

我努力扑灭蚊蝇等害人的东西。

（以上为第五六学年）

（五）中国公民是自制的

我不轻易向人家借东西。

我不向人借钱。

我不到不正当的场所去玩。

我没有得到允许，不动别人的东西。

（以上第三四学年起）

我不做不正当的娱乐。

我不唱卑劣的歌曲。

我自己不高兴的时候，不拿别人出气。

我要控制我的脾气。

我要摒除不良的嗜好。

我不因羡慕人家好东西，而强要家长购置。

我要遏止不正当的欲望。

我在危险的时候，要力持镇静。

（以上第五六学年）

（九）中国公民是诚实的

我借了人家的东西，要如期归还。

我拾到别人遗失的东西，想法送还他。

我损坏了东西，要自己承认或赔偿。

我不说谎话，不骗人。

（以上为第一二学年起）

人家有事问我，我要恳切地回答他。

（以上第三四学年起）

我做事要切实。

我和人家约会，一定准时践约。

我不掩饰自己的过失。

（以上第五六学年）

（十）中国公民是公正的

我自己不愿做的事，不叫别人去做。

我不讲私情，不做假见证。

（以上第三四学年起）

有人被人家欺侮，我要主张公道。

我看见别人失败，一定不讥笑他。

我对于和自己不同的意见，也要尊重。

我对于别人正当的建议，要牺牲个人的成见。

我参加各种比赛，要保持公正的态度。

（以上第五六学年）

（十五）中国公民是有礼貌的

我出外和回家，一定告诉家长。

我遇见老师和尊长，一定行礼。

我每天第一次遇见熟人，一定招呼。

我的头发，要梳得整齐。

我穿衣的时候，要把钮扣扣好。

我不打人，也不骂人。

我说话的时候，要留心不喷吐沫。

我不在路上吃东西。

我笑的时候，要留心不露牙龈。

我受了别人的赠品，要表示感谢他。

（以上为第一二学年起）

我要感谢扶助我的人。

我要是得罪了人家，要道歉。

我静听别人对我说的话。

我和长者在一起，要替他服务。

我不打断人家的说话。

我不扰乱别人的作业。

我不站在妨碍人家的地方。

（以上第三四学年起）

我进别人的屋子，要轻轻地敲门，没有得到允许，不随便进去。

我不私自开看人家的信札包裹或抽屉。

我尊敬社会上有劳绩的人。

我和别人并行的时候，要让年幼或老年的人靠里边走。

我和别人并行的时候，常常留心同步伐。

（以上第五六学年）

（十九）中国公民是知耻的

我不私用公共或别人的物件。

我有了过失，要悔悟要改正。

（以上第三四学年起）

我不取非分的钱财，不受非分的奖誉，不贪非分的便宜。

别人无理侮辱我，要和他讲理，不随便忍受。

我受了耻辱，要努力洗雪。

我要爱惜名誉，不做不名誉的事，不说不名誉的话。

我要知道国家的耻辱，就是自己的耻辱。

我牢记国耻事实，时时准备雪耻。

我遇到了患难，要挺身而出，不规避，不苟免。

人家有不名誉的事情，我不耻笑他。

我要自修以止谤，力行以雪耻。

（以上第五六学年）

（二十一）中国公民是义侠的

别人有急难的时候，我要竭力帮助。

我扶助别人的时候，要肯牺牲自己。

我帮助别人，不受酬谢，也不夸矜自己的功劳。

国家社会有大难的时候，我要尽力扶持，并且有牺牲的决心。

（以上第五六学年）

（二十六）中国公民是劳动的

我早上起身，亲自折叠被褥。

我愿意并且很高兴地做洒扫等事。

我喜欢做家庭中的一切事。

（以上第三四学年起）

我不规避校内的各项操作。

我不轻视劳动的工作。

我不轻视或侮谩做劳动工作的人。

（以上第五六学年）

（二十七）中国公民是生产的

我量力帮助父母做生产的工作。

玩具用品，能够自制的，我一定想法自己去做。

我喜欢饲养家禽家畜和蜂蚕等物。

我要利用空地，栽种花草蔬菜。

（以上第五六学年）

从所引录的文本可以看出，该《课程标准》的编订者为了把育人目标落到实处，的确是苦心孤诣。"愿词"和"规律"是观念的、认知的、条令式的，具有导向性。"条目"则是针对不同学段儿童提出的行为规范和行动要求，具有针对性。"条目"详尽细致，具体入微，覆盖到儿童身心成长的各个阶段，关涉到儿童在学校、家庭生活以及可能接触社会的各个方面，具有可见性、可感性、可操作性、可执行性。把苦口婆心的耳提面命，转而表述为儿童自己第一人称的言说，更具有亲和感、召唤力和鼓动性。该《课程标准》不是停留在规划设计和理念解说的层面，不是仅仅由施教者进行单向的主观说教，而是努力激发受教育者的主体意识，采用学生第一人称的言说来表述课程内容，强化学生主体身份和参与感，这是十分富有创意的。

"卫生"学科注重学生良好卫生习惯的养成，不仅授以个人健康方面的知能（防病、疗病和急救等），而且安排了指导有关公众卫生的研究和实践的内容（包括环境卫生、卫生设施、避灾演习、传染病调查、死亡调查等），引导学生关注民生、关注社会、关注环境。

"体育"学科强调"顺应儿童爱好游戏的本性，发展其运动能力"，重在"培养儿童勇敢、敏捷、忍耐、诚实、公正、快乐等个人品格，并牺牲、服务、和协、互助的团体精神"，并将武术、游泳及儿童游戏（踢毽子、造房子等）纳入教学内容。

"国语"学科设定的教学目标为："指导儿童练习运用国语，养成其正确的听力和发表力；指导儿童学习平易的语体文，并欣赏儿童文学，以培养其阅读的能力和兴趣；指导儿童练习作文，以养成其发表情意的能力；指导儿童练习写字，以养成其正确、敏捷的书写能力。"强调指导儿童培养"听说读写"四种基本的语言能力。该学科提出了文章体裁的四大分类法（记叙文、说明文、议论文、实用文），提出了阅读教学分"精读"和"略读"的设计方案。近百年前提出的这些母语教学的设计思路和基本概念一直沿用到现在。例如关于"精读"和"略读"的方法：

（1）精读——选取适当的教材指导儿童阅读深究或熟读，使儿童欣赏理解，或由理解而记忆。——重在质的精审。

（2）略读——选取适当的教材或补充读物，限定时间，指导儿童阅读，再由教员分别考查，并和儿童互相讨论。——重在量的增加。

关于国语教材的编选,《课程标准》编订者提出了翔实可据的指导意见。

（一）依据本党的主义，尽量使教材富有牺牲及互助的精神。凡含有自私、自利、攘夺、斗争、消极、退缩、悲观、束缚、封建思想、贵族化、资本主义化等的教材，一律避免。关于如左列的党义教材，尤须积极采用：

（1）关于孙中山先生的故事诗歌：幼年生活；学生生活；革命大事；生辰和忌辰；其他。

（2）关于国民革命的故事诗歌：国旗和党旗；各个重要的革命纪

念日（如黄花岗之役、武昌首义等）；其他。

（3）关于奋发民族精神的故事诗歌：爱国兴国和有关民族革命的事实；和中华民族的构成及文化有关的；重要的国耻纪念日；关于帝国主义者侮辱我国民和侨胞的；其他。

（4）关于启发民权思想的故事诗歌：破除神权和迷信的；打破君权的信仰和封建思想封建残余势力的；倡导平等、互助、规律等的；关于民权运动的；其他。

（5）关于养成民生观念的故事诗歌：劳动节和有关农工运动的；有关造林运动、改良农业、工业运动的；有关提倡国货的；有关合作生产、合作消费的；其他。

（二）依据增长儿童阅读能力的原则，想象性的教材（如寓言物语等），和现实的教材（如自然故事、生活故事、历史故事等）应调和而平均。凡带有恐怖性的，应尽量避免。

（三）依据增长儿童阅读趣味的原则，尽量使教材富有艺术兴趣。其条件如下：

事实连接一贯而不芜杂；趣味深切隽永而不浅薄；叙述曲折生动而不枯窘呆板；措辞真实恳切而不浮泛游移；描写和事实应"一致的和谐"而不扞格不相称；支配奇特（如鸟与叫相搭配，便是平凡，鸟与唱歌或说话相搭配，便觉奇特），而使儿童不易直接推知；结构严密圆满而不疏散奇零。

（四）依据儿童心理，尽量使教材切于儿童生活。其条件如下：

以儿童或儿童切近的人物为教材中的主角；将抽象的大事，编辑成具体的片段事实；读了之后有工作可做，有事理可想象或研究；低年级应多用童话、诗歌和故事；依时令季节安排，以便随时教学，易于直观；文字深浅，恰合儿童程度。

（五）依据运用标准语学习语体文的原则，文字组织等，以标准语法为准；诗歌押韵等，以标准音韵为准。

"社会"学科强调知识的融合性，打破以时间为序的历史系统和以地域为序的地理系统，倡导将本国历史地理及文物知识和世界文明发展大事融合编为一个个"问题（专题）"，整合有关内容组织教学。教学用书也要适应这种内容整合化的专题教学，"例如关于服式的，可将历代服式，现在我国和各国服式，绘图立说，成为一套；关于陶瓷的，可将中外陶瓷的发明进化史，以及历代和现代陶瓷器图说，编为一套"。这种打破学科知识系统而以学习者为认知主体的"问题（专题）教学法"，今天仍有借鉴价值。

"自然"学科教学目标指出要"指导儿童理解自然界的现象，并养成其科学研究和试验的精神"，要"培养儿童欣赏自然、爱护自然的兴趣和道德"。该学科教学方法强调"由儿童亲身经验，是自然等科教学上的一大原则；除亲眼观察，亲耳听辨，亲身经历外，尤须亲手去做"。教学内容强调与学生生活实际相联系，特别突出了我国作为农业国的国情特点，将本地农作物、果树、蔬菜、鱼虾、家畜家禽、蚕丝、棉麻、大豆、茶叶等纳入教学内容。

"算术"学科，教学内容设置了心算、笔算和珠算三项。珠算是我国古代创造的独特的计算方法，被誉为中国第五大发明[①]。从小学习珠算，可以提高心算能力，有助于培养观察力、注意力和思维的敏捷性，还可以起到传承中华传统文化、培养民族自豪感的作用。该学科标准将珠算列为必修教学内容：三四年级每周开课六十分钟，要求学会二位数乘法；五六年级每周开课三十分钟，要求学会加减乘除四则运算的应用和"斤两法"。

---

① 2013年珠算入选联合国教科文组织人类非物质文化遗产名录。

算术学科强调教学内容要和学生的实际生活相联系，在"教学要点"中要求：

　　　　取材：第一二学年以日常食、衣、用品等问题为范围；第三四学年以食、衣、住、行，和学校作业、家庭经济等问题为范围；第五六学年以食、衣、住、行、学校、家庭、社会、国际等经济问题为范围；特别注重买卖找钱、折扣等的练习。

"劳作"学科提出要"发展儿童计划 ①、创造的能力"，在"作业类别"中，列出了"校事""家事""农事""工艺"等四项，内容十分丰富，强调学生自己动手"做"。该学科特别关注学生动手操作的过程，重在激励儿童创造力，在"教学要点"中指出，"第五六学年，固然应促进儿童严密应用工作 ② 法，以求成绩优良；但工作的经济 ③ 的过程，机巧的创造力，仍比优良的成绩为尤要"。过程重于结果，创造能力重于优良成绩，激励培养学生创新精神，这是十分难能可贵的。

"美术"学科提出单元教学的设计理念，指出"在可能的范围内，和劳作、自然、社会等联络成整个的单元教学。"同时强调"欣赏"、强调"发表"，让学生成为美术课的得益者和享受者，将学生为主体的理念落到实处。

"音乐"学科强调育人功能，指出"歌词要是儿童的文学，以鼓励儿童动作、奋兴个人感情、发扬民族精神的为主，不取训话或格言为材料"。

以上这些学科的特点和亮点，不仅在当时闪耀着教育的光辉，而且在

---

① 计划：这里是设计、谋划的意思。
② 工作：这里的意思是劳作，学生手工劳动。
③ 经济：这里的意思是耗费少而收效多。

今天看来仍然是很有借鉴价值的。

第五，该《课程标准》的施行办法体现了机动性和弹性，给予各地方以一定的变通处置的空间，并提出了一些很有价值的具体设想。如：加强教师进修和教学研究，组织编写地方教材、乡土教材，倡导不限于学科本位而"将需要的教材组织成相互联络的各个单元"的单元教学法等。

幼稚园小学课程标准施行办法

一、本标准颁布后，全国各小学应即一律遵照施行。但经教育部核准备案的实验小学，或因地方特殊情形，由主管教育行政机关，呈经教育部核准备案的，得酌量变通办理。

二、各地方对于本标准如有意见，应随时报告教育部，作为修改时的参考材料。

三、各省市施行本标准如因师资欠缺，不免窒碍难行；应即改进师范教育，并给予现有小学教员以进修和研究的机会。例如：

（1）利用假期或晚间余暇，由各地方教育行政机关，召集各校担任某科目的教员，予以关于某科目的基本知识和技能，并授以教学方法。

（2）由小学教员组织关于某种学科的研究会，研究练习关于某学科的知识和技能。

四、本标准颁布后，关于幼稚园小学具体课程，如教材要目、教学实例等，除国语、算术、社会各科的大部分，自然科的一部分，有教育部审定全国通用的教科书可资依据外，其余带有地方性及时间性而无教科书可资依据的，应由教育部指定若干省及行政院直辖市教育厅局，尽先延聘专家及实地研究者，组织委员会，各按时令及本地情形，分年分目，编成具体的教材要目、教学实例，适于乡村及都市的各二份以上，呈请教育部审核施行，并供各省市编订具体课程的参考。

五、本标准颁布后，关于地方性的补充教材，各县市教育局应即组织地方教材搜集委员会，依据本标准各科作业要项，搜集各地方实际应用的乡土教材，作为补充教材，呈请主管教育行政机关审核后，加入于具体教材要目中。

六、本标准各科学年作业要项，都用"论理的方法"排列，所以往往以学科为本位，自成系统，课程的编订应依生活、时令，用心理的排列方法，并将需要的教材组织成相互联络的各个单元。

七、课程的编订，各省市应依据标准所含的弹性，订定完备的和简易的两种或两种以上，以便城市、乡村或办理完善和未臻完善的各式小学遵用。

八、南洋等处华侨小学课程，应由当地华侨教育管理者及华侨教育会，和华侨学校代表，根据本标准，斟酌地方情形，分别编订，呈请教育部审核备案。

但是，该《课程标准》也存在一些明显的问题。

一是听取各方面意见不够充分。《课程标准》研制者虽然设计了一个试验研究阶段，但试验研究范围比较狭窄，征求意见时各地反应寥寥，试验一年期满，"各省、市并无意见呈部"。又延长试验期一年之后，提出反馈意见的也只限于江浙沪等少数几个经济发展较好的地区。这不仅反映出课程标准编制者囿于条件所限未能广泛深入调研基层学校，而且也从一个侧面反映出当时全国初等教育总体状况落后、教育教学总体水平偏低、教学气氛比较沉闷的实际情况。在征求意见不充分的薄弱基础上研制的课程标准，如何普遍适用于面广量大的城乡学校，如何为广大教师所理解接受并执行，如何深入教学第一线组织实施，就成为难题。这就必然导致该《课程标准》的实际施行会大打折扣，乃至变形走样。

二是未能顾及当时国情和不同区域之间的差异。该《课程标准》虽然注意到了城市、乡村以及贫富地区的不同，但是没有充分考虑到当时全国基础教育总体水平低下的实际情况和不同地区之间的巨大差异，包括学校布局和办学规模的极不平衡、基本设施设备的落后欠缺、师资队伍水平的参差不齐、学生家庭情况的千差万别等等，因此，许多规定要求过高、过于划一，难以施行达标。教育专家们良好的愿景不能代替严峻的现实，设置要求过高而划一的标准也就失去了作为规范的普适意义。

例如，幼稚园课程标准提出"静卧（即午睡）"的要求，并说"按英国新式幼稚园对于此点极为注重"，机械搬用外国经验，显然脱离了我国的实际情况。当时，不要说乡村学校，即使经济状况较优的城市学校，有几所学校能够为学生提供午睡的环境和条件？再如，小学音乐学科要求"曲谱采用五线谱，非万不得已，不用简谱。用五线谱教学的，绝对不得并用简谱。"这样的要求显然过于苛责。当时的实际情况是许多学校根本没有键盘乐器，具有专业水平的音乐教师也是寥若晨星，如何实现五线谱教学？

三是课程评价设计薄弱。编制一个完备的课程标准，包括调研、草拟、编订、审定、颁行、实施、评价、反馈诸要素。该《课程标准》愿景虽然良好，但是如何组织各地学校实施、如何评价施行效果，这方面的设计十分单薄。该《课程标准》没有单独编拟评价方案（包括评价的原则和办法、评价的组织实施及评价的结果反馈等），有关评价的一些元素往往散落在教学内容描述和教学方法设计之中，因而不能引起充分重视，这就会直接影响《课程标准》的施行效果。

四是课程资源建设未受到重视。该《课程标准》依照上位观念和理想愿景编订，设计了一套统一的标准。当时我国广大城乡地区的基础教育办学水平存在巨大差异，不同地区的学校、公立和私立的学校，办学条件几乎没有可比性。要施行一个全国统一的课程标准，必须有大致相同的必备物质条件和最基本的教育资源作为保障。缺乏必要的教学设施设备，缺乏数量足够的教师队伍，缺乏基本的教育资源，实施课程标准就会沦为空谈。当时，要编拟一个幼稚园小学办学硬件标准，又显然超出了该《课程标准》研制者的责任范围，因此，除了在教师进修、利用社会资源等方面提出一点零散的建议外，有关课程标准实施的硬件保证和资源建设便只能付诸阙如。这是历史条件所限，而不能求全责备于课程标准编制者们的。

总体来看，1932 年出台的《幼稚园小学课程标准》，秉承了中国古代教育的优良传统，吸纳了国外教育的先进理念，集中体现了当时我国基础教育界的理论水平和集体智慧，反映了当时我国教育工作者对国民教育的期望和愿景，给我们留下了一份值得研究借鉴的珍贵教育遗产。

附录一：参加编订 1932 年《幼稚园小学课程标准》有关专家名录

一、参与起草整理的专家名录

幼稚园课程暂行标准

甘梦旦　吴研因　金海观　胡叔异　俞子夷　马客谈

张宗麟　陈鹤琴　葛鲤庭　杨保康　蒋息岑

小学课程暂行标准

国语：吴研因　施仁夫　孙世庆　陈飞霞　赵欲仁

社会：任桐君　吴研因　金海观　季禹九　胡叔异

　　　胡宣明　马客谈　盛朗西　赵士法

自然：王莹若　朱聂旸　吴研因　李鼎辅　金润青

　　　胡宣明　马客谈　徐允昭　张雅焕　赵士法

　　　潘平之　蒋息岑

算术：沈百英　金桂苏　俞子夷　杨嘉椿

工作：王华国　尹伯丞　吴研因　周尚志　熊矗高

美术：宗亮寰　徐慕兰

体育：朱士芳　吴蕴瑞　沈寿金　孙徵和　杨彬如

音乐：何明斋　吴研因　陈郇磐　程懋筠　顾西林

全部参加意见者：朱经农　江景双　吴研因　沈百英　金海观　周尚志
俞子夷　胡叔异　施仁夫　马客谈　张宗麟　高君珊　孙世庆　曹守逸
雷震清　杨嘉椿　郑宗海

二、参与修订改正的专家名录

王晋鑫　江景双　朱文叔　朱葆勤　吴研因　沈百英　沈雷渔　李清悚
李晓农　易克橒　林端辅　胡叔异　胡颜立　施仁夫　俞子夷　马客谈
倪祝华　徐逸樵　翁之达　陈鹤琴　张国仁　彭百川　赵迺博　赵廷为
蒋息岑　郑鹤声　薛天汉　戴应观　谢树英　魏冰心　罗迪先　顾树森
赵钲铎　蒋子奇　王允功　唐学咏　萧友梅

三、参与编订完成的专家名录

全部课程标准参加者：

王晋鑫　吴研因　李清悚　易克橒　胡颜立　胡叔异　施仁夫　徐苏恩
马客谈　陈鹤琴　蒋息岑　薛天汉　顾树森

小学国语课程标准审核者：

周予同　夏丏尊　赵景深　顾均正　顾树森

小学公民训练标准参加者（除在京委员外）：

王万锺　沈子善

附录二：参与编订《幼稚园小学课程标准》的苏州专家简介

俞子夷（1886—1970），江苏苏州人。1901 年考入上海南洋公学。经蔡
元培介绍，先后任教新民学堂、爱国女学、芜湖公学、广明学堂等校。1909
年受江苏教育会派遣，与杨保恒、周维城同赴日本考察。辛亥革命后任江

苏省立第一师范附小（今苏州市实验小学）教师，后任附小主事。1913年，赴欧美考察小学教育。回国后仍回一师附小，从事小学算学教法研究，并受商务印书馆特约，主持编写《新体算术》等教科书。1918年至1926年，先后在南京高等师范、东南大学教育科任教授兼附小主事。1926年，任教于浙江省立女子中学师范部，并主持附小。抗战期间在湘湖师范任教。抗战胜利后重返浙江大学师范学院。1949年后，任浙江大学教育系教授，1951年后，任浙江省教育厅副厅长、厅长。

吴研因（1886—1975），江苏江阴人。1903年入上海半淞园师范讲习所学习。1906年毕业于上海龙门师范学校。民国初年，江苏省立第一师范附小（今苏州市实验小学）主事俞子夷聘他为该校教员，并合作编写一师附小全套教科书。吴研因编写的《新学制小学国语教科书》《小学历史自习书》由商务印书馆出版，发行全国。俞子夷调离一师附小后，吴研因继任主事。曾任国民政府教育部普通教育司司长。1949年后任教育部初教司司长、中学教育司司长。曾任全国政协第四届常务委员、中国民主促进会中央委员会常务委员。

施仁夫（1893—1983），名毓麒，江苏常熟人。1915年毕业于江苏省立第一师范学校。1918年考入南京高等师范。1921年毕业后历任一师教务主任、一师附小主事、苏州实验小学校长、苏州中学师范科教师、上海育英中学教师、江苏省教育厅第三科科长、无锡师范学校校长、新苏师范学校教师等职。1933年江苏省教育厅对施仁夫以"办学优良，关于实验上创导尤多"通令嘉奖。1952年调苏州新苏师范学校任教。自1922年始，施仁夫主持江苏省第一师范学校附小（苏州市实验小学）工作长达二十二年。

沈百英（1897—1992），又名菊泉，笔名石英、白丁，江苏吴县人。1918年师范毕业后回家乡小学任教。1920年，应吴研因邀请赴江苏省第一师范附小（今苏州市实验小学）任教，1925年任尚公小学校长，1927年被聘为商务印书馆编审，1956年任华东师大教育系教授、教法研究室主任。

薛天汉（1895—1973），江苏吴江人，毕业于江苏省立第一师范专科学校。20年代受聘于北平清华大学、厦门大学任国文教员。曾受中华书局、商务印书馆、世界书局等委托，编写全国小学算术教材多套。曾任南京教育部国民教育司第一科科长。1949年后，先后任苏州乐益女中语文教员、苏州市第一中学语文教研组长。1956年获"江苏省优秀教师"称号。

宗亮寰（生卒年及籍贯待考），1914年考入江苏省立第一师范。1917年毕业后留一师附小（今苏州市实验小学）担任美工教师。后被上海商务印书馆聘为教科书编辑。曾负责起草《新学制课程纲要小学形象艺术课程纲要》。1943年与同事合作创办基本书局。1949年后，宗亮寰代表基本书局参加上海少年儿童出版社筹备工作，并担任编辑部出版科科长。

顾树森（1886—1967），号荫亭，上海人。曾任中华职业学校首任校长，中华工商专科学校校长，国民政府教育部普通教育司司长、国民教育司司长，并兼任中央大学职业教育科教授。1949年后，任中华职教社上海分社主任，江苏师范学院（今苏州大学）教育学科教授、江苏教育科学研究所研究员，是江苏省第一二三届政协委员。

赵欲仁（1895—1965），字景源，张家港鹿苑人。早年毕业于江苏省立第一师范学校（今苏州中学）。1916至1920年，在省立一师附小（今苏州实验小学）任教。后任常熟县立第三高等小学（张家港市塘桥中学前身）校长、东南大学附小（南师大附小前身）主任、浙江省教育厅视察员、第四科科长等职。早年积极参加中华职教社活动，著作有《小学国语科教学法》（商务印书馆民国十六年九月初版）等。

永明同學，與生相處者一年於茲矣。師弟之情甚且俱長。者縱言別，臨歧黯然。蓍首道相捷之情，勗勵芬芳別後紫。之意。嗚呼，情之至者，本乎自然，豈徒言音所能盡也。

讀後能表我好音哉。貞不求諂而屑和世俗脂韋之態。又此默惆詞之時，復收拋磚引玉之慈光所望其此於惆詞待哉。

兄沈荣龄謹

柯青五首

高柳鳴蟬染紫君綠，舟車頻頓到來遲料知行李歸家日正是門閭

望子時三月促病製術業一朝戲絲傍庭煒融。閒蒂歡樂極

廟骨封吉難我太，持時愛門默列今異地苦相思，未免豐滿舊遠跑

宜好裁持瑞礼傳念外信夢魂難打眼前期別緒世殊越

君草慈門持喪，二蟑防庭智心到夢廬令到苦展

涼夜天開月靜夜正相一聲長笛人何處數數流去

鳳處天卻關角沉野，默漫採手妹菲宪嬟問君再與能酬

發曾爲勞又異第長，歌人別處...

憶昨引堂笑語同文流賞意沖談但須折膽沒人照自愁愁心

靈異地通跋足驛...思絕機稱心點鵡脫其龍丈夫事業真無

限不信栖...我道斗斛長折永妨願延意科河道新友勳熱

黑年詩成遠行折...折...料河斗斛長折南風佛午年閒青廟教珍重

名山業待其秋末細考量

苏州中学教师沈荣龄赠永明同学诗

循循善诱意真切　春风化雨铸师魂

——江苏省立苏州中学教师沈荣龄赠永明同学诗

撰文／董　铭

苏州教育博物馆近代馆有一件文档，该件共一页，长30.5厘米，宽27厘米，手刻黑色油印件，系1932年暑假江苏省立苏州中学教师沈荣龄先生赠永明同学的五首七言律诗。全文抄录如下（标点为编者所加）：

永明同学：

　　与生相处者一年于兹矣，师弟之情与日俱长。暑假言别，临歧①黯然。暮暮朝朝，辄复系念。率成七律五首，道相忆之情，勖②励学之志，兼及修己、事亲、保养身体之意。呜呼，情之至者奈难言。吾所欲言者，终无由为生道也。读后报我好音。或贵家长从而属和③也，俾④于寂寞寡欢之时，获收抛砖引玉之效，尤所切望矣！此致顺询侍祉⑤。

　　　　　　　　　　　　　　　　　　　　　小兄沈荣龄启

---

① 临歧：在岔路口送别分手。
② 勖（xù）：勉励。
③ 属和（zhǔ hè）：跟着别人唱和诗词。
④ 俾：使（达到某种效果）。
⑤ 顺询侍祉：信件结尾问候语，适用于父母健在、承欢膝下者。

附诗五首

其一

高柳鸣蝉漾碧丝，舟车颠顿到来迟。

料知行李归家日，正是门闾^①望子时。

三月埋头亲术业，一朝戏彩^②傍庭墀^③。

融融闺幕欢无极，愿得封书报我知。

其二

忆昨黉门^④赋别离，到今异地苦相思。

习飞燕未毛丰满，致远驹宜好护持。

珰札^⑤浪传^⑥云外信，梦魂难订眼前期。

回廊曲曲新苔遍，碧草愁心日夜滋。

原注：二字房宿舍周以迴廊，今则苔痕上阶，而庭间碧草怒苗矣。

其三

凉夜天高月露滋，豆棚瓜架正相宜。

一声长笛人何处，数点流萤风乱吹。

却傍邻翁谈野话，偶携弟妹作儿嬉。

问君高兴能酣发，曾否劳劳念汝师？

---

① 门闾：里巷的大门，这里指家门。
② 戏彩：出自《艺文类聚》卷二十引汉刘向《列女传》："老莱子孝养二亲，行年七十，婴儿自娱，著五色彩衣。"后用为孝养长辈之典。
③ 庭墀 (chí)：屋前台阶。
④ 黉 (hóng) 门：校门。黉，古时对学校的称谓。
⑤ 珰札："玉珰缄札"之省，指书信、诗札。
⑥ 浪传：随便传布，任意流传。

其四

忆昨升堂^①笑语同，奇文欣赏意冲融。

但须肝胆逢人照，自觉心灵异地通。

踠足^②骅骝思绝域^③，称心鹦鹉脱樊笼^④。

丈夫事业真无限，不信栖栖^⑤我道穷^⑥。

其五

点笔诗成远寄将，未妨纸短意偏长。

析疑料得逢新友，骤热如何送夕阳。

扫榻^⑦窥书书足乐，南风拂午午闻香。

愿教珍重名山业^⑧，待与秋来细考量。

这封老师写给学生的信，纸短情长，情真意切。

正文部分，沈先生交代了和永明同学相处已有一年多，师生关系恰似兄弟之情，与日俱增，以致于在暑期临别之际不忍分别，莫名伤感。因为日夜想念，所以沈先生作了五首律诗，赠予永明同学，一方面是回忆师生之情，另一方面也是勉励其在假期能够始终保持励学之志，兼顾修身养性、孝顺父母、保重身体。沈先生想说的很多，但是也无法一一在信中道明，真是

---

① 升堂：比喻学问技艺已入门。
② 踠足：马曲腿举蹄，意欲奔驰。
③ 绝域：极其遥远的地方。
④ 樊笼：鸟笼，比喻受限制、不自由的境地。
⑤ 栖栖：四处奔走，无暇安居的样子。
⑥ 道穷：穷途末路。
⑦ 扫榻：表示欢迎客人。
⑧ 名山业：指不朽的著作。出自《史记·太史公自序》："藏之名山，副在京师，俟后世圣人君子。"

言有尽而意无穷。

附诗五首，每首诗各有侧重点。

第一首，沈先生讲到了"事亲"，他料想永明与父母双亲久别重逢的欢乐场景。正值暑假，蝉鸣声声响，忽觉夏日长。舟车劳顿回到家中，父母倚门而望，其情殷殷。三个月的勤奋学习之后，终于又回到父母身边，畅享天伦之乐。

第二首，沈先生讲到了往日校园生活，师生相处之点点滴滴历历在目，如今两人却异地分隔，相思难遣。永明恰如学习飞翔的小鸟；又如正在成长的千里马。老师的书信从遥远的云外送达学生手中，师生于梦中相见却不能订下相见之期。学校回廊曲折，长满了青苔，想念思虑之心就像这碧草一样日夜滋长。

第三首，沈先生设想夏夜傍晚永明同学与弟妹纵情嬉戏的情景。夏天的夜晚，悠长而热闹：有满天的繁星，有美妙的虫鸣，有悠远的笛声，有闪烁的流萤。时而与邻家老人闲话漫谈，时而与弟妹嬉闹玩耍，好不痛快。此时此刻，沈先生对分别数日的永明同学不禁心生思念，试问学生是否也同样想念老师呢？

第四首，沈先生不忘敦促永明同学修身立己，表达了一位老师对学生的期望。沈先生回想起和永明同学共同赏析奇文佳作，切磋学问。双方在思维、观点、见解、理想、追求、感受、品味、爱好、兴趣、交际、学识等诸多方面能同声相应、同气相求，既然赤诚相见，自然心有灵犀。沈先生期望永明同学能不断提升自身修养，成为脱出樊笼的鹦鹉，成为驰骋千里的骏马，早日学有所成。

第五首，沈先生表达了自己虽然只是赋诗五首，然而纸短情长，意犹未尽。料想在假期中，永明同学一定会有新朋友一起阅读美文、探析疑义，度过漫长而炎炎的夏日。暑假里迎迎客、看看书，享受夏日凉风习习带来的书香之乐。司马迁著成《史记》，自谓将藏之名山，期望永明同学珍重假期里的时间，发愤图强，学习司马迁修《史记》的精神，也成就一番有益于社会的事业。

这件藏品，有三点值得我们细细品味。

其一，一所名校必然有传承历史文化的优良传统，必然有厚实的文化积淀。

苏州中学创办于 1904 年，历史可追溯到公元 1035 年北宋政治家、文学家范仲淹在此创办"府学"。苏州府学是宋代历史上规模最大的官办地方学府，聘请著名教育家胡瑗担任掌学，一时名师荟萃、声名鹊起。苏州府学是中国历史上最早的地方官办学校之一，号称"东南学宫之首"。1713 年，清代理学家张伯行在苏州府学中创设了"紫阳书院"，办学功效获得了康熙、乾隆、同治三帝赐匾嘉勉。1904 年 12 月 7 日，江苏巡抚端方改办苏州府学为江苏师范学堂，国学大师罗振玉任监督，王国维任教习，苏州中学百十年的新学历史由此开启。

历经千年，风起云涌，在姑苏城南这片钟灵毓秀的土地上，从府学、书院、新式学堂到苏州中学，血脉灌流，弦歌不辍，薪火相传，桃李芬芳，"劝天下之学，育天下之才"，开吴下风气之先。这就是苏州中学独有的文化底气。

其二，一所名校必然有一支善于"传道、授业、解惑"的优秀教师团队。

教师是立教之本、兴教之源。一个人遇到好老师是人生的幸运，一所学校拥有好老师是学校的光荣，一个民族源源不断涌现出一批好老师则是国家的希望。苏州中学的教师队伍堪称人才济济、雄冠教坛，苏州中学办学伊始就聘请了当时国内一流的专家学者担任教职，汇聚了国学大家钱穆、语言学家吕叔湘、历史学家吕思勉、美术大师颜文樑等著名学者，他们的言传身教奠定了苏州中学优良的校风教风。

沈荣龄先生也是该校优秀教师团队的成员之一。爱是教育的前提，教师要用爱心唤起学生，使其萌生真善美的种子。教育的本源就是教人唯真、求善、赏美，三维相辅相成，缺一不可。教育工作者应该做学生精神家园最深情的守望者。从这五首七言律诗中，我们真切地感受到沈荣龄先生"爱生如子"的可贵精神。沈先生为了让学生有更好的发展，即便是暑假放假期间，也不忘言传身教。

东晋史家袁宏有句名言："经师易遇，人师难遭。"后来司马光把这句话写进了《资治通鉴》。经师，是授业解惑的知识传授者；人师，是以身作则的道德持守者。沈荣龄先生就是以"经师"兼"人师"的标准来要求自己的。他传递着一种家庭美满、身体健康、人际和谐的非物质非狭义的幸福观，同时也传递了一种从自身发展中获得自信、获得成功、达成目标、实现理想的积极的人生观，这正是苏州中学师生的共同追求和愿景。

这种以职业快乐、事业成功、人生幸福为内涵的价值观教育，体现了当年苏州中学教师团队的精神面貌和整体素质，他们秉持着对未来的虔诚期盼和庄严许诺，以坚定的姿态耕耘在这片孕育希望的文化沃土上，引导学生自己创造更为灿烂的明天。

从沈先生对永明同学的期许中，我们也可以推测，永明同学也一定已在学校舞台上崭露头角。千年的历史庭院培养了一批又一批优秀学子，他们立定自身、修身事亲两不误；他们立定中国、看懂世界、彰显精英本色。

其三，一所名校必然有良好融洽的师生关系。

孔子说："有教无类。"教育对象不分等级、地域、品行，一视同仁。教育内容和教育方式无所不有，灵活多样。一流的学校素以培养造就一流人才为己任。在沈荣龄为代表的苏州中学教师们看来，好的普通高中教育，应该把学生培养成君子，在学识、能力上要达到"君子不器"的地步，看似没有什么专长，却可以向所需要的一个方向发展，成为社会需要的任何一类人才。只要学生有学习上进之心，都应该给予其教育，都应该全心全意地把他们教好，帮他们断恶修善。

以教化众生、利益天下为己任，苏州中学培养了一批又一批推进社会历史发展走向、为构建美好世界而努力的时代精英，以及一批具有国际竞争力的拔尖创新人才。

好的教育，不仅表现在教育的开端，更体现在教育的全过程中。《礼记·学记》有云"亲其师，信其道"，如果学生和教师关系亲近，则学生对教师的言行持信任、肯定、理解、感佩的态度，教师对学生才会有一种内在的感召力、亲和力，教育教学才能产生积极有效的影响。

沈先生的信，只字未涉及知识的传授，却充分考虑到学生的感受和想法，深入到学生心中，推心置腹与学生讨论学习、交友、事亲等，亦师亦友，让永明同学感受到师爱的温暖。正值青春期的青少年，迫切希望老师在尊重他们日益增长的独立性的前提下，给予他们人生之旅以真诚的指导和帮助。沈老师对永明同学的师爱，正如一股清泉，倾注在学生的心田。

沈先生于永明同学，不仅是老师，更是兄长。先生注重学生学习教育的同时，不忘推进学生多元发展，鼓励学生锻炼体魄，投入生活实践。两者之间不仅有一般的教育与被教育的关系，还有因情感的交往和交流而形成的心理互助关系，双方在一定的情感氛围和体验中，实现着情感信息的传递和交流。这样一种师生关系，可以使得教师和学生相互促进、彼此成就，这样的相互影响、共同发展，不失为一份双向奔赴的欢喜。

"夫仁者，己欲立而立人，己欲达而达人。"（《论语·雍也》）所谓仁德的人，应该是自己有所作为，也使别人有所作为，自己事事通达也帮助别人通达。以矢志不渝的初心，践行教育的诺言，用一个灵魂唤醒另一个灵魂，成为学生成长的"摆渡人"。从沈荣龄先生写给永明同学的赠诗，我们看到了教育人的循循善诱、为人师表；看到了求学者的刻苦勤奋、求实奋进；

看到了"亦师亦友""良师益友"的师生关系；看到了以苏州中学为代表的苏州教育坚持立德树人的优良传统。

　　短短五百多字的书信，墨淡纸黄，已远至一个世纪。今日看来，却依然灵动光耀。

张一麐手书对联

夫子自道言心声

——介绍张一麐一副手书联语

撰文／谷公胜

　　本馆收藏有张一麐真书大字对联"洒禄仁兄雅赏　元方所行高于一世　仲长之乐极于百年　仲仁张一麐"。该联书写于红色洒金纸，尺寸30厘米×148厘米。

　　张一麐（1867—1943），著名爱国人士。字仲仁，号公绂，别署民佣、大圜居士，江苏吴县人。据黄炎培《张仲仁先生传》，其父是彝，光绪庚辰进士，官直隶正定县知县。兄弟三人，为一夔、一麐、一鹏。一麐"幼颖异，被誉为神童。年十二入县学为诸生。光绪壬午年十六，中江南乡试副贡。乙西年十九，中顺天乡试举人。文名溢吴下。尝自课弟云抟一鹏读。岁癸巳一鹏亦中式江南乡试。戊戌政变，兄弟相偕就苏城，创苏学会，倡新教育以应之。辛丑壬寅间，先生受四川学政吴蔚若郁生聘，入蜀襄试。癸卯年三十七，江苏巡抚恩寿、陕西学政沈卫均以先生名保荐，应试经济特科。试卷为张之洞激赏，置第一。揭弥封，则赫然先生名也。"

　　1911年武昌起义爆发，张一麐在苏州力劝江苏巡抚程德全脱离清朝独立。民国初年袁世凯任大总统期间，张一麐历任总统府秘书长、机要局长和教育总长等职。袁世凯拟称帝时，"君方任机要局长，曰：殆矣！不知其玷也！"当时，"先生入谏，反复陈利害。政事堂会议筹备大典，独起立直斥。

才发言，武人举枪怒目之。国务卿徐世昌遽起，牵先生衣曰：仲仁随我来！先生色然出，立辞机要局长。"（《心太平室集·唐文治序》）

张一麐隐退家乡之后，"杜门不复谈国政，然遇地方重要事故，仍挺身代表人民与权阀奋斗"。张一麐曾历任华北五省灾区协济会总务主任、江苏同乡水灾筹赈会理事、吴县义务教育期成会会长、全国国语运动大会副会长、苏州工巡捐局正董、中华职教社议事员、全国国语教育促进会副会长、吴县民政局局长、甪直罗汉寺保存唐塑委员会委员、苏州拒毒会主席等社会职务。1931年"九一八"事变后参与组织江苏省国难救济会。1932年"一·二八"淞沪抗战爆发后，组织治安会，募捐慰劳前线十九路军将士。1937年"八一三"事变后，与李根源倡议组织"老子军"，奋身抗日。旋任吴县难民救济会主任、吴县国际救济会中方委员长，亲赴前线劳军，组织安葬抗战阵亡将士，设置难民事务所。1940年当选陕甘宁边区新文字协会名誉理事。

张一麐热心苏州地方公益事业，带头捐款开办公共图书馆。现苏州大公园和体育场的格局，即出自他的设计。他力促民国《吴县志》出版，并为县志作序。他热心地方教育，出任多所学校董事，为振兴教育而奔走呼吁。张一麐还是改革汉字、推行注音字母的倡导者和践行者。

黄炎培《张仲仁先生传》记载了这么一件事：张一麐兼任天津河防同知时，一天部下捉到一个小偷，小偷诉说是苦于饥寒交迫不得已而行窃。张一麐心生恻隐，就给了点钱，让他回去做个小生意养活自己。没几天，这小偷又被捉拿了。询问之下，小偷说前几日给的钱，一下子就花光了。张一麐说这也情有可原，稍加责罚之后，就又给了些钱打发他回去。没想到过了数日，这小偷又被捉拿了。张一麐遂命手下把他送进牢房。这小偷伏地不起，忽然哭泣呼叫其母。再加询问，小偷说："我死不足惜，可是母亲年过七十了，我一天不回去，母亲就要一天挨饿。"这事传到了后堂，张一麋的母亲吴太夫人把张一麋叫进去，关照多给点钱。张一麋遵从母命，仍然把这小偷给释放了。最后这人终于改邪归正。张一麋对贫民疾苦素怀恻隐之心，于此可见一斑。

大致了解张一麋的生平及其所作所为，可以帮助我们理解这副联语所寄托的情怀和志趣。

这副对联，上联下联分别说的是两位历史人物。

上联说的是陈元方。陈元方（129—199），名纪，字元方，颍川许昌（今河南许昌）人，陈寔的长子。陈元方与父亲陈寔、弟弟陈谌（字季方）当时并称为"三君"。董卓入洛阳，就家拜五官中郎将，陈元方不得已而到京师，累迁尚书令。建安元年（196），袁绍为太尉，欲让于纪，纪不受。拜太鸿胪，卒于官。

南朝宋刘义庆所撰写的《世说新语》，其内容主要是记载东汉后期到魏晋间一些名士的言行与轶事。在《世说新语》里，有八条记载了陈元方的言行。上联说的"元方所行"，即来自《世说新语》。兹录三则，可见陈元方的聪颖早慧和个性品格。

第一则《陈太丘与友期》。

陈太丘①与友期行②，期日中，过中不至，太丘舍去，去后乃至。元方时年七岁，门外戏。客问元方："尊君在不？"答曰："待君久不至，已去。"友人便怒："非人哉！与人期行，相委而去。"元方曰："君与家君期日中。日中不至，则是无信；对子骂父，则是无礼。"友人惭，下车引之。元方入门不顾。

———————

① 太丘：地名，在今河南永城。元方父陈寔曾任太丘地方官，后世称"陈太丘"。
② 期行：相约同行。

第二则《陈元方候袁公》。

陈元方年十一时，候袁公^①。袁公问曰："贤家君在太丘，远近称之，何所履行？"元方曰："老父在太丘，强者绥之以德，弱者抚之以仁，恣其所安，久而益敬。"袁公曰："孤往者尝为邺令^②，正行此事。不知卿家君法^③孤，孤法卿父？"元方曰："周公、孔子异世而出，周旋动静，万里如一。周公不师孔子，孔子亦不师周公。"

第三则《宾客诣陈太丘宿》。

宾客诣陈太丘宿^④，太丘使元方、季方炊。客与太丘论议，二人进火，俱委而窃听。炊忘著箪^⑤，饭落釜中。太丘问："炊何不馏^⑥？"元方、季方长跪曰："大人与客语，乃俱窃听，炊忘著箪，饭今成糜^⑦。"太丘曰："尔颇有所识不？"对曰："仿佛志之^⑧。"二子俱说，更相易夺^⑨，言无遗失。太丘曰："如此，但糜自可，何必饭也！"

《世说新语》是魏晋时代士人生活的生动写照，是当时士族阶层生活方

---

① 候：拜望。袁公，袁绍。
② 邺令：邺城县令。邺城，在今河北临漳。袁绍曾任邺城地方官，后封邺侯。
③ 法：效法。
④ 宿：过夜。
⑤ 箪：蒸食品的竹箅。
⑥ 馏：隔水蒸。
⑦ 糜：粥。
⑧ 仿佛志之：大概能记得。
⑨ 更相易夺：相互纠正补充。

式和精神面貌的生动反映，对后来的中国文学、思想文化和知识分子的精神生活产生了深远的影响。宗白华在《论世说新语和晋人的美》中说："汉末魏晋六朝是中国政治上最混乱、社会上最痛苦的时代，然而却是精神史上极自由、极解放，最富于智慧、最浓于热情的一个时代。"（转引自王能宪《忘机斋文集·魏晋时代的画卷》）

魏晋时代士人的德行、情操、器识、风神、气度、才华、智慧乃至容止，对后世影响深远。在这些士人身上所体现出来的魏晋风度，构成了一种重要的特殊的文化现象，成为一个标志时代精英价值判断和审美追求的人文符号；并经过一代一代知识分子的吟诵、演绎、播扬，成为中华传统文化和中华美学精神的重要组成。《世说新语》中的故事，不仅是后世诗文创作经常引用的语典，而且成为很多知识分子自身言行的榜样、人生样貌的楷模，乃至安身立命的精神依托。例如宋代诗人黄庭坚酷爱此书，甚至"离《庄子》《世说》一步不得"。钱钟书在《谈艺录》中说："山谷熟于《世说》，为作诗渔猎之资，此宋人之公言也。"中国历代知识分子之所以对《世说新语》情有独钟，将魏晋士人言行奉为圭臬，盖源于"魏晋南北朝之士大夫尤多儒道兼综者，则其人大抵为遵群体之纲纪而无妨于自我逍遥，或重个体之自由而不危及人伦之秩序也。"（余英时语，转引自王能宪《忘机斋文集》。）

纵观张一麐一生，从清末到民国，历经时代风云变幻，身处显宦平民两端，人在进退显隐之间，能够儒道兼综，积极用世与独善其身相得而兼，始终恪守初心。"达而在朝，退而里居，其有所言、有所行，则为民为国而已矣"（黄炎培《张仲仁先生传》）。唯其如此，《世说新语》所言故事正是"于我心有戚戚焉"。因而书中典故轶事娴稔熟于心，信手拈来。特别是上联所说陈元方，张一麐更视之为隔代知音。张一麐出身官宦之家，受到良好的家风教养，与陈元方家庭出身有相同之处。张一麐幼时有神童之誉，十九岁中举，"文名溢吴下"，和同样早慧的陈元方，自然更是心有灵犀、惺惺相惜。上联言说元方所行，其实也是自表心迹，既是对元方所行的首肯，也是信心满满的自许。

下联说的是仲长统。仲长统（180—220），字公理，山阳郡高平（今山东邹城）人。东汉末年哲学家、政论家。仲长统少年时便聪颖好学，博览群书，长于文辞。他才华过人，品格卓异，个性豪爽，洒脱不拘，敢直言，不矜小节，时人称为狂生。汉献帝时，尚书令荀彧闻其名声，举荐他为尚书郎。后曾到丞相曹操麾下，但未受重用。仲长统的思想和才华集中表现在所著《昌言》之中。

下联所说"仲长之乐"，指仲长统所奉行的隐居避世、清心寡欲、追求精神自由的养生之道。仲长统认为："凡游帝王者，欲以立身扬名耳，而名不常存，人生易灭。优游偃仰，可以自娱，欲卜居清旷，以乐其志。"而今人不像古人那样长寿，是因为"所习不纯正"。

仲长统生动地描绘了自己的人生理想，形象地诠释了一种隐居避世、养性保寿的理想境界：

> 使居有良田广宅，背山临流，沟池环匝。竹木周布，场圃筑前，果园树后。舟车足以代步涉之艰，使令足以息四体之役。养亲具兼珍之膳，妻孥无苦身之劳。良朋萃止，则陈酒肴以娱之；嘉时吉日，则烹羔豚以奉之。蹰躇畦苑，游戏平林，濯清水，追凉风，钓游鲤，弋高鸿。风于舞雩①之下，咏归高堂之上。安神闺房，思老氏②之玄虚；

---

① 风乎舞雩：在舞雩台上吹吹风，指一种逍遥无拘的情态。见《论语·先进》《子路曾皙冉有公西华侍坐》。
② 老氏：老子，姓李名耳，字聃，春秋时期思想家、哲学家、文学家和史学家，道家学派创始人。

呼吸精和，求至人之仿佛①。与达者数子，论道讲书，俯仰二仪②，错综③人物。弹南风之雅操④，发清商⑤之妙曲，逍遥一世之上，睥睨天地之间。不受当时之责，永保性命之期。如是，则可以凌霄汉、出宇宙之外矣，岂羡乎入帝王之门哉！

这样的人生哲学和养生理念，对于曾为政界高官、后为民间乡宦的张一麐来说，无疑是一剂最好的抚慰心灵的精神良药。看透功名利禄，不羡荣华富贵，安贫乐道，修身养性，逍遥旷达，自得其乐，这种人生状态，折射出"达则兼济天下，穷则独善其身"的人生信条。

张一麐退隐之后，并不是真的安闲隐居，不问世事。他仍然秉持着救世济人的初心，热心社会公益，建言谋策，执笔为文，慷慨解囊，为国家大事和桑梓文化教育做出了积极的贡献。特别是国难当头之际，他奋然而起，与李根源共同倡议组织"老子军"，激励民众抗日志气，显示了一个有良知、有操守的知识分子的可贵襟抱。

联语的受赠者"迺禄仁兄"，当是与张一麐志趣相投的好友。张一麐书赠这副对联，既是知友沟通，也是夫子自道，借赞扬古人言行，来表达他自己的人生观、价值观和苦乐观。

---

① 仿佛：相似、相近。
② 二仪：指天地。
③ 错综：这里有归纳综合、研究评价的意思。
④ 弹南风之雅操：弹奏《南风》那样的高雅乐曲。《礼记·乐记》："昔者舜作五弦之琴，以歌《南风》。"操，乐曲。
⑤ 清商：商声，古代五音之一，其调凄清悠远。

苏工专纪念刊书影

苏州工专校友录书影

时光里的苏工专
——《苏工土木科民卅级毕业纪念刊》《苏工校友录》浏览

撰文/董　铭

　　苏州教育博物馆有两件关于苏州工专的文档——《苏工土木科民卅级毕业纪念刊》和《苏工校友录》。

　　《苏工土木科民卅级毕业纪念刊》，该刊开本尺寸19.5厘米×26厘米，共一百四十六页，咖啡色漆布面精装本，封面烫银隶书刊名"苏工土木科民卅级毕业纪念刊"十三字，出刊时间民国三十年（1941），题署者为马公愚[①]。

　　从"目录"可见该刊基本内容包含"序言""摄影""师墨""作品""临别赠言""编后""通讯录""广告"这些部分。

　　综合起来看，可以从中了解到"苏工"的校史沿革、师资状况、教育教学成效等。

一、校史沿单

　　"序言"部分，包含"校史级史"篇。其中"校史述略"部分内容引录如下（原文无标点，标点为编者所加）。

[①]　马公愚（1890—1969），浙江永嘉人，著名书法家、国画家、篆刻家。

（一）名称之沿革　元年①五月都督程公②布就前清官立中等工业学堂并入苏省铁路学堂，定名"江苏省立第二工业学校"，十二年更名"苏州工业专门学校"。十六年九月以学制变更省校改组，至二十一年四月复校更今名。

（二）校长之更代　元年五月都督程公委任刘勋麟为省立第二工业学校校长，四年八月刘校长丁内艰③乞假奉省令给假两月。校务由土木科主任华毓鹏兼代，十月刘校长假满到校视事。八年十一月，刘校长奉省派赴欧美考察教育实业，校长职务呈请由纺织科主任邓邦逖兼代。九年五月代理校长纺织科邓主任因病乞假，代理校长职务呈准委教务主任沈慕曾兼理。九月代理校长邓邦逖销假视事。十二月刘校长参观欧美教育并考察工业事竣回国，到校视事。十二年八月学校升格，省聘刘勋麟为苏州专门学校校长。十四年八月刘校长因就省教育经费管理处科长职，呈请辞职。省聘邓邦维任校长。十八年开染织职业科，由中央大学工学院副教授前工专校长邓邦逖兼任校长。二十一年复校，奉教育厅委任邓邦逖为苏州工业学校校长。

从上述引文可知该校二十一年间校名沿革和校长更代的具体情况。

"江苏省立苏州工业专门学校"又称"苏州工专""苏南工专"，创办于1907年，时名江苏官立中等工业学堂，是一所公立理工类专科学校，校址在苏州可园。（可园，又名"近山林"，是苏州一处著名私家园林。最早是南宋抗金将领韩世忠宅邸，后曾为清乾隆时著名文人沈德潜私园。）1911年该校并入苏省铁路学堂定名"江苏省立第二工业学校"。1923年9月学校升

① 　元年：指民国元年，1912年。后引文中纪年均同此，为民国纪年。
② 　都督程公：时任江苏都督程德全。
③ 　丁内艰：即丁母忧，指母丧。

格更名为"江苏公立苏州工业专门学校"。1937年抗战爆发，内迁常州后又迁至上海。1940年复名江苏省立苏州工业专科学校。1945年9月抗战胜利后回苏州复校。1949年4月27日苏州解放，人民政府接管苏工专。

江苏省立苏州工业专门学校，以教授高等专业技术、培养工业专门人才为宗旨，以"工业尚精神，莘莘学子努力镞前程；物质文化进步兮无量，吾校之光荣"为校训，先后设置过土木、机织、染色、应用化学、纺织、建筑、机械等科及烛皂、皮革、工程测绘、丝织纹工、染织等职业班，共有毕业生两千二百多人；并代办三角地形图报等速成班，毕业生一百四十余人。

1953年全国高等院校调整，该校撤销，纺织科并入华东纺织工学院（今东华大学），土木建筑类专业参与组建西安建筑工程学院（今西安建筑科技大学），铸造专业并入山东工学院（后并入山东大学），其他各科迁至西安参与组建西安动力学院（后并入西安交通大学）。"苏工专"最后一届学生到调整后的学校读书毕业。

"校史述略"之后是"级史"部分，专为级部历史做记载，这在一般纪念刊中很少见到。由这段历史可以了解到，当时苏州工业专门学校因战事由苏州迁至上海，因校舍屋宇狭小，上半日课程。本级同学由原来的三十六人增至六十余人。在校就读期间，土木科主任沈宾颜先生因肺炎逝世，学生悲痛不已。文中还提及民国二十九年（1940）春，学校组织参观团向外界接洽参观，并发起乒乓比赛棋类比赛等各项活动。这些活动是特殊环境中非常时期的"意义集会"，本级同学之间借阅书籍、互通有无，受益颇丰。

二、师资状况

"摄影"部分呈现的是执教民卅级的教职员肖像照片，有校长邓著先（邦逖）先生、土木科科主任裴冠西先生、前土木科科主任沈宾颜先生以及其他教职员。

"师墨"部分刊录的是本刊顾问及教职员的作品。第一篇是朱锡璇的《会稽沈宾颜先生传》，从中可知沈先生是同事们和学生们的好榜样、好伙伴，是一位颇具人格魅力的先生。

第二篇是《临别苏工土专科民卅级同学赠言》，文中讲到"际此抗建期中，工程上之需要，尤倍重于平时，即他日战事结束，百端待举，无一非土木工程界是赖"，可见老师对学生的殷殷期盼。

苏工专是中国近代教育史上第一个拥有专科学制的建筑学专业高等学府，前后存在了近半个世纪。翻开该校史册，有许多教职员的名字，无论在当时还是现在，都令人肃然起敬。

邓邦逖，教育家和纺织专家。一生艰苦办校，严勤治学。他实行开门办学，主张学校与社会密切联系，为工厂定向培养技术人才。自1925年8月担任该校校长来，为学校的生存与发展呕心沥血，贡献卓著。1951年该校改称"江苏省立苏南工业专科学校"，仍委任邓邦逖为校长。

姚承祖，清末营造专家，在该校工程系任教。苏州许多住宅寺庙园林均出自他的手笔。晚年的姚承祖在祖父《梓业遗书》的基础上结合建筑实例，绘制《补云小筑图》，著有《营造法原》初稿，为研究江南民居建筑提供了重要的参考资料。

虞炳烈，毕业于巴黎美术学院建筑科里昂分校，1930年获法国"国授建筑师学位"，学业出类拔萃，曾获"最优学位奖"等二十余项奖励。

有建筑界"三士"之称的刘敦桢（字士能）、柳士英、朱士圭于1923年在苏州工业专门学校创办了建筑学专业学科，是为我国建筑教育肇始。

胡粹中，1922年与颜文樑、朱士杰等创办暑期图画学校(后改称苏州美术学校、苏州美术专门学校)。曾任苏南工业专科学校建筑科主任，华东艺专、江苏师范学院、西安冶金建筑学院等校教授。

潘承圻，江苏吴县人，著名造纸专家，麻省理工学院造纸工学学士，缅因大学造纸工程硕士。回国即在苏州工专任教。

王守则，中国近代物理学翻译第一人王季烈次子，住苏州阔家头巷，著名园林网师园原为其家族所有。解放后被聘为苏工专土木科主任。

三、教学成果

"作品"部分，主要是科研论文、心得随笔等，有趣、有情、有感、有义，品之百般滋味。

首篇《Design Of Modern Ideal Home》，作者张振邦、汪福民、周宏达，是关于理想房屋的建筑设计。全篇英文论述，辅以精致作图、数学运算推导、表格呈现。思维缜密、科学规范、设计大胆前卫、论述有理有据，让人眼前一亮，惊叹苏工学生的造诣。

第二篇是马汉章的《制图须知》，从制图设备及其用法探讨制图。如制图必须用到图纸、印图纸或布、绘图板、丁字尺、三角尺、铅笔、橡皮、墨水等这些基本设备，都有特定的用法和需要注意的细节，该文均一一详加陈述。

接着是马汉章和陶孝沅的建筑学专业文章《展伸柱基之挤压面积》，作者标注英文翻译，就专业术语加以详细说明，深入浅出，通俗易懂。

蒋式彰《数字的奇迹》一文读来引人入胜，"这些美丽的数字奇异的数字谁见了不会惊异吗？"一句反问导入，激发了读者的兴趣。全文乍看仅是很多数字、算式的罗列，看来很简单，却让人不由发出感叹，这些数字真是美丽而又奇异啊！

"作品"部分除了专业文章，还有文史类文章。

周宏达的《三年来之回顾》按时间顺序写，第一学年讲苏工是偏重于工业的专科学校，既有专门学科，又有基础学科，就绘图而言，是需要花费大量的时间的；第二学年讲任何学校中第二学年的重要性，也是每个同学必经严格训练的阶段，功课忙碌，没有喘歇的时间；第三学年讲苏工教师尽心指导，学生专心学习，有始有终，坚持不懈。

龚七言的《毕业后的趋向》，表明了自己的志向，即"认清责任""努力不懈""辨明环境"。这既是作者的心声，也代表了全体民卅级毕业生的心声。

当时的苏工专，走出校园、走向社会、参观访问也是一种学习的方式。汪福民的《参观上海金都大戏院建筑工程小记》写道，"本级（民卅级）同学为课程方面的需要和领略工厂实际工作的情形起见，所以发动了参观金都大戏院全部建筑工程的动机"。民廿八级学长陆绪永的《禄丰三月记》，记录了云南禄丰当地的城廓、气候、原始的买卖形式、漂亮的驼马、胜地、饮食文化等，开阔了学子眼界。

这些学生作品，涉及范围广，既有专业性知识，又有通识性见闻；既有专人专作，又有多人合作；既有文字表述，又有图表数据；既有本级学生作品，又有往届学长作品，呈现形式可谓丰富多样。

苏工专优秀的教职员培养了苏工专优秀的学生。该校毕业生很多都成为我国土木、纺织等领域的领军人物。在纺织领域，苏工专的毕业生占有半壁江山，其中有纺织界权威，有业界标准和规范的制订者。在建筑、机械、铁路等行业，该校毕业生在全国各地承当了基础建筑领域拓荒牛的角色，其中很多人进入水利处、工程处、公路局、建设厅、建设局、铁路局等机构，为我国基础工程建设做出了贡献。

中国理论物理奠基人王守竞，被物理学泰斗吴大猷称为"绝顶聪明的人"，被科学出版社副总编辑胡升华称为"事实上是中国第一个取得世界级理论物理成就的人"，王守武、王守觉两位院士为其兄弟。

刘靖基，曾任全国政协副主席、中华全国工商联合会名誉副主席，是中国老一辈民族工商业者的杰出代表。

吴作人，1926 年入苏州工业专科学校建筑系，后师从徐悲鸿。曾任中央美术学院教务长、副院长、院长、名誉院长，中国美术家协会副主席、主席，中国文联副主席。

王净，开国中将，1924 至 1927 年在苏工专读书时名吴人鉴。黄埔军校第六期生，1934 年加入中国共产党。历任中共第十、十一届中央委员，解放军副总参谋长。

秦邦宪，又名博古，无产阶级革命家、中国共产党早期领导人。早年就读于苏州工业专门学校，积极参加学生爱国运动。后曾任中共临时中央局成员、临时中央政治局书记和负责人、中共中央政治局常委、红军野战部队政治部主任。1946 年 4 月 8 日因飞机失事遇难。

该校毕业生中还有院士（学部委员）陈太一、张大煜、程民德，中国现代地图学的奠基人曾世英，三峡工程开发总公司副总工程师储传英，光电数字化自动测量仪器领域的开拓者邹自强等。

四、育人成效

把"临别赠言"部分和纪念刊中同学之间的相互评价结合起来看，就能了解到，苏工不仅是培养工程师的摇篮，也是锤炼青年学生的熔炉。苏工学生多数出身贫寒，受优良校风的熏陶和革命思想的影响，学习刻苦，思想进步。

（一）他们具有深入骨髓的家国情怀

苏工学子以正心诚意、修身齐家为基础，以治国平天下为指归，怀着满腔爱国热情和实业救国、教育救国、民族复兴的初衷，具有深入骨髓的家国情怀。请看他们的临别赠言：

在此胜利年，我们四十位同学分别了。敬望升学者努力再求深造，

谋事者一心为国服务。赵兴业

咱们是中华热血男儿。咱们是国家未来的前导。我愿我们每一个同学，紧握着手，去努力我们的前程，创造我们的新生。王维雄

学生是国家的栋梁；是以希望全级的同学用挚诚同奋的情绪，为国家建设坚强的基础。朱晋钊

万心平君，吴县人也，民廿六卒业于本邑纯一中学，"八一三"军兴，故乡沦陷，不得已辍学家居，然君报国之志未尝一日忘怀，翌年因鉴于国中复兴之重要，技术人才之缺乏，即毅然离家来沪入本校肄业，以备他日为国效劳，其志可谓壮矣。元龙

诚如苏工学生所说，青年是"国家未来的前导""国家的栋梁"，是中华民族的未来。在苏工学生心中，早已播下家国情怀的种子，"报国之志""一心为国服务"。他们将个人命运与国家民族的命运联系在一起，从内心激发出为国家、为民族而贡献力量的责任感。

（二）他们具有科学高尚的人生追求和理想

苏工学生的人生追求从以下引录文字可见一斑。

一个人立身于社会上，无论你作何事，总要有恒心。朝于斯，夕于斯，数十年如一月。埋头苦干，不怕失败。任劳任怨不起灰心，结果必得美满的收获。袁重庆

生活的目的在增进人类全体的生活；生命的意义在创造宇宙继起的生命。愿与诸同学共抱负。倪中贤

我们必须格外勇敢，格外刻苦耐劳；拒绝卑鄙的生存，求得光荣的生存。循着一贯的步骤，向着一贯的目标，坚毅奋斗，越过重荆。施锥平

内心明亮，人生无愧，不受世俗的干扰，内不欺己，外不欺人，人生最大的追求归根结底是关于自我的、内在的追求，与任何外在的、物质的追求无关，苏工学生的人生追求是一场精神世界的自我修行，是服务人民、奉献社会的科学高尚的人生追求。

（三）他们具有广泛的兴趣爱好和个性鲜明的特长

从苏工学生之间的相互赠言我们不难看出，苏工学生的兴趣爱好广泛，有"擅长国学"的张四维君，有"好音乐""志在建筑，对结构理论多研究"的张振邦君，有"擅奏口琴为全校之冠"的许兰生君，有"善围棋"的黄郁华君，有"喜运动"的侯仁民君，有"善写作，描摹生动，好辩论"的沈乃恭君，有"生平酷嗜集邮"的竺宜伟君……

这些不同的兴趣爱好，让苏工学生在艰苦的学习生活中得到适当的放松，感受到学习生活的快乐，促进了同学之间的交流，体现出一派欣欣向荣的景象。

苏工学生中，有的"刚毅沉静，博学多才，且性情豪爽，光明磊落"，有的"慷慨激昂，锄强扶弱，见义勇为"，有的"性俭朴，体格强健"，有的"智德俱长""待人和蔼"，有的"身材高大，体魄雄伟，好学而不倦，对于运动，各项无不精通"……他们个性各异，和而不同，有自己的优点，也有不尽完美之处，然而各自发展，相互影响，百花齐放，各展其长。

（四）他们具有诚挚的情感和丰富的内心世界

学生们无论是给学校的毕业留言，还是留给学友的毕业赠言，都富有情感，来自内心最情真意切的独白。每段文字都记载着不同的心情，每段回忆都留下了一个动人的故事。

"惜乎不轻显其艺，故知音者寥寥。"这是郁华写给程法毅君的，可见，郁华是程法毅的知音，而欣喜的同时，郁华也觉得程法毅的歌唱技艺应让更多的人知晓，流露出一丝丝遗憾。

"虽在百般纷扰中，犹能安静以学，诚难得也，君之体格亦甚强健，未尝因病而缺课一日。"这是中贤写给赵慰曾君的，表达了自己对慰曾君深深的佩服，即便是纷扰的环境依然能静心学习，孜孜不倦，且当言而言、当作而作。中贤君提到慰曾君体格非常强健，还列举了从未缺课一日来说明他的强健，这是何等的观察细致和用心记录啊。

"喜阅小说，不常运动。故身体稍弱，如能加倍锻炼，则前途未可限量也。"这是锡麟写给晋钊君的真诚建议和祝愿，发现晋钊君身体较弱，提醒他要加倍锻炼，强健体魄。

苏工学子虽然年龄、性格、兴趣各异，但相互之间关照有加，给出意见和建议，优秀人才相互影响、相互欣赏、相互吸引，臻于君子和而不同的境界。

这种良好的风气一直得以延续。20世纪50年代的苏工专，师生团结友爱，同事之间相互关心。校长邓邦逊、党委书记兼副校长许符实等校领导与普通师生都能打成一片，相处如同家人。

无论是朴实无华的语言，还是富有情感的华丽辞藻，那种与国家民族休戚与共的壮怀，那种以百姓之心为心、以天下为己任的使命感，来自那个叫做"苏工"之"家"的人生开始的地方。

另一件藏品《苏工校友录》，15厘米×22.8厘米，牛皮纸封面，封面字样居中，设计成倒三角，将"苏工校友录"几个字包含其中。倒三角符号表示梯度和散度，也有衍生和进取的意义。运用三角形这样简易风格的几何图形，具有寓繁于简之效。

此件内文共八十八页，竖排版，无标点。

最右列为"职教员"，登记姓名、篆号、籍贯、通讯处四类信息。其中"籍贯"以江浙沪一带、苏锡常地区为主，也有少数来自安徽、四川、湖北、福建、山东、贵州、湖南等省的。

毕业校友分学科排列，依次为"土木科""应用化学科""纺织科""染色科""高中部""职业班工程测绘科""职业班烛皂皮革科""职业班丝绸纹工科"和"初级染织科"（此科为通讯处记录最详实的一个科）。

正文之后是"附表"，四页单面的"会员近况调查表"，包含姓名、科别、任职处所、通信处等栏目。

附表后有一页"通信处变更通知单"，设计了"姓名、科别、最近通信处"三项内容，扎有针孔式虚线，方便裁下。

【附录】

以下文字摘录自"毕业同学"和"临别赠言"，标点系编者所加。

"毕业同学"部分

王浩大君 君性爽直，多才雄辩。自信力甚强，不愿俯首下心，学识渊博，为级中之佼佼者；惜体格较弱耳！明霞

王维雄君 君沉默寡言，级中可称第一；孜孜矻矻，好学不倦，与君称莫逆者，唯书本而已。他日不鸣则已，一鸣必能惊人也。浩大

朱象诚君 此君多能，善于辞令，长于交际，待人接物和蔼可亲，且风度翩翩，不愧为大家之子。重庆

吴四照君 君河南籍，喜运动，尤善篮球，为人落拓不羁，孔子曰"衣敝缊袍，与衣狐貉者立而不耻"，正足为君写照。福民

汪福民君 君外秀中惠，品学兼优，爱好文艺，勤于写作，五任本级级长，使美总统罗斯福闻之，亦必自叹弗如也。郁华

汪敬业君 汪君苏州人，年少英俊，和蔼可亲，喜唱歌，爱好电影，英文为其特长，唯君常以身体未能强健为憾，故尤喜各种运动。兴业

沈乃恭君 君江苏吴县人，在校品学兼优，时为师长所称道，善写作，描摹生动，好辩论，四座每为之倾倒。为人爽直，同砚诸君皆乐与之交，君

面色红润，有烈丈夫气。关云长之尊称，诚不诬也。孝沅

竺宜伟君 君浙江奉化产，民廿八年春插入本级，余乃得识荆，性情谦和，所谓"入则孝，出则悌"，君可当之无愧，生平酷嗜集邮，每因之废寝忘食，所集中外邮票，达万数之钜，实难能可贵也。书谟

施锥平君 君崇明人，性聪慧而好静，读书勤奋，虽年龄在本级中为最幼，而其学业适成反比例，每届考试无不名冠全级，唯君因用功故，致身体稍弱。健全体格为事业之本，愿君勉之。敬业

施燧平君 君刚毅沉静，博学多才，且性情豪爽，光明磊落，诚一有为之青年，前程远大，未可限也。咏唐

侯仁民君 君敏捷精悍，而复温善可亲，喜运动，热心公务，轻言重行，各科成绩咸列优等，遇有登门求教者，无不诚恳指导。明霞

胡锦铭君 胡君吴县人氏，性活泼，有大志，读书敏悟，长于英文，喜音乐及歌唱，不论中外名曲，一经过目，辄能曼声吟哦矣。福民

徐镜君 江浦徐镜，生性豪爽，慷慨激昂，锄强扶弱，见义勇为，虽生于今之世，而颇有古豪侠之气概。君长于交际，有办事能力，本级级务及土木工程学会之得力于君者不少。福民

倪中贤君 倪君苏州人，性俭朴，体格强健，喜音乐，常引吭高歌以舒其壮怀，暇时则手执一卷，孜孜不倦，诚一好学之青年也。慰曾

倪定一君 君性忠厚，智德俱长，对于课业，不稍懈怠，尤勤于公事，待人和蔼，一事无二言，志向坚决不挠，定一之称，名副其实矣。其家乡瀛岛，本朴实之邦，今求学申江，奢华之气未少沾染，君非唯擅其本业，尤好音乐，体格甚健，前途诚未可量也。锥平

陆大民君 君籍隶苏省嘉定，素以好学称，每手执一卷，致寝食俱废，擅军棋，着来神出鬼没，三年疆场，真所谓战无不胜、攻无不克，同好诸友，莫不叹服。汉章

陶孝沅君　君年少弈弈，力学不倦，秉性忠厚，待人若己，处事更以敏捷见长，异日身入社会，前程远大，定可预卜。*汉章*

袁重庆君　君无锡产，年双十，终日脸带笑容，无虚伪之态，谈话时声振满堂，如警钟然，君父业工程师，彼欲继其后尘，可谓箕裘克绍矣。*云楼*

殷云芳君　君原籍苏州，久居上海，身长体健，质朴性醇，同学多乐与交，预料同学分别后，君处将成为通信之枢纽也。*宏达*

马汉章君　在同学中，我是第一个认识马君的，真的，他是青年队伍中的模范，谦让好学，又是绝顶的聪颖，沉默是他的个性，可是他能够诚挚地在功课上帮助同学，他有着伟大的怀抱和超人的毅力。等着吧，在新中国的创造中，他会告诉我们究竟什么才是他的志愿和贡献！*乃恭*

张四维君　君慎言笃行，勤学不息，擅长国学，待人接物，和蔼可亲，同学皆乐与之交。*明霞*

张振邦君　君常熟籍，好学不倦，级中之高材生也。为人诚和，好音乐，不喜夸张，尤恶刁顽，与知己尚多所谈论，遇生疏者则淡然少言。志在建筑，对结构理论多研究。*七言*

黄郁华君　君浙之永嘉人，服务银行有年，但其志不在此，虽久经辍学，卒能幡然改图，负笈海上。君庄重自持，有长者风，善围棋，喜以授人，故同学中有意于斯道者，咸欣然叩其门焉。*福民*

陈云楼君　君福建闽侯人也，性忠耿，豪迈爽直，待人和蔼，交友重义，实为本级之特出人才也。*惠霖*

许兰生君　君字志明，年二十，江苏无锡人也，有艺术天才，擅奏口琴，为全校之冠。尤好丹青，每于课余暇日以作画消遣，同学多踵门求教，君未尝不欣欣然乐于指导也。*元龙*

杨元龙君　君性情驯良，好读书，孜孜不倦，勤工作，勇于为公，凡

事不拘细节，宽人克己，有长者风，胸襟豁朗，抱负不凡，诚为吾级同学中之模范。兰生

龚七言君 君高邮人也，初肄业于省立扬州中学，因战事关系，始于廿八年度转入本校。君性沉着，善辩才，明事理而有决断，才美不外见，必待善价而沽，是以同学二年，能深知君者不多也。福民

"临别赠言"部分

我希望我们四十个人是一个坚强的团体，分布在社会上是四十个据点。汪福民

我们不是前进，便是后退，中立是不可能的。王浩大

我希望我们四十位同学，始终如兄如弟，相勉相励。以自己的所长供献出来，不要专为着自己。徐镜

分别了，同学们！三年来在同一个教室受教，这里希望我们四十个同学为了父母，为了国家，更努力吧，在以后的日子里！张振邦

我们要苦干，硬干，实干，认定目标去干；即使遭到了失败，也用不着灰心；然而第一要败得光荣，第二要失败以后有办法。黄郁华

无舵之舟，随水飘泊；无羁之马，四野奔腾。我辈青年共戒之。施燧平

我们四十位可爱的同学，三年来可爱的伙伴，就将分别了。同学们，希望大家振作起来吧！别再醉生梦死；挺着我们的胸口，用着青春的朝气割去那障路的荆棘！蒋式彰

四十个同学，四十个据点。四十个同学需要独立作战，四十个据点应该互通声气。吴四照

不要灰心，不要失望，更不用悲伤。围着自由、独立、解放，紧咬着牙关，准对着光明的途向，向前！向前！熬过这大时代的风暴，将是你理

想中的天堂。同学们！努力吧！汪敬业

四十个同学站在一条战线上，冲破一切的障碍，去建设新中国。赵慰曾

我们四十个人中间有着水泥、黄沙、石子和钢筋；加以三年的感情，把它已结成一块坚韧的钢筋三和土。诸位不相信的话，只要看这本纪念册在惊风骇浪中产生了，这就是我们团结的力量。嘿！只要团结什么都有办法。杨元龙

前进！前进！有蜗牛般的迈进精神。愿与诸同学共勉之。陶孝沉

同学们，我们应该拿敏锐的目光，窥破一切虚伪欺诈；拿坚毅勇敢的精神，创造理想的事业。张四维

我们人生，不过像一个履行沙漠者一样孤寂，凄凉。设一旦飘起狂风，那么生命是无可幸免了；但只要有骆驼般的健壮，那便可以化险为夷的转入优美的世界里去了。马汉章

同学们，担负起天下的兴亡！周宏达

团结的力量可以创造世界上的一切。万心平

把我们青年纯洁的心带到社会上去。沈乃恭

我们要做主人而拼死在疆场，不愿做奴隶而青云直上。侯仁民

不要靠馈赠来获得一个朋友，你须要贡献你挚情的爱，学习怎样用正当的方法来赢得一个人的心。胡锦铭

乐哉新相知，悲哉生别离，吾人济济一堂，情逾手足，乐也融融。而今劳燕分飞，各走东西，能不依依！但天生吾人，赋与使命，应各努力前程，以完吾人所负之责任。潘咏唐

我们要认清时代，我们要运用环境，我们要做一个时代的青年，而不要被那环境所玩弄。记着！紧记着！秋天过去春天就会来的。浓雾退去，光明就将出现。没有一个永远悲哀的季节，也没有一个始终昏沉的世界。我们要追求快乐的春天，我们要追求胜利的光明。同时，我们更须要树立信心，

更须要坚强的毅力，同学们，前途珍重吧！龚七言

愿你所做的工作成为你最喜欢的游戏。程法毅

灰心是自杀，奋斗才有出路。在黑夜浓雾的大海中你若是孤舟独航，莫悲欢前途的痛苦，只要把正舵儿，它会向狂浪里冲前，把你带到光明的灯塔所照着光线的路上前进。陈云楼

我们要克服环境，毋为环境所支配。我们要遏制情感，毋为情感所冲动。谢明霞

我们须用刚毅的精神去克服一切的困难。刘惠霖

我们要有战斗的精神、敏捷的行动、集团的力量，以群众的力量去铲除世间的不平等，与我们的敌人争斗。群策群力，我们要为自己的理想而奋斗、牺牲。记住，未来艰难的重任，我们须负担。许兰生

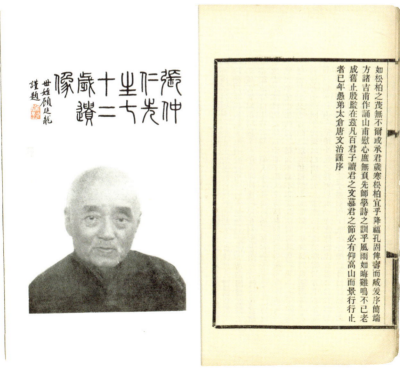

《心太平室集》书影

烈士壮心　园丁情怀

——读《心太平室集》笔记

撰文 / 谷公胜

本馆所藏《心太平室集》为张一麐诗文集，中华民国三十六年（1947）九月印行。开本 13.3 厘米 × 19.8 厘米。竖排版，铅印，无标点，不分段。该书共编为十卷，并补遗、附录及先德集（张一麐祖世棠、父是彝遗诗）。经苏州文学山房主人江澄波采用线装方式，分订四册。

该书系张一麐逝世四年后印行。钱大钧封面题署、叶恭绰扉页题签，韩国钧、唐文治分别作序，黄炎培作传。

卷首为张一麐遗像，顾廷龙篆书题照："张仲仁先生七十二岁遗像　世侄顾廷龙谨题。"背面潘昌煦题照词云："力争正义，巩固民主，是乃贡献于国。悉索敝赋，消弭兵祸，所以爱护其乡。图书一室，羔雁①四方。唯爱才之若命，虽朽株泛驾而亦荷揄扬②。茅庵风雪，拊循流亡③。思謦欬④于永夕，能无黯然以神伤！民佣先生遗像　潘昌煦谨题。"

---

① 羔雁：小羊和雁，古时卿、大夫赘礼；用作征召、晋谒的礼物。这里是征集的意思。
② 揄扬：赞扬，称引。
③ 拊循流亡：安抚流离失所的人。拊循，抚慰。
④ 謦欬（qǐng kài）：谈笑。

目录后有顾廷龙民国三十六年九月一日题识，记述了书稿搜集、校勘、印行的经过。盛赞仲仁先生"学养深厚，历笕①枢密，志节高亢，昭人耳目。晚岁退隐乡邑，致泽桑梓，东南物望，一国所慕。盖不以文字传而文字藉人以传也"。

打开《心太平室集》，开首第五篇就是一则令人荡气回肠的战斗檄文，一曲慷慨赴死的激越壮歌。请看《老子军规则草案》（分段、标点为编者所加，以下引录同）：

老子军规则草案

一、宗旨　青年有同志军，则老人应有老子军。缘少者壮者前程远大，为日方长，若多牺牲，未免可惜。至老者忝②在父兄，理宜奉率。以年齿论，如商贾早有赢利，折阅③本在意中，视死如归，是其天职。故取吴中范希文小范老子④之意，创为本军草案。

二、组织　本军各省市同志皆可自由加入，唯性别暂以男子为限（以老妇多裹足者）。

三、目的　本军以敢死为目的，凡青年不必牺牲者，则本军当代之。但老者于跑步、跳高、使用枪械等均难及格，故一概免其训练。

四、军制　满六十岁以上者为合格，未满六十而在五十五岁至五十九岁为预备军，五十岁至五十四岁为续备军。

---

① 笕：同"管"。
② 忝：荣幸。
③ 折阅：商品减价销售。
④ 吴中范希文小范老子：范仲淹（989—1052），字希文，吴县（今苏州）人，北宋政治家、军事家、文学家。谥"文正"，世称范文正公。宝元庆历年间，范仲淹经略西北边防，刚柔并济，固若金汤，西夏不敢来犯。边陲谣云："军中有一范，西贼闻之惊破胆！"西夏人称其为"小范老子""小范老子胸有十万甲兵"。

甲　设军统^①一人，推年齿最高之九八老人马相伯先生为之。

乙　设军需长一人，推云南古稀老人李恒升慨捐百万元者为之。

丙　设军法长一人，推全国法律名家为之。

丁　设参谋长一人，以全国信仰之有军事学识者为之。

戊　其他军职俟后续订，但不适用于老子军者力避之。

五、职务

甲　燃点雷电之发动机、与敌人拼命而不得生还者；

乙　破坏敌人之重工业军械、须与之俱毙而不得生还者；

丙　凡一切不用膂力而决死者；

丁　抗议^②本国后方军人之欺压民众者（以军令所未许可为限）；

戊　裁制土豪劣绅之鱼肉平民者。

六、以下各项不得为本军人员

甲　曾染鸦片瘾而未曾戒绝者；

乙　有痿痹瘖聋等残疾者；

丙　临决死之时而退缩不前者（唯军统不亲前敌以示尊崇）；

丁　"一二八"^③后与敌人有妥协实据者。

七、下列各项不合本军资格

甲　上有老亲者；

乙　依恋于身家妻子者；

丙　现役军人而未退休者；

丁　现为官吏或法令规定之公务员有专职者。

---

① 军统：司令。

② 抗议：对错误言行提出强烈反对意见。

③ "一二八"：1932年1月28日本侵略者发动的上海"一二八事变"。

八、奖励 老人只受名誉奖励（如公议立谥、立纪念碑等），凡实践第五条之每项职务而众目昭彰者适用之。

九、惩罚 本军惩罚由军统付指定临时委员会行之。

甲 除名。

乙 罚款（量力充地方公益之用）。凡违背宗旨或有第六条甲丙两项先未查明者适用之；凡假借本军名义而图一己之利益者亦同。

十、拟征发起人五至九名，由发起人就近召募同志合格者。

十一、本规则由军统核定通告同志施行，并呈请军事委员会备案。

1937 年，日本帝国主义相继制造了"七七事变"与"八一三事变"，对中国发动全面侵略战争。日寇的侵略野心和野蛮行径激起了中国人民的极大义愤。全国爱国民众，人无论男女老少，地不分东西南北，都以不同方式投入了抗日救国斗争。其中，苏州爱国老人张一麐与李根源发起创立"老子军"，堪称壮烈之举，传颂一时。

张一麐（1867—1943），字仲仁，号公绂、民佣，别署大圜居士、红梅阁主，江苏吴县（今苏州）人。清光绪十一年（1885）举人。曾任北洋政府机要局长、教育总长。袁世凯策动帝制，他愤而辞职。后回苏州蛰居，时人尊称"仲老"。李根源（1879—1965），字雪生，又字养溪、印泉，云南腾冲人。国民党元老，上将。早年留学日本，参加同盟会，回国后任云南陆军讲武堂总办。曾任北洋政府农商总长、代总理。后居住苏州，时人尊称"印老"。张、李二人同住苏州，都曾在北洋政府任过高官，虽退隐在野，但不改初衷，秉持公道，热心公益，年高德劭，为海内人士敬重，故有"吴中二老"之誉。

"八一三事变"后，张一麐和李根源发起组建"老子军"时，张一麐已年逾七旬，李根源已年届花甲。取名"老子军"，是因为"老者忝在父兄，理宜奉率。视死如归是其天职，故取吴中范希文小范老子之意"。他们商推98岁的马相伯为"军统"（司令官），古稀老人李恒升为军需长，张一麐任副军统，李根源为参谋长。《老子军宣言》一经公布，在大江南北长城内外引起强烈反响。

南京国民政府得知此事后，蒋介石于9月16日致电（铣电）张一麟，称"建议创设老子军，壮气磅礴，足以振厉国人""自登高之呼，懦夫立志，国家固已受赐不浅矣"，表示"国家纵极艰危，不应责耆老以效死于前线"，并以"军事组织，贵在严整，军事名称，未可轻用"为由加以劝止。

张一麐9月20日即回电（哿电）蒋介石，指出当时局势十分艰危，原因就在有当权者"临财苟得、临难苟免，处己于安而遗人以危，亡国奴恬不知耻"，并引曾国藩语称，"勇士赴敌，视死如归，斯则常胜之理，万方不变"。继而慷慨疾呼："我之科学既不如人，唯有以肉弹相搏，如墙而进[1]，天而不亡中国乎！"

"吴中二老"虽未能亲赴战场杀敌报国，但"别谋靖献，协助守御，以固后方"，以另一种方式为抗日救国做出了贡献。他们组织苏州抗日治安会，利用自身名望募集资金、粮食、药品和衣物，送往前线支援抗日。还成立了救护会、红十字会、临时医院，先后救治五万余名伤兵，收容难民十五万人，安葬阵亡将士遗体一千两百多具。苏州沦陷后，张一麐兑现先前承诺"决与苏州共存亡"，易为僧服，隐居苏州西郊穹窿山。

其后，张一麐辗转赴重庆，李根源调任回云南，继续从事抗日救国事业。1943年10月24日张一麐病逝于重庆，享年七十六岁。中共中央领导人联名发唁电称："仲老耆年硕德，爱国亲仁，宅心[2]一秉大公，立言至为平正。

---

① 如墙而进：形容人数众多阵势浩大。
② 宅心：用心，放在心上。

抗战以来坚持团结，力争民主，尤著直声^①。"1965年7月李根源在北京去世，享年八十六岁。他的学生朱德亲自主持了追悼会。"吴中二老"最后分别归葬于姑苏城西的穹窿山和小王山。

结合"吴中二老"的不凡经历，再读一读《老子军规则草案》，能够更加深切地感受到当年中国人民同仇敌忾抵抗日本侵略者的浩然正气，真可谓"蟠天际地，磅礴郁积，汤火虽烈，赴蹈不辞"（章太炎语）！这篇赴死抗敌的堂堂宣言，展现的是精忠报国的爱国情怀、匹夫有责的担当意识、舍生取义的牺牲精神，这是中华民族伟大精神的写照。今天读来，仍然为我们提供着丰富的精神能量。

"老骥伏枥，志在千里，烈士暮年，壮心不已。""吴中二老"张一麐、李根源的所言所行足以彪炳史册。

从《心太平室集》可以得知，张一麐于光绪二十九年（1903）三十六岁那一年考取经济特科^②一等第二，此后历任官职及社会职务中，多与教育有关。如：1912年任袁世凯大总统府秘书厅机要秘书后，于1915年首任内阁教育总长。1916年出任徐世昌、冯国璋两任总统府秘书长后，1918年再任教育总长。1920年，任北京民国大学总董。1922年当选吴县义务教育期成会会长。1925年被聘为全国国语运动大会副会长。1926年当选中华职业教育社议事员、全国国语教育促进会副会长。1938年当选国民参政会参政员，参与筹办育才难童学校。1940年当选陕甘宁边区新文字协会名誉理事。^③张一麐一直是汉字改革的倡导者、先行者，"自清季即以汉字难识力主改革。

---

① 直声：正直之言。
② 特科：在常科外选拔人才的考试。
③ 张一麐任职据李峰、汤钰林《苏州历代人物大辞典》（上海辞书出版社）。

在教育总长任内推行注音字母不遗余力。（民国）二十八年秋居香港，立新文字学会，与许地山等倡新文字，将使大众易读易写"（见黄炎培《张仲仁先生传》）。纵观其一生，张一麐乐育英才、爱才若渴、萦怀教育救国之志，是一位极富情怀的杏坛领袖。

张一麐早年曾有一篇《德育智育同义论（特科首场稿）》（载《心太平室集·卷六》），从这份参加特科考试首场的试卷中，可以窥见他终生力推教育事业的初心。该文剀切陈词，表述了他关于教育的基本观点，阐述了教育对于强盛国势、增强民族素质的重要作用，回顾了华夏教育兴衰历史，比照当时国外教育发展情况，重点强调了应当重视国民基础教育，切实加强师范教育，以促进国民素质全面发展，并提出了改革教育的若干主张。今天读来，仍不失其历史参考价值。

兹录该文如下：

今之觇①国势者，必推本于民力、民德、民智之进退，以为强弱之差。而求三者之日进无疆，则必由教育始。体育以强民力，德育以劭②民德，智育以浚③民智，此东西各国教育家之公言也。何其与吾圣人之言若合符节④乎！《中庸》之达德⑤，曰智曰仁曰勇。智育者，知之事也；德育者，仁之事也；体育者，勇之事也。悬三

---

① 觇（chān）：窥视，观测。
② 劭（shào）：高尚、美好；勉励、倡导。
③ 浚：疏浚，开通。
④ 符节：古代符信，以金玉竹木等制成，上刻文字，分为两半，使用时以两半相合为验。喻观点、意见等两相吻合。
⑤ 《中庸》之达德，《中庸》："知，仁，勇，三者天下之达德也。"《中庸》与《大学》《论语》《孟子》合称"四书"。

达德以为鹄①，而令一国之民尽纳于其中。一道德、同风俗，父兄之所诏勉，师长之所命提②，胥③于是竞竞焉。无中外、无古今，未有不以教育为重者也。大者自王子以下入学，与齐民齿④。故虽东宫⑤之官，有保傅师以尊谕教之职，其为学程则无殊。《大戴礼·保傅篇》曰："保，保之身体；傅，傅之德义；师，导之教训。"其分职任事，隐与体育德育智育之义类相同。至善所归，归于一轨。事不必相师而其理固然，无可易也。即如《周官》六艺⑥之纲，以今例之：射御纯乎体育，礼乐纯乎德育，书数纯乎智育。自国学、乡学，以逮家塾、党庠⑦，先普通以植其本，后专门以致其精。计当时必有编定之书，条分而缕晰者，其大略虽见于二戴⑧之记，而其详不可得闻。

自周之衰，学官失职，不独民力民德民智之日退，即保傅师之辅导君上者，亦不能举其官。汉唐以后，科目取人，歧学校贡举而二之⑨。士大夫溺于声律对偶之学，累千余年。其弊也，卫生之不讲，体

---

① 悬鹄：悬挂箭靶，喻指定的目标。
② 命提：耳提面命。
③ 胥：皆、都。
④ 以齐民齿：与百姓相同。齐齿，并列。
⑤ 东宫：太子所居之宫。
⑥ 《周官》，《尚书》篇名。六艺，即礼、乐、射、御、书、数，周朝贵族教育要求学生掌握的六种基本才能。《周礼·地官司徒·保氏》："养国子以道，乃教之六艺：一曰五礼，二曰六乐，三曰五射，四曰五御，五曰六书，六曰九数。"
⑦ 国学、乡学、家塾、党庠，均古代学校名称。国学，国家所办的学校。乡学，地方所办的学校。家塾，周代以二十五家一闾，闾有巷，巷首门边设家塾，以教授居民子弟，后指聘请教师来家教授自己子弟的私塾，有的家塾兼收亲友子弟。党庠，地方乡学，古代地方户籍编制单位，五百家为党。《礼记·学记》："古之教者，家有塾，党有庠，术有序，国有学。"
⑧ 二戴：西汉经学家戴德、戴圣叔侄。戴德传《礼》八十五篇，称《大戴礼》；戴圣传《礼》四十九篇，称《小戴礼》。
⑨ 歧学校贡举而二之：学校教育和科举考试两者不相契合。

既羸矣；公理之不明，德日偷①矣；科学之不讲，智亦窒矣。苟不采各国学校之长以复三代②盛时之意，何以自立于万国间哉！

普之胜法③也，其相归功于小学校之教师。日本蕞尔小邦，自讲求学制三十年，遂抗衡泰西诸国④。是故兴国之事万端，而学校为之钤辖⑤。教育之事不一而三者，为其精神国家，殚心学事，不厌求详。而州郡偏隅犹未能普及，即有之，而于体育德育二门，或缺焉不讲。即其所谓智育者，无以弃旧染而获新知。窃闻日本明治⑥之初，专设师范学校以造就小学教员。后令每一学区必设一小学校。因体育之缺也，文部省设体操传习所。因德育之衰也，颁发小学教员须知，使明忠孝信义。其余关于智育之事，如格致⑦、化学等，无不重实验而思改良。彼固上下一心，要亦无科举以挠其中，故收效尤易耳。

窃为今日学校计，当仿日本之意，分省为若干区，区设若干学，学必设师范一科，专其途、重其事。以尚武为主，则人人有胖兵之材；以善俗为先，则人人有爱国之志。而又讲求名、数、质、力诸学⑧，以恢实业而息哤言⑨。凡足以阻害其学务者无不去焉，凡足以奖励学业者无不为焉，则学校其蒸蒸日上也夫！

---

① 偷：苟且，沦落。
② 三代：指夏、商、周。
③ 普之胜法：1870年普法战争普鲁士战胜法兰西。
④ 泰西诸国：欧美各国。
⑤ 钤辖：管辖、制约。
⑥ 明治：明治维新，十九世纪中后期日本明治时代所推行的改革运动。
⑦ 格致："格物致知"的略语，指考察事物而提炼为原理法则。清末用以总称物理、化学等自然科学。
⑧ 名、数、质、力诸学：旧称逻辑学、数学、化学、物理学等学科。见严复《天演论》。
⑨ 哤（máng）言：话语喧聒杂乱。

在这篇文章中，张一麐首先强调了教育的重要性，指出国势强弱"必推本于民力、民德、民智"，而要使这三者日进无疆，"则必由教育始"。他认为，国民基础教育的基本内涵，就是"体育以强民力，德育以劼民德，智育以浚民智"。他指出，中国古代儒家经典《中庸》所说的"智、仁、勇"，正对应于现代的智育、德育、体育。这表明，古今中外"未有不以教育为重者也"。

接着，作者先说到中国古代教育的优良传统，阐明周代所说的六艺（礼、乐、射、御、书、数）与现代教育的关系，"射御纯乎体育，礼乐纯乎德育，书数纯乎智育"。然后指出千余年来科举制度造成的弊端，"卫生之不讲，体既赢矣；公理之不明，德日偷矣；科学之不讲，智亦窒矣"。并指出其危害性，"苟不采各国学校之长以复三代盛时之意，何以自立于万国间哉"！表达了对于当时国家教育衰微的强烈忧患。

然后，作者对照西方和日本的教育状况，分析各国教育之长，指出"兴国之事万端，而学校为之钤辖"，强调了国民基础教育的重要性。

在以上论述的基础上，张一麐提出了自己关于改革教育的主张：一是分区办学，专设师范；二是加强体育和德育，促进国民素质全面发展；三是重视数理化等自然科学；四是兴利除弊，奖励学业。

这是张一麐参加特科考试的论文。联系他以后投身教育实践的实际行动，可以看出张一麐矢志教育的初心是一以贯之的。他担任过民国政府的教育总长，后来退隐家乡，仍然热心地方公益事业，尤其关注民众教育，很多地方都留下了他支持、襄助、推进教育的足迹。他曾与潘祖谦、贝理泰共同呈文苏常道道尹蔡宝善，仗义执言，请求省当局为创办兰陵女学的徐江漱芳颁予匾额并发给奖状奖章。汪懋祖在悼念张一麐的文章中回忆道："民国十六年至二十年间，懋祖回苏任苏州中学校长，为苏属文化及教育之中心，多赖先生之协助与指导。"（见《心太平室集·附录·追念江左耆英张仲仁先生》）张一麐曾担任东吴大学、振华女中、苏州美专、乐益女中等多所学校的校董。他为解决振华女中校址织造署产权归属问题四处奔走，竭力斡旋，力促落实振华女中校产产权，"以维教育而保古迹"。振华女中建校三十周年，他欣然命笔：

振华女学由年伯母王谢长达女士创始，筚路蓝缕，苦心经营，又得贤嗣季玉女士自海外归来继长是校，发扬而光大之，遂为吾吴女学之冠。今年为三十周纪念。世称教育为终身事业，此校已阅两世矣，岂特终身而已哉？诗以纪之。

三吴两世有宣文，规制精严迥出群。卅载辛勤谁与比？菁莪德化偏钗裙。

凡地方学校有事相求，无论巨细，他都倾力相助。从苏州档案馆所藏张一麐为学校的题词，可见其情系教育的拳拳之心："群彦汪洋"（为东吴大学年刊题词），"诚朴仁勇"（为振华女中题署校训），"充实光辉 美而大之"（为苏州美术专科学校建校十周纪念题词），"人才蔚起"（为萃英中学纪念专刊题词），"分财教善"（为尚德小学建校十周纪念题词，该件由本馆收藏），"文明之花"（为慧灵附小创刊题词）。

《心太平室集·卷六》有一篇《致杨建章（文恪）为教育局请官地书》，兹录如下。

前在议坛，诸承教益，并蒙召宴，口角流芬①。濒行时，帅座谈及图书馆事，谓须将平民教育、公民教育、国语教育纳入其中。闻之神

---

① 召宴：文中是召见的意思。口角流芬，形容对方（上级、尊者）所说的美言。

王①在沪时，因苏州驻军离市太近，帅座拟将营地营房卖却，在离城十五里外重建营房。目前先迁至葑门外之旧六团营房，爱民之诚溢于言表。弟②归时，已嘱阊门商家组织公司，预备先买五团营房。但询诸团长崔锦淮，估计六团营房收拾修理须万元上下，是以迟迟未迁。而吴县教育局潘起鹏君则云，教育经费因垫军用，几将不继。查台营官地局案卷，苏州上津桥旧五团操场，前据吴子和报领，计七十六亩五分，每亩估洋四十元。又苏州葑门外宝带桥旧六团打靶场，前据钱礼耕报领，计一百三十八亩，每亩估洋四十五元。又宝带桥旧六团营房西操场，地五十三亩三分三厘，每亩估洋四十五元。据经吴子和、钱礼耕等报领，嗣经苏军张旅长中立来局报领。以上各地先后呈请前督办公署核示，皆未奉到指令等因③。

查营地归个人具领，不如由团体报领。而教育为地方命脉，帅座热心提倡，遐迩皆知。吴县教育经费已万分艰难，莫如将前项地亩援案④，以总司令指令拨归吴县教育局，免其缴费。如六团打靶场操场目下未能出卖，亦请将五团将废之操场，地七十六亩五分，先行指令台营官地局准给教育局，以泯争端，而培学款。我公参画⑤民政，当以为然。除五团营房另有商人组织公司候令价领外，兹嘱该局长潘君起鹏持文上谒，乞赐宴见⑥并代陈帅座，特与维持⑦，实纫公谊⑧。

---

① 神王：佛教中护法神，此指杨建章。下文"帅座""我公""公"均尊称杨建章。
② 弟：谦称自己。
③ 等因：旧时公文用语，表示引述部分结束。
④ 援案：引用以前案例。
⑤ 参画：参与谋划。
⑥ 宴见：公余召见，非正式场合接见。
⑦ 维持：保护支持。
⑧ 实纫公谊：旧时书信套语，表示深切感谢对方的意思。纫，感佩不忘。

这是致当时苏州驻军长官杨建章的一封书函。在此之前，张一麐曾与杨建章晤谈过，杨建章就图书馆应纳入平民教育、公民教育、国语教育等事项表示了关切，表明这位军事长官至少在口头上是重视国民教育的。这就为本信函提出"为教育局请官地"奠定了前提条件。在这件《为教育局请官地书》中，张一麐首先肯定了杨建章"爱民之诚溢于言表"，接着指出，"教育为地方命脉"而"吴县教育局经费已万分艰难"，恳请"以总司令指令"将原驻军土地免费划拨为学校用地。这项提议后来是否实施以及结果如何，目前尚无可靠资料验证，但是张一麐身肩道义、万难不辞的精神和言行，确实令人感佩。当时他已无公职在身，但是仍以地方公益事业为己任，一片赤诚，仗义执言，恳切陈词，其意拳拳昭然。从信中可知，张一麐在充分调查的基础上详算细账，数据确凿，据实以告，出谋划策，给出具体办法，表现了这位"山中宰相"的胸怀器识和务实精神。

在苏州教育的发展历程中，涌现过许多身体力行重教兴学的名臣良相、志士仁人、儒林耆硕，在这片群星闪耀的天空中，张一麐无疑是一颗璀璨的明星。

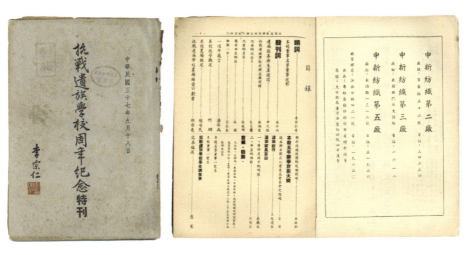

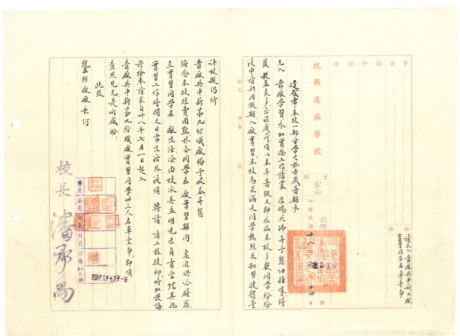

《抗战遗族学校周年纪念特刊》书影

一段艰辛的办学史

撰文 / 谷公胜

《苏州教育志》（上海三联书店 1991 年 6 月版）有如下记载：

抗战遗族学校建办于 1948 年（按：应为 1947 年）9 月 18 日，由国民党要员顾维钧等多人发起创办，旨在收容抗战阵亡将士遗族，除普通教育外，施以生产劳动训练，以培养他们的职业技能。凡学生的食宿、被服、书籍用品等所需费用，都由学校供给。经费由校设工厂企业收入及董事会捐赠解决。

学校设农艺、棉织两科，校址分设在金门外口和养育巷两处。

1949 年解放时，有学生 70 人，教师 10 人。以后该校学生陆续参加军政大学、西南服务团、财经干校、文工团等单位学习或工作。1949 年 6 月底学校停办。

本馆收藏《抗战遗族学校周年纪念特刊》为这一段办学历史提供了实物证明。该特刊所收各篇文章和有关资料，以确凿的事实、恳切的情感、朴实的文字，真实记录了抗战遗族学校的创办经历、学校的基本面貌、师生队伍情况、教育教学管理以及学生的学习、生产、生活状况，让我们了解到那个特定历史时期发生在苏城一隅的鲜为人知的教育故事。

《抗战遗族学校周年纪念特刊》开本 18.5 厘米 × 26 厘米，共 72 页，民国三十七年（1948）九月十八日刊印，封面题署李宗仁。首页是 1948 年 9 月 1 日抗战遗族学校全体教职员学生合影，接下来是该校名誉董事肖像暨题词手迹。该校名誉董事四十二人、董事四十三人，包括了当时的军政要员、社会名流、工商首领、金融大亨、教育名人等，数量不可不谓多，阵容不可不谓强，各人题词也不可不谓冠冕堂皇，然而有的只是应景之作，有的则是口惠而实不至，真正能够解决遗族学校办学实际问题的实在为数寥寥。

　　该校校长潘承禹在《发刊词》中说：

　　　　本校——抗战遗族学校创立于"九一八"十六周年，自筹备以至成立，无日不在艰困中度过，成立至今日，又无时不在受苦难的折磨。因受设备校舍经费的限制，只能收容最孤苦遗族二百名，多少被摈于门外的遗族，来函要求收容，他们和她们以血泪交炽而成的信札往往令人不忍卒读。

潘承禹在该刊撰文《一周年感言》说：

　　　　筹创之初，深得全国朝野人士之赞助，列名为发起人，网罗党政军首长、各界领导人物，达百数十余人。声势壮厚，阵容坚强，群策群力，本校之创立似属易事。比及召开发起人会议，成立筹备委员会，积极筹募基金，推动各项工作，则顿感困难重重矣！三十六年四月，筹备工作几临中辍危机，幸得于斌总主教全力扶植，各界人士慷慨解囊，本校始得于"九一八"十六周年正式创立。其筹创之艰巨，颇多为各界人士所难以想象者。

　　　　先烈遗属之教养，乃胜利后具有远大意义之社会事业，其困难一如其意义之深远、非有坚强不拔之勇毅、舍己为群之精神、实事求是之工作操守，实无法克服困难，竟其事功。本校董事会成立后，整个形势虽远胜于筹备初期，然仍未能配合校务进展之实际需要，董事会之组织亦未能臻于健全，发挥应有效能，以致形成偏劳少数董事之事实，而影响校务之扩充与进展。此乃颇难克服之困难，负荷教养责任者，对此实有难言之隐哀，亦系一年来秉命主持实际校务诸同仁所最感遗憾者。

潘承禹如实陈述了校舍、设备、经费、生产事业、延聘教师等方面存在的诸多困难，说道：

本校经济状况之窘困，几无法令人置信，自三十五年（1946）筹备以迄今日，复无日不在百般艰困中。筹备之初，一切川旅办公费用，恃个人典质挪借供应；筹备委员会成立至组织董事会，则赖向商业银行告贷以维持……

这所收容教养抗战烈士遗孤的学校，就是在这样艰难困窘的情况下，于1947年"九一八事变"十六周年之际在苏州开学并坚持办学一周年。

该校校址在苏州金门外口的内河轮船公司原址，另在养育巷租用两处民房作为学生宿舍。收容学生共一百八十八名（男生一百一十五名，女生七十三名），学生年龄最小的十岁，最大的二十一岁。

全校教职员（含兼职教师）共二十三人。除教导主任何纲一人超过四十岁，其余教职员年龄均在四十岁以下，最年轻的一位音乐教员（女）年仅二十一岁。教职员学历有大学、中师、高中以及各类职业学校。教职员中有的是失业青年，有的是自愿投身遗族教养工作，还有的是海外留学归来的青年。其中，很多人都有在小学、中学或职业学校任教的经历。

一位教师说：

> 许多教师放弃了更高的待遇、优裕的生活、轻松的工作而来到本校服务，因为同仁们都觉得教养先烈的遗孤是最光荣、最有价值的工作。

还有一位教师这样写道：

> 我以为教育这许多苦难的孩子们，灌溉以精神上之食粮，使他们（她们）渐渐走上幸福之途，才是教育界的成功，才富有最深奥的教育意义。个人曾经接受过国家最高度教育的培植，享受过学子最高的权限，曾跋涉海外，见学四方，虽然乃是一个极平凡的青年，但是一颗火炽的责任心与浓厚的教育志趣，使我鼓起了勇气，毅然决然地迈进这教育园地。这些纯洁的生命，于多位热心教育抱有神圣宗旨的先进们的指导之下与日并进，成长在慈爱的温馨气氛中，似一棵棵小小的树苗，在滋润的堤旁，渐渐的发出了新鲜的嫩芽，但是终难防那无情的风雨在不定扫射与摧毁。蹑手蹑足的栽植者，是抱着如何的心情、担忧与艰辛、奋斗与劳苦！

关于当时该校教师的待遇，有一位教师这样写道：

> 教职员工的底薪够低了，以新调整的金圆券标准说，京沪区三百元底薪的，只领得九十二元；二百元底薪的，只有七十二元。以银元对换值说，只是战前小学教职员的待遇；论实际购买力说，也许连他们还不如。

该校教师尽管工资比普通教师水平低很多，但是这些可尊敬的年轻人怀着满腔热忱，热心教学、爱护学生，师生相互扶持，度过了一段令人难忘的岁月。

学校虽然校舍逼仄、宿舍简陋、经费支绌、生活诸多困难，但是教育理念领先，教学管理规范，教学秩序井然，师生关系密切，读书学习和生产劳动相结合，产生了良好的育人成效。

学生们眼中的老师是这样的：

我们的老师都是有高尚的学问、良好的品行与教养知识的，他们把学校当做一个大家庭，同学们就是弟妹，平常在一起吃饭，一起工作，在一起游戏。上课的时候，就有师生方面的关系，规规矩矩认认真真的上课，下课时同学们跳绳老师们也跳绳，同学们打球，老师们也打球。

教师们眼中的学生是这样的：

我到校中已经旬余，饮食起居，终日与他们相聚。由他们的言谈举止，知道他们小心灵所感应的是快乐与满足，小脑袋中思索着如何完成先父的遗言。他们是坦白纯洁，温柔伶俐，天真聪敏，更有熟练的手腕、自然的质朴、耐苦的精神，真是一群可教而有造就的孩子们，承继先遗烈士未完成的事业。

抗战遗族学校的办学理念是："学校家庭化、教师慈母化、同学兄弟化、教导生活化。"学校的教导目标是："锻炼强健体格，陶融公民道德，养成劳动习惯，充实生用知识，鼓舞研究兴趣，启发创业精神。"该校特别强调："本校教育，除供给学生就业必需之知能外，并培养其深造及继续进修之能

254

力。而尤期于实习中，型铸其敬业乐群、忠贞守职之人格。离校之后，皆能自谋生计，用其所长，造福人群。"

该校设农艺、棉织二科。"课程皆依照教育部颁定之课程标准，并参照实际需要订定其要点如下：第一学年普通学科大致与普通中学同，唯增加劳作钟点至四小时以上；第二学年普通学科占四分之三，职业学科占四分之一；第三学年普通学科占三分之二，职业学科占三分之一；第四学年普通学科占二分之一，职业学科占二分之一；第五学年普通学科占二分之一，职业学科占二分之一。"

该校经费情况如该刊中《抗战遗族学校五年办学计划大纲》所述：

> 本校经费以经营生产事业、藉谋自给为最高原则。经费来源：基金收息、临时捐款（包括个人或社团）、政府补助、生产事业收益。

该校有一个校办农场，由当局划拨东太湖吴江县草梗乡荒滩七千八百六十二亩，耕种者为苏北流亡难胞及附近贫农三千二百人，农场以救济难民的盈余划为学校基金及日常费用，农场并兼作农艺班学生实习基地。可是偏遇台风水灾，收不抵支，处处捉襟见肘。办学者感叹道：

> 学校的经济方面，虽经过校长及诸位教育的先进者多方面努力，蒙承多数热心教育家的赞助，目前虽尚可勉强维持，但仍似风前之烛，摇曳在震荡的空气里，可会不遭到狂风的袭来？令人警心吊胆惘怅彷徨。校址又狭小，地面又潮湿，经费又不足，在未来不知将如何维持这一群无辜的难童，可怜的遗孤啊！

该特刊最后有两件附录："抗战遗族学校收支报告表（三十六年度第一

学期）”及“抗战遗族学校董事会收支概况表（三十六年二月至三十七年七月）”，公开透明地如实报告了学校的经济情况。

该校校长潘承禹，三十九岁，浙江金华人，毕业于山东乡村建设研究院，曾任福建省立职业学校教务主任、山东邹平实验师范教导主任、民教处公训股训练主任、简师校长及第三战区淞沪特派员公署主任秘书等职。他自负责筹建遗族学校以来，筚路蓝缕，以启山林，甚至典质自己的财物以筹备资金，四处募捐，八方求告，寻找厂家安排学生实习，不仅悉心为学生的学习、生活创建条件，还为学生毕业后的谋生之路而殚思竭虑。在全校教师和学生的心目中，这位校长是恪尽职守、忘我奉献的楷模。

> 他为了我们这一群无家可归的孤儿，东奔西走，日夜不息，在非常艰苦中，曾典质了金银首饰与衣物，来奠建了遗族的幸福初基、我们的大家庭——抗战遗族学校。

> 他曾经对我们说：“倘若此校一天失败，我就一天自杀，以谢先烈之灵。”

> 他初将自己的十数年来的储资储物典质殆尽，时以席地为床，日之所食，正像颜渊一箪食一瓢饮，度过最清苦的生活了。但是他相信本校一定能办起来，所谓“回也不改其乐”的话恰恰相同。

> 他是中国人民教育家陶行知先生与乡村建设运动创导者梁漱溟先生的学生，他的教育思想与理论是根据陶先生梁先生的教育主张而建立的，他以生活里所见所闻的都拿为教育的资料。

> ……如有同学生病便亲自看护，比医院的护士还内行。

下面文字读来更是令人泪目：

六月间校长的大公子患了急性脑炎，他在上海为学校里柴米油盐奔走各处筹募经费，校内电请返校设法救治，他以学校的事耽搁未返，次日大公子去世，又电请返校办理后事，又未返，我们全体学生均含泪两行，痛悲不已！爱子之心不如爱我们，今世罕见罕闻吧？

为了让这些抗战遗孤能够学得一技之长，日后能够自力谋生，潘承禹千方百计寻找门路。从以下两封函件可以看出这位校长的良苦用心。

民国三十七年（1948）和三十八年（1949）抗战遗族学校校长潘承禹致上海统益纱厂厂长何致广的两份信函，主要内容为：感谢统益纱厂和申新第九纺织厂接受安排本校学生实习，并感激厂方念学校经费困难，实习期间为学生免费提供食宿。

其一　介绍函

　　迳启者：承蒙贵厂逾格允准本校学生实习，毋任感荷！兹派本校教师王遂安先生率领学生十名，至祈赐予台洽，按照厂规严予管教为荷！

　　此致
统益纺织公司

　　　　　　　　　　　　民国三十七年七月廿一日签发
　　　　　　　　　　　　民国三十七年七月廿三日签收

其二　协商函

　　迳启者：本校一部分学生于去岁暑期承允入贵厂学习，参加实际工作。诸蒙厚赐照拂，并予恳切指导，得获教益良多，至深感荷！顷以本年暑假又即届临，本校多数同学纷纷复申请利用假期入厂实习。本校为求满足同学热烈求知习技欲望计，故拟仍祈贵厂与申新第九纺织厂赐予收容。并恳俯念本校经费困难，于各同学在厂实习期内，惠准供给膳宿。至实习同学在厂生活，除由校派吴孟明先生负责管理其非实习期间之日常生活外，复烦转请诸工程技师时加教诲。兹检奉请求自三十八年七月一日起，入贵厂与申新第九纺织厂实习同学三十三人名单一纸，即烦查照见允，是所感盼！

　　此致

统益纱厂厂长何

　　　　　　　民国三十八年六月廿四日抗战遗族学校校长潘承禹签发。

　　　　　　　民国三十八年七月廿一日上海统益纱厂厂长何致广签收。

该件盖有"抗战遗族学校钤记"方形印章和校长潘承禹签名章，并加盖有统益纱厂厂长何致广及部门负责人名章的签收章。

抗战遗族学校虽然办学时间仅仅不到两年，但是以其特殊的教育对象、艰辛的办学经历，在苏州教育史上留下了一份有价值的记录。

中华人民共和国成立初期扫盲教材书影

中华人民共和国成立初期扫盲教材略谈

撰文 / 濮美琴

　　苏州教育博物馆收藏了一批中华人民共和国成立初期的城乡扫盲教材和资料，其中包括：工人出版社出版的《识字课本》第二册、上海市民主妇女联合会宣传教育部编印的《妇女读本》第二册、上海联合出版社出版的《国语课本》第三、第四册以及吴县扫除文盲协会编印的扫盲工作资料《扫盲工作》1956 年第三期等。

　　《识字课本》由徐勉一等人编写，工人出版社印行，1950 年 8 月北京第一版，是职工业余学校普通班适用教材。《妇女读本》由上海市民主妇女联合会宣传教育部编印，由上海新华印刷厂印刷，新华书店华东总分店发行，1953 年 8 月第一次印刷。《国语课本》由上海职工业余学校教材临时编写委员会编，上海联合出版社 1950 年 9 月出版，上海联合出版社印行，职工业余学校普通班适用。扫除文盲工作资料《扫盲工作》由吴县扫除文盲协会、吴县人民委员会教育科编印，是 20 世纪 50 年代扫盲工作的真实记录，有很重要的文献价值。

　　《识字课本》和《国语课本》是综合类扫盲教材，供男女扫盲学员通用。《妇女读本》则是农村妇女扫盲教育专用教材。综合类扫盲教材和专用教材，其内容的构成要素主要有以下几个方面：基本的语言文字知识、基本的思想政治方面的知识、基本的生产生活常识。

一、语言文字知识

识字是扫盲工作的第一要务。1953 年政务院扫除文盲工作委员会颁布了《关于扫盲标准、扫盲毕业考试等暂行办法的通知》，该文件明确规定了不同人群的识字、阅读和写作的标准。其中干部和工人要认识两千个常用字，能阅读通俗书报，能写二三百字的应用短文；农民要认识一千个常用字，大体上能阅读通俗书报，能写常用的便条、收据；城市劳动人民要认识一千五百个常用字，阅读和写作参照工人、农民的标准。扫盲教材在编写课本时充分体现了这一标准。

《识字课本》是一本以识字为主并兼顾文字运用的课本。该课本每册三十课，每课平均约八个生字。课文内容以工人的生产、学习、生活范围内的事为主，如《念书识字》《问字》《带徒弟》《常常洗晒》《报户口》等，比重约占二分之一。其次为社会常识，如《国际劳动节》《公营工厂》《私营工厂》等。再次则为史地自然常识，如《我国是个大国》《我国的山河》等。教材按课文性质，每四五课合成一个单元，每个单元后附有练习，是打算让学生从做中了解到字、词、句以及短文的构造和运用。学完后，预期能认识一千三四百个常用字，能看懂通俗书报，能写简短的文字。

《妇女读本》也是一本以识字为主的课本。该课本编者在刊尾说明，《妇女读本》分四册，供城市家庭妇女学习文化之用。读本以识字为主，学完四册后，预期能认识一千五百个常用字及若干与妇女有关的知识，能看通俗书报，能写简单短文。课本中附有练习、生字表、注解、说明等。针对"城市家庭劳动妇女"这一特定教学对象，读本中特别编写了《民主妇女联合会》《国际劳动妇女节》《托儿组》《施小妹学文化》《姐妹们的帮助》《尊婆爱媳》《月经》《无痛分娩》等适合妇女学员学习的课文。

《国语课本》着重于阅读和写话能力的提高。每篇课文后都有相关说和写的要求——"研究和做"。如《国语课本》第三册第一课《老苏上学》，课文后的"研究和做"有两项："一、你有怕学习的想法吗？为什么？这想法对不对？二、把你方才谈的想法写出来。"课文《我们中国真大》，课文后的"研究和做"也有两项："一、中国究竟有多大，你能说出来吗？二、中国南方和北方的气候有什么不同？用自己的话写出来。"《国语课本》第四册第一课《孙凤山省煤》，课后的"研究和做"是这样设计的："按工厂性质，分组讨论：我们在哪些地方已经节省材料，用的什么方法？哪些地方还可以节省材料，并使工作做得好？"

二、思想政治教育

《识字课本》第二册、《妇女读本》第二册，《国语课本》第三、四册中涉及的思想政治教育涵盖歌颂祖国、歌唱新社会、歌颂先进人物事迹等内容。

（一）歌颂祖国

主要是歌颂祖国地大物博，人口众多，物产丰饶。这类主题的课文基本上每册教材都有，如《识字课本》中的《我国是个大国》《我国的山河》《中国是个好地方》；《妇女读本》中的《我国的土地》《我国的人口》《我国的物产》《伟大的祖国》；《国语课本》中的《我们中国真大》《中国的人口真多》《中国的地势和山水》《我国的矿产》《我国的农业》《我国的工业中心区》。

以上课文，分别介绍了我国的土地、人口、山水、物产、工业、农业的基本情况，字里行间洋溢着意气风发的民族自豪感和自信心。例如：

伟大的祖国

我们的祖国，有长久的、光荣的历史，勇敢的、勤劳的人民，有广大的土地，丰富的物产，有英明的政府，强大的军队。在共产党和毛主席的领导下，我们的祖国已经走向繁荣富强的道路，成为保卫世界和平的重要力量。

中国是个好地方

　　黄河黄，长江长，中国是个好地方。南产大米北产麦，还有小米和高粱，东北出大豆，西北多牛羊。茶叶产量大，煤铁地下藏。努力发展工农业，新中国一定能富强。

课文歌颂我们祖国有长久光荣的历史、勇敢勤劳的人民，地大物博，已经走向繁荣富强的道路。前文说明了我们中国是个物产丰饶、矿藏丰富的好地方。用"有……有……"的排比句式，一气呵成；文字排偶、押韵，朗朗上口。

（二）歌唱新社会

　　《识字课本》中有多篇课文歌颂新社会，如《工人作了主人翁》（一）（二）、《民主管理工厂》（一）（二）、《爱护人民的企业》、《爱护人民的财产》、《公营工厂》、《私营工厂》等。

工人作了主人翁（一）

　　新社会，大不同，黑夜过去太阳红。我们工人最光荣，个个翻身做了主人翁。做主人，责任重，业余学习不放松。文化好，技术通，手脑并用最光荣！

工人作了主人翁（二）

　　自从解放翻了身，我们干活真有劲，机车开得快又快，棉纱出得匀又匀。要问哪里来的劲，因为我们做了主人翁。要问怎样解放做了新主人？毛泽东是我们的大救星。

这类课文歌唱在党和政府的领导下社会有了新面貌，人民有了新生活。没有剥削关系，没有劳资对抗。天天做工不再吃不饱，做鞋的人不再没鞋穿，织布的人不再没衣穿。工人当家作主，齐心发展生产。

（三）歌颂先进人物事迹

学习先进人物事迹，是爱国主义教育的重要组成部分。扫盲教材中，歌颂先进人物事迹的课文有很多。

歌颂学习积极分子的，如：工作积极负责、当了妇女代表的高秀美（《妇女读本·决心学文化》），六十多岁的扫盲积极分子施小妹（《妇女读本·施小妹学文化》），四十五岁仍坚持天天去夜校学习的工人师傅（《国语课本·老苏上学》），上班时积极学习、下班后也不闲着的张树林（《国语课本·张树林学习积极》）。

歌颂劳动积极分子的，如：发明了很多省煤办法的机务段司机孙凤山（《国语课本·孙凤山省煤》），农具工厂翻砂工赵占魁（《国语课本·赵占魁》），当了三十二年电工的老工人张来发（《国语课本·记住张来发同志的话》），任劳任怨、工作带头干的包装间组长石桂兰（《国语课本·石桂兰》）等。

这类课文歌颂学习积极分子和劳动积极分子，号召扫盲学员学习他们爱学习、爱劳动、工作积极、任劳任怨的精神。

钢铁的手

两只钢铁手，真是无价宝，打倒了剥削者，把新世界创造。两只钢铁手，矿山、工厂他建筑，大楼、铁路靠他修。两只钢铁手，是工人的财宝，只要挥动起，力大赛头牛，抢起了大铁锤，开动着火车头。

两只钢铁手，建设少不了，吃穿就来到。两只钢铁手，是国家的宝贝，生产全靠他，兴国又兴家。

此文歌颂打倒了剥削者、创造了新世界，开矿山、建大楼，开火车、促生产的工人阶级，是他们用智慧和力量使国家发生翻天覆地的变化。

劳动英雄我愿嫁

张大姐，年十八，鹅蛋脸，小嘴巴。眉毛弯弯眼睛大，媒人常常到她家。说东家，她不理；说西家，她不答。低下头来暗计划，未曾开口羞答答："李大哥，手艺好。生产竞赛数第一，爱护物资像自家。动脑筋，想办法，有创造，贡献大。铁路功臣选着他，五星奖章胸前挂。这样的劳动英雄我愿嫁。"

此文一方面是在倡导新社会婚姻自主的新风尚，另一方面也是在赞颂积极生产、看护物资、有创造、贡献大的劳动英雄。

扫盲教材中还编写了歌颂苏联和苏联领袖的课文，如：《国语课本》（第四册）中的《十月革命》《斯泰哈诺夫运动》《苏联的主人》《苏联人民艰苦建设》，《妇女读本》中的《列宁的故事》《斯大林关心学习》《苏联的儿童》《苏联的母亲》等。编写这几本教材正值 20 世纪 50 年代（《识字课本》和《国语课本》1950 年出版，《妇女读本》1953 年出版），当时国内正掀起学习苏联的热潮。这些课文让学员了解苏联是怎样一个国家以及苏联建设的成果，表达对苏联领袖和苏联人民的热爱之情。

三、生产生活常识

对农民进行科学文化普及教育也是扫盲教材中重要的组成部分。

（一）解释自然现象

《国语读本》第三册中的《雷电》和第四册中的《我叫什么》《昼夜》《日蚀和月蚀》《阴历和阳历》，分别以农民群众在日常生活中常见的自然现象为题材，解释产生这些自然现象的原因，使学员对这些自然现象有科学的认识。

我叫什么

我最顽皮，也最会变把戏。我给太阳一晒，就变成水汽，飞上天空，人家叫我云。我在空中随风飘游，有时穿着白衣，有时穿着灰衣，早晨和黄昏，常把红袍披在身上。我在空中碰到冷风，就结成雨点，一点一点的落下来；有时在空中变成雪花，一片一片的飘下来；有时在空中变成冰雹，大块小块的打下来。我常在池里睡觉，在河里奔跑，在海里开大会、唱歌、跳舞。我不高兴起来，就把很大的船只打翻，把很厚的堤岸冲破，淹没了人畜和五谷。我的用处很大，我天天做许多工作。如果没有我，人和动物、植物都不能生活。人想出种种方法，要我做好事，不做坏事。你们知道我叫什么？

此文介绍水、云、雨、雪、冰雹、台风、暴雨的形成，这些生活中常见的现象，用拟人的方式作介绍，形象鲜明，活泼生动。

昼夜

我们所住的大地是一个圆的东西，叫地球。地球周围有七万九千多里，它时时刻刻的在绕着太阳转动。我们每天总是看见太阳从东方出来，向西方走，好像太阳绕着地球转，而地球不动。其实，这是地球自己从西向东转，这叫做自转。它一面自转，一面又绕着太阳转。

地球自转一次要二十四小时，我们把它叫做一日。当地球绕着太阳自转的时候，向着太阳的一面，就是白天；背着太阳的一面，就是黑夜。昼夜就是这样来的。

此文介绍地球、地球的自转、白天、黑夜，把相对复杂的自然知识浅显地表述出来，语言通俗生动。

（二）普及卫生常识

《识字课本》中的《常常洗晒》《不喝生水》《打苍蝇》，《国语课本》第三册中的《病菌》《防疫》等课文，向农民传授卫生常识。这些常识与农民学员的生活息息相关，无论是公共卫生还是个人卫生知识，都有助于农民学员树立现代卫生观念，改变不科学的生活习惯与活动方式。

（三）破除迷信

"天上到底有没有菩萨？""地下到底有没有宫殿？""翻翻'皇历'真的能知道吉利不吉利？""'神婆'真的能治病吗？"……《国语课本》第三册中的《谈天》《说地》和第四册中的《迷信皇历》，通过李永章和飞机师、老张和老李、李四和王吉这几个人物的故事和对话，帮助农民学员破除迷信思想。

20世纪50年代中国城乡开展的扫盲运动是在中国共产党领导下开展的一场大规模的文化运动，不但使广大城市居民和农民识字学文，获得初步的读写能力，了解科学常识，提高文化水平，更为重要的是使广大城乡群众从根本上摆脱旧社会的噩梦，打开知识文化的大门，从而实现自身的解放。随着人民群众文化知识的增长，积久成疾的迷信思想慢慢破除，陈规陋习渐渐革除，阶级觉悟逐渐提高，主人翁意识日益增强，为巩固新政权和开展各项事业奠定了牢固的群众基础。

五四運動的回憶　袁希洛

四十年前萹北京大學學生對甬為日本帝國主義侵畧中國的鷹犬曹汝霖、陸宗輿、章宗祥發生了五四學生運動，此時為章宗祥后的（第八年中）公歷一九一九年（馬克思誕生一一一年）五月四日。他們大舉集到曹汝霖的私人住宅前破門而入，此時陸、章兩人正在與曹聚在一室中談話，看見一羣的學生羣衆打腳踏入，來不躲避，即纘到桌子下面，史為學生發見，衆愛鞭戮重曹汝霖愛傷载輕他和逃門在另一胡同即後門逃出，衆散於段祺瑞學門贊贊不見了曹汝霖紛紛找尋也政畧。

陸、章打繫他兩也，秦模拽出學生的包圍善附送有鐵的學生。可凍方將曹宅門霑室內陳設吉玩完全破壞焦燬了，曹宅不足。閒頹克派學塞驅散學生，學生摩不退怨而泝了待槍賫彈的陸軍來青待學生青，而陸軍的槍彈都向空灰射未釀水流血。先寫當時戚提出蕭隱井次長也不再鏈任焉此，五四運動霍焉。待學生運動提出蕭隱井次長也不再鏈任焉此。了北京暮氣沉沉的政畧在上洵的教育畧人士也以焉很快焉。舉動卻此九。三年，上海督時的南洋公學學生，愛了蔡元培、章炳麟、吳敷恆，三敎員及清革命的思想爲學潮紛紛退出學校有的

上海市文史館徵集史料用紙

20×30=600

袁希洛手稿

耄耋之年忆"五四"

——介绍袁希洛手稿《五四运动的回忆》

撰文 / 叶 敏

　　苏州教育博物馆展品中有一件珍贵文物,系袁希洛先生《五四运动的回忆》一文的手稿,使用的是自右向左的竖版对折红方格稿纸,共七页。每页35.5厘米 ×50.8厘米。边栏为四边单线,界行二十列,每列二十五格,整页为五百格,版心处用双横线替代双鱼尾。左侧地脚处,印有"25×20=500"(格子数)。最左边下方印有竖排红色楷体"上海市文史馆征集史料用纸"十二字。

　　袁希洛(1876—1962),字叔畬,号素民,上海宝山人。早年留学于东京私立日本大学高等师范科,1907年在东京加入同盟会。回国后任苏州公立中学校长,辛亥革命时期任江苏都督府参事,参与组织临时革命,任临时参议院议员。后任江苏省立一中、二中校长,江苏法政专校教授,江苏南菁学校校长,同济大学教授和附中主任,启东、太仓、南汇县长,宝山县参议会议长,国大代表等职。1951年7月任上海市人民政府参事。1953年被聘为上海市文史馆馆员。

　　该手稿从第二页开始,右上角有手写的带括号的阿拉伯数字,这是袁先生细心标注的页码。正文中,袁先生用端正的小楷字体写道:

四十年前，北京大学学生，对甘为日本帝国主义侵略中国的鹰犬的曹汝霖、陆宗舆、章宗祥，发生了五四学生运动。此时，为辛亥革命后的第八年，即公历一九一九年。马克思诞生一百一十年……

从文章所说"四十年前"可知，袁先生此手稿的写作时间应为1959年，而袁先生出生于1876年，此时已八十三岁了。这位耄耋老人，或许正是有了多年的历史见闻和思想沉淀，他联系古今中外的学生运动，指出学生较早接受新思想，大都有爱国与革命的一面，但也有部分人后来做官发财，卖国求荣。他精辟指出，"此是一个领导他们的人的问题，也是学生所受的外在影响和内在思想变动的问题"。

他以亲眼目睹的北大学生在五四运动前后的变化，来证明他的观点。

1917年2月，他去北京见其兄长袁希涛（时任教育部次长并代理部务）期间，曾去北大参观，从两件小事就敏锐地感觉到当时的北大是"阴沉沉的毫无生气"。一是当时北大沿袭袁世凯大放阴历年假的做法，二是清帝雍正所颁的镌有"满清缄制国府州县学生不敢开口的很（狠）毒碑文"的卧碑尚在。因此向其兄建言立改，袁希涛告知他："我已与总长决定，请蔡元培先生出任北京大学校长，蔡先生来，定能将北大办好。"

到了1918年10月，教育部召开全国中学校长会议，袁先生到了北京参会，又去北大参观，觉得很有新的生气，并从蔡元培那里得知李大钊先生已在北大任职。新思想已迅速在北大发展起来。

他认为，"袁世凯对北京大学学生的动静是很注意的，所以在日本提出二十一条时，北大学生在旧思想的校长管理下，不可能对曹陆章有所举动"。而到了1919年，在蔡元培校长领导期间，"北大学生再不能容忍曹陆章三人的卖国行为了"。

袁先生1907年就在东京加入了同盟会，回国后即参加了孙中山领导的革命活动。他以苏州公立中学监督（校长）的身份，积极支持学生革命行动，组织学生军事训练，随时准备投身革命活动。回忆录中写到他"在一九一〇年留学日本毕业回国，四月间担任苏州公立中学监督，着手进行以兵式体操训练学生，不到八个月已很纯熟，可使他们参加革命队伍了"。而到了1911年10月，他正到南京上海进行起义，他说："我虽不在校，学生都能自动参加革命了，因此我知道学校的指导人是很重要的。"

在这份回忆录中，袁希洛写到1917年春节他去北京看望大哥袁希涛，对当时北京"大过阴历新年，学校都放了阴历年假"十分反感。为何他当年对北大放阴历年假如此反感，以至于向兄长直言必须纠正此事？从他在辛亥革命时期的行动中可以找到答案。

辛亥年十一月初九（1911年12月28日），他作为十七省推选的四十余名代表之一，在南京参加中华民国临时大总统选举大会，既是江苏省代表，又兼任选举的秘书和书记员工作。选举所有的秩序单、当选票记录，都由袁希洛以粉笔写在黑板上。

选举大会后，召开了各省代表议事会议。早就提倡使用公元纪年的孙中山，当时还在上海忙于处理政务，获知当选总统后，向各省代表会议发来电报，提出改用阳历。当时有少数代表反对，袁希洛则坚决支持孙中山的意见。各位代表权衡后，多数人决定支持孙中山的提议。会议决定以辛亥年十一月十三日（1912年1月1日）为中华民国元年一月一日，迎孙中山先生来南京就任临时大总统。十一月十二日（1911年12月31日），袁希洛去江苏省都督府将篆刻好的"中华民国临时大总统印"捧回代表团，各省代表推荐袁希洛在总统就职时担任授印代表。

1912年1月1日晚8时在南京举行的中华民国临时大总统就职典礼上，袁希洛代表各省将"中华民国临时大总统印"授予孙中山。

正因经历过改元之事，所以他对历法实施的关注就与众不同。这样与众不同的个性，也使其一生颇为坎坷。

袁希洛是国民党元老，却一直在江苏教育界任职，在教育界有着较高的声誉。后来因有人攻击他和袁希涛、黄炎培三人是学阀，于是他愤然离开了教育界，在生计所迫的情况下才不得已从政，1928 年起在启东、太仓和南汇先后出任了三任县长。在当启东县首任县长时，袁希洛因自己种植棉花，自己挑粪、浇肥，于是被官士乡绅讥讽为"挑粪县长"。

抗日战争时袁希洛避居于上海法租界，汪精卫曾要袁希洛出任江苏省主席，被袁希洛严拒。同为留学日本的学生，袁先生的风骨气节，与他回忆录中揭露的曹、陆、章三人形成鲜明对比。曹陆章等人在留学日本时就暗中接受日本政界经济资助，后来靠重金收买关系上位，直至亲日卖国事发下台，继而又受汪伪政府庇佑，最终落得可耻下场。从袁希洛先生回忆录中揭露的这一事实也可以看出，日本政府对中国的渗透和野心，早就在中国留日学生身上开始埋下伏笔，不惜重金收买、培植心腹，可谓居心凶险，图谋甚远。

抗日战争胜利后，国共谈判期间，袁希洛撰文揭露中国国民党准备发动国共内战的阴谋，稿件被《苏报》退回之后，袁希洛就自己刊印散发。1948 年第一届国民大会第一次会议，袁希洛因曾为孙中山授印，所以成为终身国大代表。他走上第一届国民大会第一次会议讲台时，边和蒋介石握手，边声泪俱下地说："老百姓太苦啦，还打什么仗？"被国民党当局诬蔑为"疯代表"。

1955 年，袁希洛想赴北京参加国庆观礼活动，就给毛泽东主席写了一封信，托黄炎培转交。袁希洛在这一年的国庆来临之际抵京，参加了国庆观礼，并受到毛泽东主席接见。接见时他将自己的著稿呈毛主席审阅，还向毛主席提出愿赴台湾劝说蒋介石和平解放台湾，请毛主席设法送他去。毛主席说，最好先写信去，得到蒋同意，方可前去，此信可与黄韧老（黄炎培）商酌定稿。毛主席在谈话中得知袁希洛这次来北京没有带寒衣，次日便派统战部同志购置卫生衣和绒线衣各一身，并说尽快做中式大衣。

几天后，袁希洛将"要求去见蒋介石的信"呈报毛主席。1955 年 10 月 12 日，毛主席读信后批转将袁希洛写给蒋介石的信发往台湾，但台湾方面并无回音。在这种情况下，袁希洛只好打消了去台湾见蒋介石的想法。

这样一位历经沧桑、富有个性的老人，在耄耋之年写了这一篇回忆五四运动的文章。文章末尾写道："因此五四运动，若惊蛰的春雷，是大地回春的信号。""五四运动是中国共产主义发动历史的第一页。五四运动万岁！"读来让人深切感怀！

【附】袁希洛手稿

五四运动的回忆

袁希洛

四十年前，北京大学学生对甘为日本帝国主义侵略中国的鹰犬的曹汝霖、陆宗舆、章宗祥，发生了五四学生运动。此时，为辛亥革命后的第八年，即公历 1919 年，马克思诞生一百一十年。5 月 4 日，他们大群聚集到曹汝霖的私人住宅前，破门而入。此时陆章两人，正在与曹聚在一室中谈话，看见一群的学生蜂涌而入，来不（及）躲避，即钻到桌子下面。又为学生发现，拖出，加以拳打脚跌（踢）。陆、章两人受伤较重，曹汝霖受伤较轻，他知道后门在另一胡同，即从后门逃出，求救于段祺瑞。学生们发觉不见了曹汝霖，纷纷找寻，也改轻陆章的打击。他两人也乘机逃出学生的包围，否则没有寸铁的学生拳脚，也足以打得三人半死不活。学生们不见了曹陆章三人，愤无可泄，乃将曹宅门窗、室内陈设古玩完全破坏，占据了曹宅不退出。段祺瑞先派警察驱散学生，学生不退，怒而派了持枪实弹的陆军来对付学生。幸而陆军的枪弹，都向空放射，未酿成流血死伤。当时我大哥袁希涛正代理教育部部长，反对段总理用陆军对付学生运动，提出辞职，并次长也不再继任了。此一五四运动，震动了北京暮气沉沉的政界，在上海的教育界人士，也以为是很快的举动。

我记得在1904年（按：应为1902年），上海当时的南洋公学学生，受了蔡元培、章炳麟、吴敬恒三教员反清革命的思想，发生学潮，纷纷退出学校，有的跟了蔡吴去日本东京，有的跟了章先生在上海活动。在上海的学生邹容，发行了革命军马前卒①，清政府谕令上海道，向英租界英国领事馆交涉，将章炳麟、邹容监禁在西牢，邹容当年即死在西牢。在东京的，到1906年都入了同盟会。又拿中国1800年历史来讲，汉宋两代的太学生，都曾经发生学生运动。东汉桓帝时代，即147年，太学生在陈蕃等领导下，发生了与后党宦官霸持朝政的斗争。隔了1038年，即宋徽宗宣和七年至钦宗靖康元年，即1125—1126年，太学生陈东见金人入侵，东京汴梁被围，国家危急，上书请黜奸相蔡京等，专任李纲，督同诸将与金人力战，以击退入侵的强寇，决不可屈辱求和。但跟陈东一同运动的太学生很少，所以不及东汉太学生反对权宦的声势。明清以来，太学生，除明太祖曾重视其中优秀分子，任用为巡视全国地方、监察贪官污吏、保护人民外，在清代嘉道两朝到同光②年间，人民不问其是否能读书作文，都可纳赀③成为太学生，因此国子监成为仅有虚名的太学。而太学生，在清末将国子监改办京师大学堂以前的数十年，有臭监生的名称。辛亥革命后改京师大学堂为北京大学，成为中国最大的学府，足以领头，为全国大学高等学校的模范。但事实上，

---

① 革命军中马前卒：系我国近代资产阶级革命家邹容（1885—1905）写作《革命军》时用的笔名。

② 嘉道：清嘉庆、道光。同光，清同治、光绪。

③ 纳赀：封建朝代向官府输交钱财以获取官位的一种制度。

在清末光宣①年间和在辛亥革命后的六七年间，都是暮气沉沉。而在上海的南洋公学学生于1904年（按：应为1902年），已发生革命思想，由教员蔡、章、吴三人领导，一同离校，参加革命队伍；和天主教设立的震旦公学，学生反对法籍神甫强迫学生读宗教课，由教师马良一同离校，成立复旦公学（按：应为1905年事）。但是，他们当时在北京都不见动静。后来又添设了以美国退还的庚子赔款，增设了清华大学。辛亥革命后又有私立朝阳大学，在北京增加了大学生不少。

学生是国家在封建时代、资本主义民主时代受了旧教育和新教育的，故比较的具有爱国思想和革命思想的精神。如东汉末年，黄巾首领张角是不第秀才。太平天国首领洪秀全，是没有入邑庠②的文童。孙中山先生也热（熟）读孔孟之书。香港医学校学生黄兴是秀才。留学日本宏文学校的学生，加入革命同盟会的都是留学日本和欧美的学生及国内学生，也有秀才举人。拿俄国来讲，列宁也是学生，读了马克思的学说而起来革命的。但是学生的别一方面，又养成了做官发才（财）、卖国求荣、不知民族大义的人物。如宋代秦桧，是一个文状元；明末洪承畴是进士出身；助满清战灭太平军的曾国藩是监生，即太学生、中式举人、三甲进士；左宗棠是举人；李鸿章是二甲进士。他们有的做了汉奸，出卖祖国，有的忘了民族大义，以汉人自杀汉人，来媚异族求荣。即以曹陆章三人来讲，他们也都是留学日本东京法政大学，是大学生。在1905年时，清室看到留日学生，很多入了革命党，要以高官厚禄来笼络他们，先将一个东京帝大法科毕业生金邦平，立即以三品京堂任用。曹汝霖也在此年毕业，日本政界要利用他，也从经济上资助他，因此他回国后从上海到北京，清政府即以外交部郎中任用。他买了高贵的

---

① 光宣：清光绪、宣统。
② 邑庠：明清时对县学的称呼。

礼物，孝敬满清王公上司，此等王公的仆人，也以金钱买通，为他说好话，由郎中而参事、而部丞、而侍郎。陆宗舆、章宗祥二人，也由日本以经济资助，而跟了曹汝霖起发的。辛亥革命后二年，袁世凯打败陈其美主张的讨袁军时，曹汝霖已做了袁政府的外交部总长，次年陆宗舆任驻日公使。1915年袁世凯筹备帝制时，日本向袁政府提出近灭亡我国的二十一条，要袁世凯接受。交换保证帝制的交涉也是曹陆两人在外交上办理的。袁世凯帝制不成，忧愤而死。段祺瑞出任国务总理，参加第一次世界大战，向日本商借参战费，也由曹陆章经手，送了不少伤失国权的利益给日本。

我写到此处，又回忆到1919年的五四北大学生运动的北大学生，何以对曹、陆、章三人，在日本提出二十一条时，和段祺瑞第一次向日本借款，送了不少权利给日本时，不向他们作惩治的运动呢？此是一个领导他们的人的问题，也是学生所受的外在影响和内在思想变动的问题。当1906—1909年的四年间，我很想将革命思想灌输入大中以上的学生，和将他们在体育中加以军事训练，成为学生军。故在1910年留学日本毕业回国，四月间担任苏州公立中学监督，着手进行以兵式体操训练学生，不到八个月已很纯熟，可使他们参加革命队伍了。1911年六七月，清室学部召开高等教育会议，上海方面，于江苏总教育会和南洋公学推举沈恩孚、黄炎培、杨保恒、贾丰臻、陆规亮和我为议员。我们六个人都主张行军国民教育的。到北京参加会议时，六人联署，提出军国民教育案，遭到以北京大学为首的、各北方国立高学校监督们的反对。说学生成了军队，都要起来革命，我们做监督的，首先要遭杀身之祸，因此议长决定将此案保留。而此年十月，苏州江苏巡抚程德全附义担任革命都督时，我正到南京上海进行起义，不在苏州。得程抚应任都督的信，赶回苏州，回到公中①时，学生们已负枪实弹，

_____

① 公中：即苏州公立中学。

276

在各处布防。我虽十余日不在校，学生都能自动参加革命了，因此我知道学校的指导人是很重要的。

我又回忆 1913—1914 年，复任此校校长时，看到袁世凯自打败讨袁军后的飞扬拔（跋）扈，我急急的进行学生兵式训练，以备第二次讨袁。学生中的胆小父兄，怕袁世凯势力，反将我告发给袁方。袁世凯令江苏巡按使韩国钧查办，此时江谦继黄炎培任教育司长①，向韩说袁希洛是个书呆子，不要太过分对待他，派他去日本调查留日学生成绩，放他去罢。因此我觉到袁世凯对北京大学学生的动静是很注意的。所以在日本提出二十一条时，北大学生在旧思想的校长管理下，不可能对曹陆章有所举动，袁世凯帝制不成死了。1957 年（按：此为作者笔误，应为 1917 年）2 月，我去北京探望我大哥希涛，且进见当时总统黎元洪。此时段祺瑞任内阁总理，大权独揽，一切不使总统闻问，黎总统对段很不满意。此时北京人民，大过阴历新年，学校都放了阴历年假。我由教育部介绍参观北京大学，大部学生都回家过年，少数远道的学生留京的，也到厂甸②去游玩了，留校职员领我参观了在改办大学以后添建的讲堂宿舍，又到旧时国子监大成殿等处看了石鼓。令我奇怪的是，前清雍正年所颁的卧碑仍在殿侧。参观后我向我大哥说，袁世凯反对改用阳历，定了春节的节日，因此阳历过年不放年假，而大放阴历年假，阳历元旦仅放假一日。此是应当改为阳历放假一月，春节放假一日，最多不能过三天，北京大学应该作为全国的模范。而现在在变相的年假中，阴沉沉的豪（毫）无生气。而且一部分的旧国子监中，清帝雍正所颁的卧碑尚在，必须立即毁去，或送到博物馆中，使大家晓得满清缄制国府州县学生不敢开口的很（狠）毒碑文方可。你是教育部次长，应该将此等问题与

---

① 教育司长：此指江苏省教育司司长。
② 厂甸：北京地名，过去每年旧历正月初一在此附近设摊售货，游人云集。

总长商酌，来加以纠正。大哥说，你不要性急，现在我已与总长决定，请蔡元培先生出任北京大学校长，蔡先生来，定能将北大办好。

1918 年 10 月，教育部召开全国中学校长会议，我以江苏公立南菁学校校长出席会议。到了北京，又去北大见蔡元培先生，并参观，觉很有新的生气。知道李大钊先生已在北大任职。此时俄国十月革命成功，由列宁领导的苏维埃政权已达一年，共产思想以（已）迅速地发展到中国和朝鲜、日本，也入了中国学生的脑海，所以北大学生再不能容忍曹陆章三人的卖国行为了。后来我又知道，此时毛泽东主席也在北大图书馆工作。因此，五四运动若惊蛰的春雷，是大地回春的信号。1921 年 7 月 1 日，在上海成立了中国共产党。1925 年 5 月 30 日，又由中国共产党领导，发生了上海日本纱厂中国工人的五卅运动。而五四运动是中国共产主义发动历史的第一页，五四运动万岁！

（注：文字均照原手稿，个别地方夹注了说明。段落、标点为编者所加。）

楠木厅外景、内景和雕梁

一座承载丰厚的建筑
——介绍柴园楠木厅留馀堂

撰文／朱　刚

苏州教育博物馆内有一座楠木厅，名"留馀堂"。这是 2013 年开始动工的"苏州教育博物馆暨柴园修复改扩建工程"中工程量最大的重点项目，也是该工程完成后园中风格最为高雅典美的建筑。关于楠木厅的根由，原苏州博物馆副馆长姚世英先生《柴园重修记》曾有这样的记载：

吴中旧宅庭园，数以百计，志乘①失载者繁多，柴园其一也。清同治中叶，浙江上虞柴氏安圃主吴江同里之江震盐公堂事，后遂定居苏垣。光绪间卜宅②于醋库巷。顾文彬为题门额曰"嘉门善祥"。宅西辟园，初未有名，人遂以其姓而名之。安圃辞世，子莲青继之，乃名"绹园"，自号"绹园主人"。然柴园之名，已久在人口，不能改也。园整治装修皆精，前为鸳鸯厅，轩敞豪华。后为楠木厅，淳朴雅洁，额曰"留馀堂"。中则有旱船水榭，与相呼应。间以林木，叶茂布荫，缀以石峰，玲珑剔透，湖石假山，堆叠有致，盘旋迂回，丘壑自具。入山之口有"缭

① 志乘：志书。
② 卜宅：占卜决定住所。

而曲"三字，取登降不遑①、如往而复之意。更有曲廊延绵贯连。东北为书楼，乃主人藏书读书之所。西北建堂屋，则主人栖息之地也。堂悬联曰："只看花开落，不问人是非。"园广不足三亩，而有亭馆台榭之美，又具郊墅林泉之趣，洵②匠心独运者也。迫乎③抗战军兴，园渐散为民居。余访得莲青之子龙宸，始知园之始末。其后屡经更迭，诸多改观，且年久失修，颓废不堪。一九八二年市府公布为市级文物保护单位。越三年，次第修复鸳鸯厅、旱船、水榭、曲廊、半亭诸处。因述其兴废梗慨，以告后之修志者④。

由《柴园重修记》一文可知，柴园原有楠木厅，名"留馀堂"。但是这座楠木厅后已圮毁无存，并且查不到其他有关的具体记载。

柴园由浙江上虞人柴安圃于清光绪年间购得并重新修建，是一座东宅西园式的私家园林。后几经沧桑散为民居。20世纪50年代曾是苏州市南区人民政府驻地。1962年开始，苏州市盲聋哑学校在此办校五十年。1982年柴园被列为苏州市文物保护单位。2012年学校搬迁。2013年经苏州市人民政府批准，柴园辟为苏州教育博物馆。

根据苏州市发改委下达的《关于苏州教育博物馆暨柴园修复改扩建工程项目计划任务书的批复》（苏发中心〔2013〕158号），在苏州市教育局具体指导下，项目筹建组确定的原则和目标是：严格按照市政府关于古典园林保护修复工作的相关要求，根据市有关部门保护文物与绿色建筑的标准进行设计、修复、建造，按照修旧如旧的原则和苏州教育博物馆的建设规划，

---

① 不遑：没有闲暇，这里有不停止的意思。
② 洵：确实。
③ 迫乎：等到。
④ 姚世英：《苏州胜迹重修记》，三联书店，1992年。

对柴园进行整体性修复，恢复柴园原有样貌，既保护历史文脉，又挖掘文化内涵，使柴园承载的文化信息与苏州教育底蕴融为一体，让参观者在古典园林中享受观赏的愉悦、获得审美的体验，同时聆听苏州教育故事、领略苏州教育大观，达到赏心悦目、教化育人的效果。专题博物馆与古典园林的有机融合，可以使两者的功能发挥到极致，成为苏州这座历史文化名城中一幅精美的双面绣。

修复工程启动之前，楠木厅原址是一栋三层的砖混结构教学楼。拆除该建筑后，如何恢复楠木厅和其他有关建筑的原来样貌？经过慎重研究，项目筹建组确定了三项依据和办法。

一是根据姚世英先生文章，恢复楠木厅名称"留馀堂"，使得重新修建楠木厅这个项目师出有名、行之有据。二是依据著名古建大师、同济大学陈从周教授 20 世纪 50 年代所绘制的《苏州旧住宅参考图录》（此《图录》现收藏于苏州档案馆），确定楠木厅的大小和位置。在实际执行中，与《图录》所不同的是，根据苏州市文管委专家建议，楠木厅与东侧二层结构的藏书楼位置进行了对调。这主要是考虑到使得园内建筑高低错落有致，取得更好的观赏效果。三是请苏州"香山帮"建筑工匠传人担纲，完全按照中国传统建筑工艺组织施工。太湖之滨的香山自古出建筑工匠，擅长复杂精细的中国传统建筑技术，人称"香山帮"匠人，史有"江南木工巧匠皆出于香山"之誉。明代天安门城楼设计者蒯祥即"香山帮"鼻祖。从匠心独运的苏州古典园林到气势恢弘的北京皇家宫殿，数百年来，苏州"香山帮"匠人的精湛技艺代代相传。苏州"香山帮"传统建筑营造技艺（即中国传统木结构营造技艺)已被列入联合国人类非物质文化遗产代表作名录。我们相信，由"香山帮"传人来负责设计、组织施工，能够保证楠木厅重现昔日风貌。

现在看来，重建的楠木厅很好地实现了原先的设计愿景。

楠木厅现占地 157.3 平方米，总建筑面积 157.3 平方米。三开间，正间为 4.5 米，次间为 3.8 米，共 12.1 米。进深九界①，共 11.4 米。建筑为扁作抬梁式结构，"人"字形两坡，硬山顶屋面，北面檐口高 3.8 米，南面檐口高 4.0 米，屋脊高 8.2 米。

修建楠木厅严格按古法选木围量。"楠木山桃并木荷，严柏椐木香樟栗，性硬直秀用放心"。楠木是落叶乔木，带有黄红色，中心材质带灰褐色，纹理细直，质地坚硬，我国四川等地有出产。楠木是古代建造房屋的上等木材，防虫蛀、防腐效果好，木纹细腻美观，水不能浸，蚁不能穴，号称"千年不腐、万年不烂"。楠木成材极慢，故价格昂贵。经过专家论证，决定柴园楠木厅所有木结构部分均采用楠木材质。目前，苏州城内园林宅第中虽尚存留几处楠木厅，但这些楠木厅只有部分立柱或梁是楠木的，其他木结构已均非楠木。柴园楠木厅所有木结构全部采用缅甸进口楠木为材质，在苏州是独一无二的，在全国也实为罕见。

该厅第一界采用"菱角轩"形式。轩的名称通常根据椽子形态不同而定。轩为南方建筑梁架中常用结构，北方建筑较为少见。具体做法是在厅堂原有屋面下面架设重椽，再铺设望砖，自下方仰视，观望效果与屋面相同，这种做法既可以降低室内空间高度，又显得整齐美观。第二、三界采用"船篷轩"形式，轩梁上有雕花，梁背安座斗，上承"荷包梁"，轩桁间为弯椽，形似船舱顶棚，轩梁端底安有"梁垫"及"蒲鞋头"。

船篷轩往后为"内四界"，四界大梁为整栋建筑规格最大的构件。楠木厅的大梁按照传统工艺，整木挖底剥腮制作，梁端下置梁垫蒲鞋头，大梁背安座斗和寒梢栱，上承山界梁。山界梁较大梁规格略小而做法相同，其背设"五七式斗六升"斗栱一座，与梁成九十度直角，顶端以承脊机及桁。斗栱两旁依"人"字形屋面形状，左右分别做有木板，其表面正反满雕流

---

① 界：古建筑专有名词，指建筑物内部的空间范围。下文中凡涉及古建专有名词不一一作注。

云飞鹤等装饰，称之为"山雾云"。脊桁两旁为"抱梁云"装饰。

内四界再往后为"后双步"结构，此为厅堂建筑常用做法。双步梁亦为扁作制法，一端架于檐柱顶斗栱之上，另一端则凿榫连接于步柱，梁端底设有"蒲鞋头"。梁背则置座斗，斗口架梁垫及寒梢栱，以承"眉川"。

楠木厅的横梁做工十分精细，外观别具一格。梁身有雕花，上部座斗旁设有"抱梁云"，梁端底设有雕花梁垫，梁头为"云头挑梓桁"。斗盘枋上设有"一斗六升"斗栱，其间设有雕花垫栱板。

厅内正间在后步柱之间装有六扇"框档门"，亦称"屏门"。

楠木厅内外共有22根高大粗壮的楠木立柱，特别引人注目。这些立柱均为圆柱形，其中脊柱直径为30厘米，高5.86米。立柱均以鼓形石为柱础，下设礩石，厚实敦重。地坪为50厘米见方的大方砖铺地，方砖表面磨细，色泽白亮，四周披油灰成排铺设。厅外四周阶沿石、侧塘石、踏步石等石构件均为金山石材质，厚重牢固，与整个大厅的体量相互匹配。

前走廊为敞开式，次间设有挂落及木栏杆。走廊两侧与周边建筑相连，门洞为砖细门套，起线，"茶壶档"形式。门楣砖刻题词东为"松啸"，西为"竹吟"。两山墙南侧出垛，"飞砖式"垛头，清水做法，正面有精美砖雕。

楠木厅屋面采用江南地区常用的小青瓦铺设，檐口采用"花边滴水"瓦。南北屋面相交处设有屋脊，脊座之上为滚筒。顶面有一路线脚，脊身为亮花筒搭砌，四周有镶边。滚筒两端和脊身亮花筒间塑有卷草、花枝等图案。屋脊头为"草龙脊"，这是在传统屋脊形式上演变而成的一种样式，脊头上塑有梅鹿松竹等图形。

楠木厅南面外檐下做有斗栱。旧时对斗栱的采用有严格限制，民居采用斗栱的十分罕见。柴园楠木厅别开蹊径采用斗栱，展现了中国传统建筑工艺水平，为整座建筑增添了大气典丽的风格。

楠木厅南北两面共四十扇长短窗，均采用楠木制作，立面正间为长窗，次间为短窗，长短窗上部均设有横风窗，以收通风采光之效。长短窗花边为"福藤条纹"式，双面镶嵌玻璃。裙板及夹堂板正反面均施有精美木雕，内容有琴棋书画、吟诗谈经、观书品茗等。

楠木厅所有木构件表面均按传统工艺采用广漆做法。因建筑全部采用楠木，故采用油漆做法中的清水工艺，这样保留了木材的本色，凸显出楠木细腻美观的纹理，整个建筑呈现出庄重古朴、典雅沉雄的风格。

修建楠木厅时，特地移填土方百余方，将大厅地基抬高了50厘米，不仅有利于排水，而且使其和周边建筑形成高低错落之态，突出了厅堂的轩昂气势。为了保证楠木厅具有古典建筑的风格之美，消防、照明、空调、静电、监控探头等现代技术设施设备均采取了妥善隐蔽的安置办法，既保证了有关设备的功能需求，又不致破坏整个大厅的古典风格。

楠木厅原匾额"留馀堂"已无存，现由中国书法家协会会员、江苏省书法家协会副主席、苏州市书法家协会前会长李大鹏先生重新题写。楹联为吴昌硕曾孙吴民先先生篆书"精骛八极胸中自有丘壑，神游千年笔底乃生波澜"。

留馀堂的出处来自南宋王伯大的《四留铭》。王伯大，字幼学，号留耕，南宋福建长溪县（今霞浦县）赤岸人，出生于官宦家庭，为长溪县首任令赤岸王怀铎之后。王伯大嘉定七年（1214）中进士，曾任青田县令，枢密副都丞旨，兼左司郎中，淳祐七年（1247）拜签书枢密院兼权参知政事，后拜参知政事。淳祐八年（1248），在朝廷任职三十余年的王伯大辞官回乡。他总结自己前半生做人、做事、做官的心得体会，认为人不可穷尽一切利益归己所有，而要保持人与社会、与自然的和谐关系，谋正当利，适可而止，并写出了流传至今的《四留铭》。所谓"四留"即："留有馀，不尽之巧以还造化；留有馀，不尽之禄以还朝廷；留有馀，不尽之财以还百姓；留有馀，不尽之福以还子孙。"王伯大在家乡赤岸村建造了留耕堂，时刻提醒其子孙后代为人处世要"留馀"。"留馀"这一体现中华传统哲学思想的智慧，不仅成为王伯大子孙修身齐家的行为规范，而且在官方和民间都产生了广泛而久远的影响。

今天，人们走进楠木厅，除了被高甍轩敞的大气所震撼，还会被梁头的精美雕刻所吸引。楠木厅的雕刻内容丰富，多与教育相关，工艺精湛，体现出吴地雕刻工艺的特有风格。

大梁的雕刻为"孔子传道授业图"，表现了孔子作为儒者、仁者和教育家的形象，以及他弦诵不绝、杏坛授徒的情景，整幅雕刻场面开阔，人物众多，生动形象，古拙圆融，正与教育博物馆办馆主旨契合。

厅中五架梁上有两幅雕刻。一幅是"竹林七贤图"。三国魏正始年间（240—249），嵇康、阮籍、山涛、向秀、刘伶、王戎及阮咸等七人常在山阳（今河南修武县）竹林之中饮酒放歌，肆意酣畅，世谓"竹林七贤"。此图反映了魏晋时期七位名士在竹林聚会的场景，人物形象生动逼真。另一幅是"御街夸官图"。此图采用浅浮雕，表现出浓烈的吉祥喜庆气氛。"御街夸官"也叫游街夸官。古时科举制度成例，新科状元殿试钦点之后，由吏部、礼部官员捧着圣旨鸣锣开道，状元公身穿红袍、帽插宫花，骑高头骏马，在皇城御街上走过，接受万民朝贺。因奉有皇上圣旨，得知夸官，所有官民都必须跪迎，向圣旨叩头，高呼万岁。御街夸官是科举时代激励学子们苦读上进、谋取功名的一项举措。

楠木厅内东西两侧陈列的是十二座具有代表性的苏州百年老校校舍的木雕模型。这些木雕模型出自浙江东阳工匠之手，仿照原建筑的实际结构样式，各按不同比例缩小制作。从整体架构到细部呈现都一丝不苟，每座模型的门窗皆可启闭自如，体现了东阳木雕的精湛水准。东侧南起依次是：苏州大学钟楼（林堂）、原景海女校红楼、苏州草桥实验小学原长元吴公立高等小学堂门楼、原苏州美术专科学校罗马式廊厦、吴江同里中学红楼；

西侧南起依次是：苏州中学道山亭、苏州十中长达图书馆、苏州四中锺书楼、苏州五中萃英楼、苏州景范中学文正殿；北面是常熟市实验小学原址学前街文庙明伦堂及泮池、昆山市花桥徐公桥小学内大年堂。这些校舍目前均存于世并在使用中，它们既是具有厚重历史积淀的建筑经典，也是苏州教育丰富内涵的最好物证。

楠木厅南北两面窗下的展柜中分别陈列叶圣陶、钱钟书、胡绳、费孝通为母校题写校名的手迹和彭定求、陆肯堂、钱棨、潘世恩四位苏州状元书写的扇面，表现了苏州教育人文厚重、俊彦辈出的特点。

楠木厅北侧，几株疏竹边上立有一尊硕大的泰山石，高 1.7 米、宽 1.0 米、厚 0.8 米。这块泰山石从形状到纹理都酷似北宋范宽画作《溪山行旅图》中的山石，堪足观赏。我国古代有埋石以镇宅辟邪的习俗，很多地方盖屋起楼时要在墙角嵌一块石柱，上刻"泰山石敢当"五字。"五岳独尊"的泰山在中国历史文化中具有特殊的人文价值，泰山之石也被赋予了趋吉避凶的象征意义，民俗"泰山石敢当"已被列入国家非物质文化遗产名录。树立这块泰山石，一则有祈求吉祥平安、彰显礼乐教化的寓意，二则也是在此地辟出一新景点，以避免楠木厅后过道环境单调。

楠木厅南庭有两株树木都与此厅相关，值得一说。一株是实施绿化工程时栽种的杏树，此树每年花繁叶茂、果实累累，与厅内大梁雕刻孔子杏坛讲学正可以相互呼应。另一株是桂树，此树已有百年树龄，在柴园修复过程中，经悉心保护得以无恙善存。虽然主干已经枯朽大半，但仍是年年应时开花、香飘满园，堪称奇迹。古时科举中式被喻为"蟾宫折桂"，这株百年桂树恰好与楠木厅中"御街夸官图"互为映衬。

楠木厅作为江南古典园林的一座珍贵建筑，连同厅内所陈列的教育文物，体现了中国传统建筑之美，成为彰显苏州崇文重教优良传统的载体，吸引着络绎不绝的八方来客。

苏州两院院士展首版版面

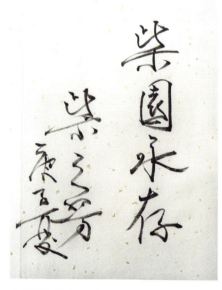

中国科学院院士柴之芳题词

院士之乡钟灵毓秀　科学巨匠闪耀苍穹

——"苏州两院院士特展"撮要

撰文／王桃桂

在喜迎党的二十大胜利召开的日子里，"苏州两院院士特展"在苏州教育博物馆拉开了帷幕。本次特展的展品中有：中国科学院哲学社会科学学部委员胡绳题写的母校"江苏省苏州中学"校名手迹、中国科学院外籍院士李政道题写的"江苏省苏州第十中学"校名手迹、中国科学院院士柴之芳2020年8月9日莅临苏州教育博物馆参观指导时留下的"柴园永存"题词手迹，此外还有两院院士的大量照片和视频。"苏州两院院士特展"以珍贵的文物、丰富的资料和生动的图片视频，向观众呈现了苏州两院院士的感人事迹和耀世风采。

一、苏州两院院士概述

（一）中国院士制度

中国最早的院士产生于1948年，即中央研究院院士。中国著名经济学家、人口学家，曾就读东吴大学（今苏州大学）的马寅初于1948年当选第一任中央研究院院士。

1955年，中国科学院选聘学部委员（1994年改称院士）233人，其中包括王大珩、顾诵芬、周干峙、张光斗、张青莲、钱伟长等二十四名苏州籍科学家，苏州籍院士占比超过 10%。

1994 年，王大珩、顾诵芬、周干峙、张光斗等四人被选聘为中国工程院院士，成为首批双院士，同期另有十二名苏州籍科学家选聘为第一批工程院院士。

截至 2021 年底，根据中国科学院与中国工程院官网数据统计，中国科学院院士一千六百五十七名，健在九百七十余人；中国工程院院士一千三百九十六名，健在一千一百余人①。其中有的身兼两院院士。

两院是指中国科学院和中国工程院。两院院士是我国在科学和工程技术方面设立的最高学术称号，具有崇高的荣誉和学术上的权威性，代表我国科学技术的发展水平。中国科学院院士，是中华人民共和国设立的科学技术方面的最高学术称号；中国工程院院士，是中华人民共和国设立的工程技术方面的最高学术称号，二者都为终身荣誉。两院院士是中国科学院院士和中国工程院院士以及两院授予的外籍院士的统称。

（二）苏州两院院士

苏州深厚的历史文化底蕴、崇文重教的教育传统，造就了苏州人崇尚读书、专注学业的风尚，也为院士的成长提供了丰厚的土壤。这里说的"苏州两院院士"包含四类：一是祖籍苏州的院士；二是祖籍苏州的外籍院士；三是非苏州籍而曾在苏州读书求学的院士；四是非苏州籍而曾在苏州工作过和现仍在苏州工作的院士②。苏州两院院士呈现出如下特点：

第一，人数众多，在全国大中城市中名列前茅。自 1955 年新中国诞生首批院士（学部委员）以来，苏州两院院士占了二百零五席，这在全国大中城市中首屈一指，当之无愧地赢得"院士之乡"的美誉。

---

① 中国科学院院士数据含外籍院士；中国工程院院士含香港、澳门、台湾以及外籍院士。
② 下文提到的苏州两院院士，均包含这四类。

第二，涉及领域广，成就突出，国内外影响力大。在当代苏州籍院士中，有诺贝尔物理学奖获得者李政道，有让中国"雄鹰"振翅高飞的顾诵芬，有为中国的"铸盾"事业立下汗马功劳的钱七虎，有被誉为"中国核武器研制奠基人"的王淦昌，有"水利泰斗"张光斗，有"与昆虫结下不解之缘"的陆宝麟，有"为了更强中国'芯'"的邹世昌，有因首先发现铀核"四分裂"现象而被西方媒体称为"中国居里夫人"的何泽慧，有被誉为"军垦细毛羊之父"的刘守仁，还有被誉为"东方居里夫人"的吴健雄……

第三，崇文重教的优良传统、良好的学校教育、深厚的家学渊源打造了孕育院士成长的摇篮。地域文化传统、学校教育环境以及家庭教育基础，是影响一个科学家成长的重要因素。譬如苏州葑霞巷谢家里谢氏"一门三杰"：谢毓元院士一生为国研制新药，谢毓元的二哥谢毓晋是我国杰出的微生物免疫学家，三哥谢毓寿则是我国著名地震学家、工程地震的奠基人。此外，许多院士都在苏州的大学、中学求学过。如陆志韦、顾翼东、时钧等三十四位院士都曾在苏州大学前身东吴大学就读；李竞雄、陆宝麟、李政道等五十八位院士曾在江苏省苏州中学就读。苏州还出现了兄弟院士王守觉和王守武，冯康和冯端；夫妻院士何泽慧和钱三强；叔侄院士时钧和时铭显。

二、基于本次苏州两院院士特展的数据分析

苏州两院院士，虽然身处的年代不同、研究的领域不同，但是他们身上有着中国科学家共同的精神品质：深邃的科学思想、坚韧不拔的毅力、默默无闻的奉献精神、勇于开拓的创新精神。

（一）苏州两院院士数据总述

本次特展梳理出与苏州有关的两院院士二百零五位，包括祖籍苏州的院士一百一十二位（54.63%）、祖籍苏州的外籍院士六位（2.93%）、非苏州

籍而在苏州求学过的院士六十二位（30.24%），以及曾在苏州工作过和现在苏州工作的院士二十五位（12.20%）。

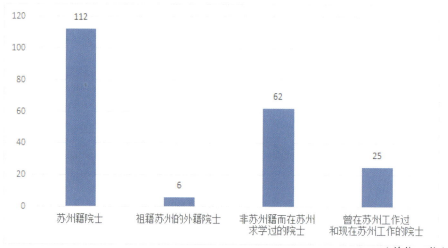

（单位：位）

图 1　与苏州有关的两院院士

苏州籍院士共一百一十二位，包含四位双院士（3.57%）、七十三位中国科学院院士（65.18%）、三十五位中国工程院院士（31.25%）。见下表。

表 1　祖籍苏州的院士（112 位）

张光斗	郑国锠	杨嘉墀	李依依	王家骐	冯 端
王大珩	冯新德	李德生	章 申	程耿东	孙 钧
顾诵芬	姚 鑫	徐国钧	秦国刚	王志珍	宋鸿钊
周干峙	陆宝麟	谢毓元	潘承洞	洪家兴	吴中伟
顾翼东	程民德	王守觉	丁大钊	顾逸东	顾懋祥
夏坚白	沈善炯	徐晓白	陆汝钤	郑兰荪	殷 震
李 强	吴仲华	童秉纲	姚 熹	胡 绳	李庆忠
戴松恩	刘建康	陆熙炎	汪集旸	田 禾	赵 铠
王淦昌	钱人元	曹楚南	汪品先	施剑林	李正名
周同庆	李敏华	姚开泰	薛永祺	陈志明	屈梁生

张青莲	吴传钧	邹世昌	苏肇冰	朱 敏	顾健人
黄文熙	程开甲	唐孝威	夏建白	徐义刚	唐孝炎
李竞雄	王守武	黄胜年	吴培亨	樊春海	时铭显
时 钧	汪闻韶	陆埮	吕达仁	何泽慧	陆佑楣
陈华癸	殷之文	吴建屏	何鸣元	谈镐生	黄崇祺
蔡吉人	宋湛谦	龚知本	陈祥宝	范滇元	刘守仁
殷瑞钰	沈倍奋	钱 易	沈政昌	翁宇庆	张祖勋
周邦新	张志愿	钱七虎	陆 军	张钟华	潘镜芙
杨胜利	于文虎	朱能鸿	陈太一		

祖籍苏州的外籍院士六位。见下表。

表2　祖籍苏州的外籍院士（6位）

吴健雄	施 敏	李政道	贝聿铭	朱棣文	杨培东

非苏州籍而在苏州求学过的院士六十二位，其中一位双院士（1.61%）、四十二位中国科学院院士（67.74%）、十七位中国工程院院士（27.42%）、两位中国科学院外籍院士（3.23%）。见下表。

表3　非苏州籍而在苏州求学过的院士（62位）

马寅初	杨澄中	王礼恒	芮筱亭	庄小威	曾德超
胡经甫	吴浩青	钱钟韩	龚祖同	钱逸泰	张新时
陆志韦	钱保功	刘元方	张大煜	王德滋	周锡元
谢少文	胡 宁	张效祥	钱伟长	陆道培	叶可明
钱俊瑞	钱令希	杨立铭	朱洪元	程庆国	黄宏嘉
高尚荫	陈鉴远	陶诗言	黄培云	刘彤华	戴元本
谈家桢	冯元桢	汤定元	董申保	沙庆林	王 元

苏元复	戴念慈	盛金章	周维善	朱森元	宁津生
汪菊渊	冯 康	尹文英	郁铭芳	钱鸣高	茆 智
钦俊德	程天民	吴良镛	宋大祥	邹 竞	韦 钰
詹启敏	姚建铨				

曾在苏州工作过和现在苏州工作的院士二十五位，其中十九位中国科学院院士（76%）、四位中国工程院院士（16%）、两位中国工程院外籍院士（8%）。

表 4　曾在苏州工作过和现在苏州工作的院士（25 位）

叶桔泉	陈子元	李述汤	李永舫	蒋华良
刘敦桢	乔登江	崔占峰	王志新	迟力峰
承淡安	潘君骅	顾 宁	邹志刚	阮长耿
刘承钊	薛鸣球	马光辉	吉多·克罗默	柴之芳
吕叔湘	沈之荃	唐叔贤	刘忠范	周成虎

（二）地域关系分析

以院士的出生地、就读学校为切入点，可以探寻院士在地域分布方面的规律和特征。

苏州历来是江南富庶之地，经济繁荣的物质基础和深厚的传统文化积淀，为学子们创造了一个能安心学习的良好环境，也吸引了大量名贤寓居苏州。这是苏州院士产生的地域环境优势。

苏州籍院士（含祖籍苏州的院士一百一十二位和祖籍苏州的外籍院士六位）共一百一十八位。其中苏州市①高达六十九位，占苏州籍院士总数的

---

① 苏州市指所辖 6 区：姑苏区、吴江区、吴中区、相城区、高新区及工业园区，下同。

58.47%。院士数量众多，这与苏州这座中心城市富庶的经济和良好的社会环境密切相关。

（三）获得院士称号的年龄

通过梳理二百零五名苏州两院院士（不含四名双院士①）出生年份、获得院士称号的年份，归纳出获得院士称号的年龄结构。见下图。

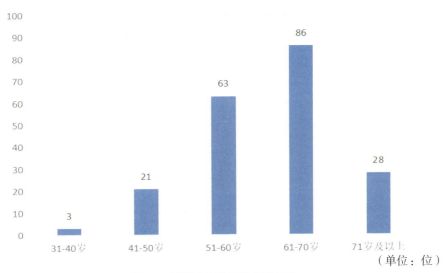

图6　获得院士称号的年龄结构

三、苏州两院院士与苏州教育的关系

"两院院士是国家的财富、人民的骄傲、民族的光荣。"习近平总书记在中国科学院第十九次院士大会、中国工程院第十四次院士大会上的讲话提到："中国科学院、中国工程院是国家科学技术界和工程科技界的最高学

---

① 王大珩于1955年（四十岁）获评中国科学院院士，1994年（七十九岁）获评中国工程院院士；顾诵芬于1991年（六十一岁）获评中国科学院院士，1994年（六十四岁）获评中国工程院院士；周干峙于1991年（六十一岁）获评中国科学院院士，1994年（六十四岁）获评中国工程院院士；张光斗于1955年（四十三岁）获评中国科学院院士，1994年（八十二岁）获评中国工程院院士。

术机构，是科技大师荟萃之地。"梳理苏州两院院士的史料，有助于讲好苏州院士故事，弘扬科学家精神。

（一）曾在苏州读书求学的院士

近代以来，苏州兴教办学蔚为风气，各类大中小学如雨后春笋，相继兴起，体现出办学水平高、教育质量优、优秀人才多的特点。通过梳理发现，曾在苏州各类大中小学校求学过的院士共有二百三十二位（含重复统计）；如果剔除重复人数，从苏州各类学校走出的院士为一百四十九位[1]，特别突出的是东吴大学（今苏州大学）和江苏省苏州中学，共走出八十多位院士。

表5　曾在苏州读书求学的院士（149位）

夏坚白	范滇元	李敏华	蔡吉人	郁铭芳	钱逸泰
张青莲	周邦新	刘建康	徐国钧	宋大祥	王德滋
顾翼东	龚知本	施剑林	薛永祺	詹启敏	陆道培
王淦昌	沈政昌	邹世昌	汪闻韶	芮筱亭	干礼恒
时钧	陆军	唐孝炎	丁大钊	龚祖同	钱钟韩
沈善炯	徐义刚	杨胜利	谢毓元	张大煜	刘元方
李竞雄	陆埮	黄胜年	潘镜芙	钱伟长	张效祥
胡绳	钱人元	杨嘉墀	李政道	杨澄中	杨立铭
吴传钧	郑国锠	陆熙炎	吴健雄	吴浩青	陶诗言
陆宝麟	陈祥宝	樊春海	施敏	钱保功	汤定元
冯端	李强	王守武	杨培东	胡宁	盛金章
宋鸿钊	戴松恩	陆汝钤	马寅初	钱令希	尹文英
程民德	冯新德	王家骐	胡经甫	陈鉴远	吴良镛
谈镐生	曹楚南	吴培亨	陆志韦	冯元桢	黄宏嘉
王守觉	章申	姚鑫	谢少文	戴念慈	戴元本

---

① 指曾在苏州读书求学过的院士（含苏州籍和非苏州籍）。

吴中伟	王志珍	吕达仁	钱俊瑞	冯 康	王 元
殷 震	钱七虎	屈梁生	高尚荫	程天民	宁津生
姚 熹	秦国刚	李庆忠	谈家桢	程庆国	茹 智
童秉纲	周同庆	程开甲	苏元复	刘彤华	韦 钰
汪集旸	殷之文	钱 易	汪菊渊	沙庆林	叶可明
潘承洞	张光斗	何泽慧	钦俊德	朱森元	曾德超
李正名	殷瑞钰	张钟华	朱洪元	钱鸣高	张新时
时铭显	程耿东	何鸣元	黄培云	邹 竞	周锡元
赵 铠	陈志明	顾健人	董申保	姚建铨	陈太一
苏肇冰	张祖勋	黄崇祺	周维善	庄小威	

（二）院士就读学校所在区域分布

一百三十五位院士（含重复统计）曾在苏州市的学校就读过，其中吴江区六位、吴中区三位、姑苏区一百二十三位、相城区两位、高新区一位。

八位院士（含重复统计）曾在张家港市中学求学过。

二十七位院士（含重复统计）曾在常熟市各类中小学求学过，其中中学二十二位，小学五位。

八位院士（含重复统计）曾在太仓市各类学校就读过，分别是太仓市第一中学一位，太仓市浮桥中学一位，太仓市城厢镇第一小学四位，太仓市沙溪镇第一小学一位，太仓市浮桥九曲小学一位。除太仓市第一中学位于太仓市区，其余学校均为农村中小学。

四位院士（含重复统计）曾在昆山市中小学就读过，分别是昆山第一中学一位，锦溪初级中学一位，昆山市玉山镇第一中心小学一位，昆山市淀山湖中心小学一位。

（三）两院院士与苏州教育

1. 家学渊源：传承有序

不少院士在回顾自己成长的历程时都提到，读书氛围浓郁的家庭环境、潜移默化的熏陶对人才成长至关重要。如一门双院士的王守武、王守觉，出生于苏州名门望族——东山莫釐王氏，为明代大学士王鏊后裔。王家也是中国近代罕见的科技世家。祖父王颂蔚是光绪六年（1880）进士，著名历史学家、文学家；祖母王谢长达是苏州女权运动先驱、振华女校创办人；父亲王季同是清末著名的数学家，精通数理、电机和化学；伯父王季烈是著名物理翻译家。

再如：一门双院士的殷之文、殷震，他们来自甪直吉家浜的书香门第；钱易院士来自"一门六院士、半门皆教师"的钱氏家族；钱三强、何泽慧这对原子世界的科学伴侣一起发现了铀核三分裂、四分裂现象，被誉为"中国的居里夫妇"；顾诵芬院士是国学大师、古籍版本学家顾廷龙之子；翁宇庆院士出身常熟翁氏，是晚晴名臣翁同龢的后裔。

苏州自古至今崇尚诗书传世的良好家风，不少院士都有深厚的家学渊源，这是他们赖以成长、成才的文化沃土。因此，苏州院士中有兄弟院士、夫妻院士、叔侄院士，也就不足为奇了。

2. 崇文重教：成长的摇篮

苏州自古崇文重教，前贤名人在此办校兴学、教书育人，形成了众多办学时间长达百年的知名老校。它们经历了社会变迁和文化洗礼，形成了严谨的治学风格和丰厚的人文精神，凝聚着千百年来的优秀教育传统，奠定了苏州教育最牢固的基础。

曾在苏州读书求学的院士有一百四十九位，这得益于吴文化博大精深、源远流长的天然养分，这是苏州教育的荣耀和骄傲！

例如，何泽慧出生于苏州，不满七岁的她便进入其外祖母王谢长达创办、离家又很近的振华女校。学校环境优美、风气开明，何泽慧一心投入学业，刻苦学习。振华女校不仅重视课堂知识，也注重拓展课外阅读面，注重培养兴趣爱好，这让何泽慧的天赋得到了充分的发展。

再如，潘镜芙院士少年时代随父母定居苏州，先后就读于乐群中学（今苏州市第三中学）、苏州市第一中学、江苏省苏州中学等学校。苏州"千载之下学者益众，家诗书而户礼乐"的文化氛围，先贤大儒"先天下之忧而忧，后天下之乐而乐"的家国情怀不断滋养着少年时代求知若渴的潘镜芙。

3. 言传身教：榜样的力量

饮水思源，师恩永存。苏州两院院士在学术和技术上成绩斐然，功勋卓著，在各自的研究领域中，做出了杰出的贡献。这些成就与他们所遇到的恩师教诲和言传身教密不可分。

潘君骅院士在回忆中提到，"印象最深刻的是教物理和几何课的汪家骕，他很有学问、爱读书、教课很有方法，对学生循循善诱"①。王淦昌院士师从叶企孙教授，他说："叶教授用他出色的启发式教学方式，点燃了我心中隐藏的物理才华，让我不由自主地去敲开物理学的大门。"②

程开甲小时候曾因顽皮导致学业荒废，读了三年二年级，被同学戏称"年年老板"。后来，在观音弄小学校长简晓峰"自主、自动、自学、自助""四自"教育法的启发、引导和鼓励下，程开甲慢慢懂得了"成才"的含义，并立志成为一个"大人物"，学习也越来越好。这为他日后成为核武器技术专家、中国科学院院士、"两弹一星"元勋打下了基础。

再如为国铸"盾"的钱七虎、"剑指蓝海"的潘镜芙、"东方的居里夫人"

---

① 苏州市科学技术协会：《苏州院士文学故事丛书——专注者的深情》，江苏凤凰教育出版社，2022年，第133页。

② 苏州市科学技术协会：《苏州院士文学故事丛书——我愿以身许国》，江苏凤凰教育出版社，2022年，第39页。

吴健雄……这些杰出的科学家都曾表示，他们的成就离不开恩师的谆谆教诲、循循善诱。

本次展陈突出体现了学校教育的元素，凡在苏州学校就读过的院士我们都尽可能进行溯源。通过梳理研究，以区域板块为单元将收录的两百多名苏州两院院士的史料事迹布设展陈，介绍院士在苏州或生活、或学习、或工作的情况，展现每位院士的风采，这对于弘扬科学家精神、启迪引领青少年成为"有理想、有本领、有担当"的社会主义建设者和接班人，具有重要的教育价值和社会意义。这正是苏州教育博物馆应尽的责任和使命。

本馆展陈文物撷萃

撰文 / 张宜英　谷雪莉

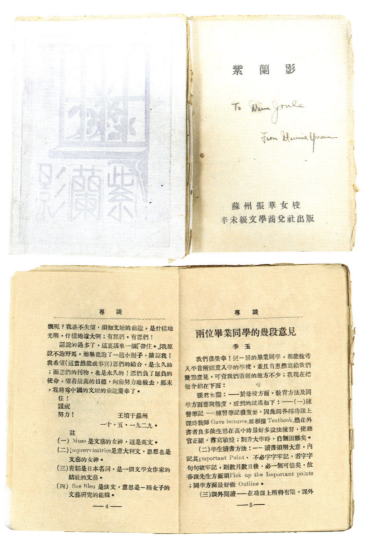

《紫兰影》书影

苏州振华女校学生刊物《紫兰影》

这两册《紫兰影》是民国十八年（1929）振华女校学生社团辛未级文学商兑社印行的诗文集。文集中有校长王季玉撰写的专谈《两位毕业同学的几段意见》，文中给学生指出了读书方法："读书方法：第一点记主点要义 Important point，第二点作摘记 outline，第三点多阅读课外之书。"

全文如下：

我们很荣幸！这一届的毕业同学，都能投考入平昔所愿意入学的学校，并且肯惠然写给我们几点意见，可资我们借鉴的地方不少；我现在把他介绍在下面：

张君如兰：——于母校方面，教育方法及同学方面应取态度，感到的试述如下：——（一）练习笔记——练习笔记很重要，因此间各种功课上课时教师 Gave lectures，虽根据 Textbook，然在外书者良多故生思在高中时最好多设法练习，使听官正确，书写敏捷；则升大学时，自无困难矣。

（二）学生读书方法：——读书须明大意，内记其 Important point，不必字字牢记，若字字句句欲牢记，则数月数日后，必一无可忆矣，故各课先生方面须 Pick up the Important points；同学方面最好做 Outline.

（三）课外阅读——在功课上所得有限，课外的所得无限；生在校时每学期皆读不少课外之书，——小说诗词居多，此间各课有必须阅读之书，人人不可不读，故母校最好奖励学生课外阅读，不单专心于课本也。

为免同学入大学要感困难，所以诚恳地提了出来，照我所感到的，希望各同学忙碌的时候，切勿怨我！因为现在的苦味到将来会变甜味，现在甜味，正是将来的苦味——

张君镜蓉：——清华的教授都系专家；设备也很完善，科学馆、图书馆都极宏丽和富饶，生物馆正待建筑，我很希望我们同学到这里来！可是功课的预备，除国文英文无须多预备外，科学及世界史地，须稍事预备，算学尤须参看其他书本，且应熟记中文名字，这几项都可以作为母校同学们的参考——

我们承两位同学——如兰、镜蓉——这样诚实地、恳切地来关切，值得多么的感荷！人们在事后的感想，大都可以修正当时的缺点，因为是根据在应用的实验；而尤其可以"昭示来者"给一条正确的"进德修业"的途径，我们又应当怎样郑重地注意她们的指示？

我们现在还可以把她们俩的说话，归纳起来，得到的有两点：现在读书的方法，将来升学的预备。

读书方法：第一点记主点要义 Important point，第二点作摘记 outline，第三点多阅读课外之书。

我常说读书最怕着力在无用的地方，就是不能摘出主点来记忆，所以我们除欣赏整篇文学之外，任何科目，都应当把主要的地方摘出来札录为记忆，只是不必单靠着先生。

课外阅读，我们已经行了几年，阅读书目也已经编出了几次，——最近又有可是总见不到显明的效验，这恐怕都是同学们不肯鼓起兴趣去做的缘故吧？

升学预备：第一点课室中的记录，第二点科学的预备。

从第一点看来，无论中西文的熟练，都靠着多听和多写，这确是天经和地义的；从第二点看起，老实说，我们校里，科学质量向来不能算欠。前次开校友会有一位毕业同学报告"同学升入大学时，大都偏好科学"。可是我最近一二年来，忽然感觉到同学方面，转到文的一方面的人太多：——尤其恐怕要走入浮泛，——我想文学可以表现人生，果然是重要，可是要真能做到"表演人生"绝对不是"肤泛"；科学呢？在现国家，社会、人生的全部，都是重要的基础，哪能不重视一点？张君如兰说得好，"现在的苦味到将来会变甜味。"我们听了，还快不要加一倍的努力么？

十八年·十月·二十二日

王季玉（1885—1967），苏州振华女校创办人王谢长达之女，中国近现代教育家。毕业于苏州景海女子师范学校，后就读日本、美国。归国后，婉辞各大学之聘，继承母志，于1917年接任振华女校校长，长达四十年。新中国成立后，历任苏州市教育工会委员、市妇联副主任，市第三届、第六届人民代表，市人民委员会委员。1958年，任江苏师范学院附中(原振华女中)名誉校长。1967年3月14日病逝于杭州。她终身未嫁，全心献身于教育事业。

善耕小学信笺

吴县善耕小学校用笺

民国二十年（1931）吴县善耕小学校用笺上印有校史沿革情况：

　　本校原名长洲县官立高等小学堂，校址在城南羊王庙前。于前清光绪三十二年正月开办，光复后改称吴县县立第二高等小学校。民国三年八月迁移至谢衙前。十五年八月按照新学制改组为完全小学，名吴县县立第三小学校。十六年八月改称吴县县立城北小学校。十七年八月，县市教育划分，本校归市办，改称苏州市城北小学校。十九年五月县市合并，八月始改今名。

蒋文兰毕业证书

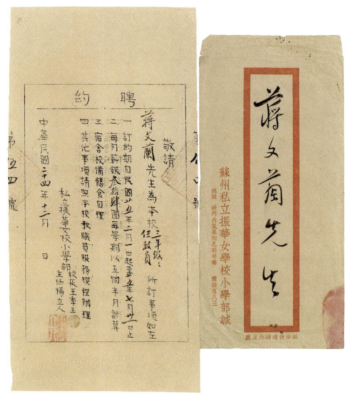

蒋文兰聘书

同一所学校发给同一个人的毕业证书和聘书

民国十五年（1926），蒋文兰毕业于振华女校，这是由校长王谢长达签署的中英文毕业证书。九年后，民国二十四年（1935）蒋文兰受聘于母校小学部任教，这是由校长王季玉（王谢长达之女）签署的聘约。聘约注明，受聘人担任三年级级任教员，聘期半年，月薪三十四元。受聘者宿舍由学校提供，膳食自理。

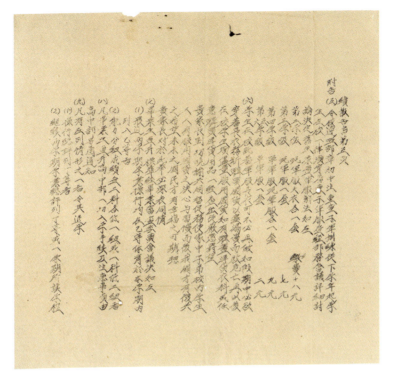

苏州中学放假通知

民国二十二年（1933）江苏省立苏州中学放假通知

该通知在报告书第六条中提出如下要求：

（六）学生在校既着军服，长衣可不必再做。如假期中，必欲穿着长衣，务祈购买国货，以塞漏卮而救危亡。再以后，在校学生需尽量服用国货。如有购置洋货衣料或任意购买洋货用品，一经查出，从严惩罚。望贵家长剀切晓谕，共同督促，务使家中子弟、校内学生，人人有服用国货之决心与习惯，而后我国方有复兴之希望；未来之国民，方有幸福之可期。想贵家长对于此举必深表同情。

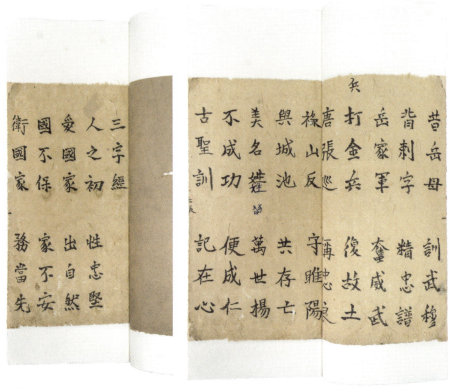

抗日三字经

《抗日三字经》

《抗日三字经》是抗日战争时期流传于沦陷区的一种手抄本，所传各种抄本内容文字略有出入。我馆收藏一件《抗日三字经》，原件为土黄色毛边纸，边缘不甚整齐，每页长约 18 厘米，对折装订后宽约 10 厘米。版心处写有页码，共二十四页，每页五行，每行六字，共一千四百二十五字。文本用毛笔手抄，正楷，竖行，笔法比较幼稚，但书写认真，个别地方还夹有校注的文字。原件有破损，经苏州文学山房主人江澄波用"金镶玉"法装裱成册，俾便翻阅。

该抄本封面除"抗日三字经"书名外，还有"己丑年""张能汤"字

样。"张能汤"可能为抄写者（或持有者）姓名。"己丑年
（1937）"应是"丁丑年（1937）"之误（文中所叙事实截至1937年）。

该抄本从岳飞抗金兵、张巡守睢阳说起，强调"不成功，便成仁，古
圣训，记在心"。接着说到日本侵略中国的历史，从明代倭寇之祸到1894
年甲午之战，从1931年九一八事变、1937年七七事变到1937年八一三事
变，还说到了1937年8月26日英国驻华大使许阁森座车被日机轰炸事件以
及1937年12月12日美国军舰巴纳号遭日机轰炸事件。《抗日三字经》控诉
了日本侵略者烧杀淫掠的滔天罪行，歌颂了全国工农兵学商男女老少同仇
敌忾救亡图存的壮举，赞扬了佟麟阁、赵登禹、姚子青、郝梦麟、郑廷珍、
刘家祺、谢晋元、阎海文、段云清等抗日英烈的感人事迹，表达了牢记血
海深仇、"雪国耻、收失地"的决心。

兹录其中部分文字如下：

人之初 性忠坚 爱国家 出自然 国不保 家不安
卫国家 务当先
昔岳母 训武穆 背刺字 精忠谱 岳家军 奋威武
打金兵 复故土
唐张巡 称忠良 禄山反 守睢阳 与城池 共存亡
美名姓 万世扬
不成功 便成仁 古圣训 记在心
日本鬼 欺中华 似恶兽 似毒蛇 占我地 杀我民
又抢掠 又奸淫 恨如海 仇如山 我同胞 请听言
倭寇祸 起明朝 沿海岸 乱杀烧 戚继光 发兵剿
丑倭寇 鼠窜逃
清政府 不改良 官不贤 兵不强 甲午战 海军亡

日本鬼　更猖狂　吞琉球　灭台湾　割旅顺　并大连
使奸计　夺朝鲜　我藩属　丧失完

东三省　好地方　有大豆　有高粱　森林茂　煤铁藏
九一八　切莫忘　日本鬼　夺沈阳　守土将　志不刚
不抵抗　实心伤　好河山　一夜亡　我同胞　苦尽尝
彼倭寇　喜洋洋　三省亡　热河陷　日本鬼　贪无厌
侵察北　攻绥远　走私货　卖白面　砸海关　闹车站
硬逼我　讲亲善　口如蜜　腹藏剑

七月七　卢沟桥　日本鬼　演野操　半夜后　奸计行
开大炮　轰宛平　夺天津　陷北平　文化地　鸟兽行
国人怒　世界惊

在上海　八一三　日本鬼　生事端　无原故　派兵船
陆战队　极凶顽　杀妇孺　屠老午　既无法　又无天
残酷状　不忍言　敌到处　搜女人　奸淫后　惨杀身
或挖眼　或剖心　赤条条　钉城门　倭寇机　任意炸
毁高楼　倾大厦　寡人妻　孤人子　我同胞　多惨死
言宗教　重自由　文明国　多讲求　彼倭寇　与人异
毁佛像　污圣地　见回民　猪肉逼　对教徒　谤上帝
野蛮贼　人共弃

好河山　失无限　好百姓　死无算　无可忍　无可让
我国人　誓抵抗　我政府　诰国民　齐抗战　求生存
无南北　无西东　御强寇　莫放松　无男女　无老少
拼死命　把国救　人人战　处处抗　彼倭寇　易扫荡
节节防　步步营　彼日寇　必困穷

农种植　供军粮　军粮足　军力强　深深耕　早晚浇

锄野草 留正苗 供军用 不辞劳

工人好 有心胸 早入厂 晚下工 多制造 用无穷
抵外货 国力雄

商贩卖 要公道 不居奇 不取巧 卖国货 良心好

学界人 知识高 勤宣传 教同胞 倭寇心 最狠毒
亡我国 灭我族 劝同胞 钱力出

军界士 贵勇敢 杀敌人 不眨眼 一当十 十当百
百当千 千当万 不胜利 不停战

佟麟阁 赵登禹 两将军 把兵举 守南苑 登丰台
身虽死 有荣哀

姚子青 守宝山 一营士 只余三 壮烈节 实空前
郝梦麐 郑廷珍 刘家祺 三将军 推强敌 把命拼
在火线 勇无双 忻口役 齐战亡 北战场 威名扬
谢晋元 守闸北 四行库 作阵垒 八百士 立誓言
宁战死 不生还

阎海文 是空军 打敌机 八架焚 炸敌舰 三只沉
身受伤 落敌方 从容中 举手枪 先杀敌 后自戕
段云清 一等兵 身体健 国术精 遇敌舟 跃身上
彼寇三 合力抗 左一拳 右一腿 两倭寇 双落水
余一寇 逃船只 刺刀下 立做鬼

英勇哉 齐赞美 此数将 军人魂 青史上 美名存
我军民 须自励 前者仆 后者继 抗到底 必胜利
既开战 有伤亡 勤救护 赖后方 童子军 服务团
冒炮火 齐向前 抬伤亡 莫迟延
在前线 有群僧 爱国家 救众生 无担架 背伤兵

311

方外人 实可风
好护士 好医生 到医院 医伤兵 治弹伤 须技巧
热心肠 尤可宝
有老妪 有少妇 为伤兵 洗衣裤 问寒暖 如慈母
受伤将 最荣誉 听命令 守纪律 静心养 快复原
伤养好 速出院 归部队 上前线 再杀敌 是好汉
我民族 救危亡 众壮丁 齐武装 联庄会 自卫团
训练紧 组织坚 助军队 保地方 修道路 守桥梁
蠢汉奸 难掩藏 敌侦探 要提防
我祖宗 创业难 廿八省 锦江山 尺寸土 必保全
五千载 文化传 考世系 文书全 国土保 子孙延
彼倭寇 据三岛 寡信义 多诈巧 欺我国 压世界
国际法 都毁灭 和平约 统撕裂
各强国 爱和平 恨倭寇 太横行 对我国 表同情
愿助我 把敌攻 人助我 是善意 我自己 须努力
尺寸土 不放弃 血海仇 难忘记 雪国耻 收失地
我同胞 宜勉励

顾胡廉素聘书

顾胡廉素聘书

这是一份民国二十八年（1939）吴县公署小学教员登记证。证件持有人顾胡廉素，号子克，婚后从夫姓顾，毕业于江苏省立苏州第二女子师范学校。从这份民国二十七年（1938）吴县县立春申两级小学校聘书可知，受聘人担任一年级级任教员并襄理校务、指导儿童课外作业，每周授课二十三小时，每月俸银二十四元，聘期为一年。

江苏省立苏州第二女子师范学校创办于 1912 年 7 月，1949 年 10 月与江苏省立苏州师范学校合并改称江苏省新苏师范学校，办学共三十七年。其间曾三易校名：1912 年建校时称江苏省立苏州第二女子师范学校；1927 年改称江苏省立女子中学，内设师范部；1932 年改称江苏省立女子师范学校直至 1949 年。著名物理学家吴健雄、著名教育家于漪均毕业于该校。

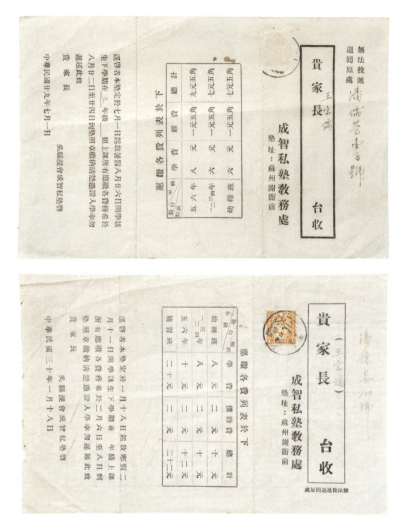

两封致家长信

两封致家长信

民国二十九年（1940）七月及三十年（1941）一月、七月吴县浸会成智私塾的开学通知书和收费标准。可以看出 1940—1941 两年间该校收费标准的变化。按：当时物价，一银元可以买到十六到十八斤大米或五至七斤猪肉。

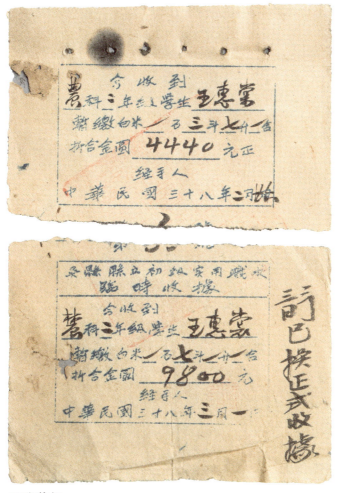

两张收据

两张收据

　　这是民国三十八年（1949）吴县县立初级实用职校的学生缴费收据。当时通货膨胀物价飞涨，金圆券急速贬值，已经失去作为流通货币的价值，所以学校收费用实物结算。斗、升，我国市制容量单位，一斗为十升。一斗大米重约十二市斤。按照这张收据来推算，当年二月份一市斤大米约合金圆券九十九元，三月份涨到每市斤金圆券一百一十六元，一个月内涨幅 17%。

袖珍英汉字典

袖珍英汉字典

1941 年出版的《求解作文两用模范英汉小字典 MODEL ENGLISH-CHINESE DICTIONARY 》，品相完好。长 7.2 厘米 × 宽 4.7 厘米 × 厚 3.3 厘米。总五百八十六页（扉页及序言两页，例言及目录六页，正文五百六十页，附录十八页）。青蓝色布面精装，封面文字烫银（有磨损），内芯铜版精印，字迹细小而清晰。编辑兼校对者赵克新，邵虚萍作序于上海中英编译馆，上海春明书局印行。

该书例言称："本书单字之编制，系以韦氏大字典为根据；条目分明，检查最为便利。""本书最适宜于中学生及小学生检查英文生字之用；而社会各界之研究英文者，备此一书，关于英文方面之疑难，亦可赖以解决。"

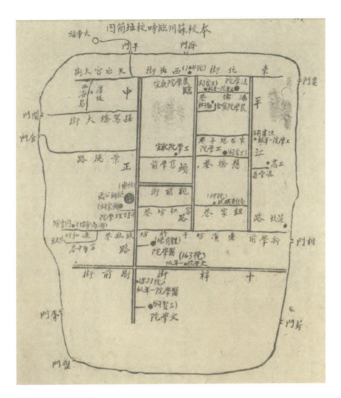

河南大学在苏办学手绘地图

河南大学学生庆祝苏州解放

河南大学在苏办学手绘地图

这幅手绘地图《本校苏州临时校址简图》是 1948 至 1949 年国立河南大学在苏州办学的实物证明。该地图原件藏河南大学校史馆，我馆名誉馆长谷公胜 2019 年 5 月赴河南讲学时发现这幅地图，经河南大学校史馆同意，由我馆电子扫描后复制。

从这份手绘地图以及《纪念国立河南大学南迁北返六十五周年·国立河南大学 1948—1949 纪实》（杨泽海等编著，时代教育出版社 2014 年 6 月第 2 版）一书有关记载，可以梳理出以下事实。

一、河南大学在苏办学经过

1948 年 6 月底，河南大学文、理、法、工、医、农六个学院及十六个系，共三千两百余名师生员工和家属，从战火纷飞的开封南迁到苏州。是年 10 月 10 日，河南大学举行隆重典礼，在苏开学复课。

1949 年 4 月 27 日，苏州解放。4 月 29 日，苏州军管会接管国立河南大学。在苏州军管会的领导下，河南大学中共地下党支部和该校在苏师生为将学校完整保留在新中国做出了贡献。

同年 5 月，国立河南大学校委会（主任委员方镇中）在苏州开明大戏院举行毕业典礼，为六百名毕业生颁发了毕业证书。

同年 7 月 2 日，苏州军管会为河南大学返汴专门调拨军用列车，河南大学师生一千二百余人以及千余名家属，携带全部校产，乘坐专列，踏上返回校园的路程，于 7 月 9 日抵达开封。至此，河南大学整建制返回原地。

2009 年 4 月，在庆祝苏州解放六十周年之际，《苏州日报》再版刊登了 1949 年 7 月 1 日《新苏州报》创刊号，第二版再现大字标题《欢送河南大学同学返汴——学联会举行茶话会》，刊登了 6 月 28 日苏州学联会欢送河南大学同学返回开封的消息。会上，河南大学赠予苏州军管会锦旗"人民之光"，赠予苏州学联锦旗"学生灯塔"。

该报第三版同时刊登当年的《河南大学启事》："本校迁苏以来瞬将一载，诸承公私团体各界人士多多协助，无任铭感。兹值奉令迁返开封，谨致谢忱！再，本校离苏在即，所有对外一切未了手续请于本日（七月一日）内来怡园校本部清理为盼。"

二、河南大学在苏办学地点

基本办学点有六处：怡园、沧浪亭河南会馆（三贤祠）、通和坊湖南会馆、中正路（今人民路）顾家祠堂、狮子林贝家祠堂、平江路混堂弄杨家祠堂。

从手抄地图及有关回忆录可知：

校本部设在怡园；文学院在沧浪亭三贤祠，文学系、教育系、历史系三个系，以及宿舍、食堂、教室等在十梓街，文学院一年级学生住十梓街163号民宅；法学院（包括法律系、政治系和经济系）在东北街潘儒巷石家角的一座银行仓库；工学院在旧学前、悬桥巷丁家祠堂、平江路混堂弄和汪家祠堂；农学院在西北街104号，农学院宿舍在狮子林；理学院在中正路（今人民路）顾家祠堂；医学院在中正路（今人民路）827号和体育场；图书馆在通和坊湖南会馆；外语系在富郎中巷12号某富户的独院。产校（助产士学校）在天后宫大街西海岛；护校（护士学校）在相门；部分教职员宿舍在钮家巷19号。

三、河南大学在苏办学得到学界名人专家教授加持

当时被聘任教的著名学者专家有钱穆、冯友兰、李健吾、顾颉刚、郭绍虞、蒋吟秋、张长弓、蒋鉴璋、严恺、陈王善继等。

四、河南大学师生得到苏州各界的热心接纳和亲切关怀

苏州社会各界和普通市民为河南大学办学提供了尽可能的援助。例如：无偿提供办学场所（纯一中学、苏州中学）；医学院学生可免费到东吴大

学和博习医院听课；低价租赁师生学舍（"所有租借房屋，大部为情借，屋主对河南大学流离来苏殊表同情，租金方面格外低廉"）；苏州图书馆（位于可园内）免费提供借阅；市内服务行业打折提供生活服务（凡河南大学学生理发、洗澡一律六折优惠）等。

五、河南大学师生为反抗国民党反动统治、迎接苏州解放做出了可贵贡献

在河南大学中共党支部组织领导下，河南大学进步学生参与了一系列重大活动。

1949 年南京四·一惨案发生后，组织抗议活动，发布文告揭露国民党反动派镇压革命学生的暴行，派代表赴南京慰问受伤学生。4 月 9 日在大礼堂（在今苏州博物馆内）召开追悼会，会场张挂挽联："烈士虽惨遭横死争生存争自由必有继承者，特务固穷凶极恶求和平求民主岂无后来人。"

河南大学各院系学生社团编发多种油印小报，通过各种渠道揭露国民党反动派罪行，宣传马克思主义理论和革命进步思想。

学生文艺社团排演进步戏剧，在玄妙观后的中山堂公演曹禺话剧《北京人》（共演出十三场）。

1949 年 4 月 27 日苏州解放，河南大学学生首先打出大幅标语上街游行，庆祝苏州解放。标语文字为"光明来临"，上款"庆祝苏州解放"，下款"河南大学工学院"。照片记录了苏州历史上这一珍贵的时刻。同时，河南大学学生到闹市区扭秧歌、呼口号、散发传单、高唱革命歌曲，为庆祝苏州新生增添了浓墨重彩的一笔。

六、河南大学在苏办学期间，为苏州地方和解放军部队输送了大批优秀人才。

苏州解放前后，河南大学留在苏州地区参加工作的约五百人，随第三野战军参军的约三百余人，随解放军第十兵团南下福建作战的约四百余人，随第二野战军到西南服务团的约四百余人，加上零散投入革命队伍的，共约一千七百人。留在苏州的学生，在各条战线投入到新中国建设事业中，其中有的成为苏州教育领域的知名人物。如：

杨泽海，曾任共青团苏州市委统战部部长、市机关干部业余大学支部书记、苏州市七中支部书记兼校长、苏州市二中支部书记兼校长，1984年离休后筹建苏州老年大学并任该校副校长。

赵振海，历任苏州四中校长、江苏省苏州中学校长。

兰林，历任苏州一中、三中、五中校长兼支部书记，江苏电大苏州分校专职副校长。

高信笃，曾在苏州司法系统工作，后任苏州二十四中校长兼支部书记。

吴江村师附小校产移交清册

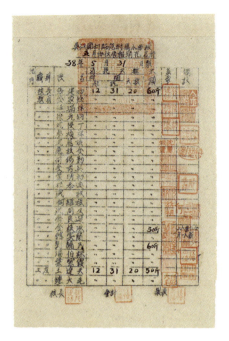

吴江村师附小教师员工伙食花名册

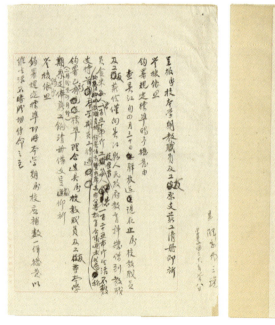

吴江村师附小报告书草稿

苏南吴江乡村师范附属小学文档

1949 年 4 月 30 日，吴江解放。这是当年 7 月江苏省立吴江乡村师范附属小学向苏州行政区专员公署教育处呈报的《全校教职员暨工友薪饷清册》以及《吴江乡村师范附属小学生活费报销花名册》《苏南吴江乡村师范附属小学图书、文卷、校具、图表移交清册》。

从《薪饷清册》可以得知，1949 年 2 月至 4 月（共三个月），校长薪饷共二百五十元，教师每人从一百一十元到一百九十元不等，工友每人二十元。

从《报销花名册》可以得知，当时教职员工生活费以实物（大米）折算，5 月 12 日至 31 日（共二十天）薪饷，校长和教师每人折合大米六十斤，工友每人折合大米五十斤。

从《移交清册》可以看到，当时学校所有财产，包括学校印章、收发文卷、图书挂图、课桌椅、办公用具、教学用具、普通用具、体育用具、文娱用具、炊事用具、生产用具、清洁用具，全部登记在册，大到校印、图书、测验卷木戳，小至一枚哨子、一个黑板檫、一个脚盆，无一遗漏。可见对校产校具一丝不苟的负责态度。

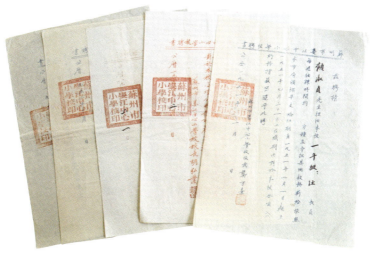

顾淑贞聘书

顾淑贞聘书

这是 1951 年 2 月至 1956 年 1 月顾淑贞受聘于苏州市娄江中心小学校的聘书。从这些聘书可以得知，当时小学教师实行每半年一聘，每次聘期为一学期。

第一个教师节纪念品

第一个教师节纪念品

1985 年 1 月，第六届全国人大常委会第九次会议通过了国务院关于建立教师节的议案，决定将每年的 9 月 10 日定为教师节。这只杯子是 1985 年 9 月 10 日第一个教师节时民进苏州市委会所赠的纪念品。杯子上的联语"引万道清泉浇祖国花朵，倾一腔热血铸人类灵魂"，由时任全国政协委员、中国民主促进会苏州市委员会主委、著名书画家谢孝思先生撰联并书写。

谢孝思（1905—2008），贵州贵阳人，毕业于中央大学艺术教育系，长期从事教育工作。1946 年随国立社会教育学院迁居苏州，任社会教育学院校务委员、苏南文化教育学院教授。1949 年后，曾任苏州市政协副主席，苏州市文教局长，苏州市园林修整委员会主任，苏州市文物保管委员会主任，苏州市文化局长，江苏省文史馆馆员，江苏省美协副主席，苏州市人大副主任，苏州市文联主席、名誉主席，中国民主促进会中央委员、苏州市委主任委员，全国政协委员等职。2008 年 10 月 22 日在苏州逝世，享年 104 岁。

2014 年 4 月 15 日发布的国际新小行星命名公报确认，中国科学院紫金山天文台 2007 年 8 月 16 日在江苏盱眙观测站发现的、国际编号为 204836 号小行星，获国际小行星中心和国际小行星命名委员会批准，正式命名为"谢孝思星"。国际小行星中心在向世界各国天文台发布的（204836）谢孝思星命名公报中指出，"谢孝思（1905—2008），是一位著名的'世界文化遗产守护人'、中国园林艺术家和书画家，他在苏州古城保护、古典园林修复和文物抢救等方面作出了许多重要贡献"。

附　录
立德树人　寓教于美

《苏州教育博物馆开发教育功能的实践与研究》结题报告（摘录）

　　苏州自古崇文重教、人文荟萃、文明昌盛，近现代苏州教育更是呈现出"两多一高"的特点，即百年老校多、教育名人多、发展水平高。苏州教育博物馆就是在如此得天独厚的人文背景下创办的，现在已经成为苏州教育的一张新名片、展示苏州教育形象的新窗口和传播苏州人文精神的新平台。

　　对苏州教育博物馆的教育功能进行研究开发，更好地让公众了解博物馆、走进博物馆、体验博物馆、爱上博物馆，进而实现"光前裕后、资政育人"的目标，是苏州教育博物馆义不容辞的职责，也是本课题研究的缘由。

　　2007 年，国际博物馆协会全体大会在《国际博物馆协会章程》中，对博物馆的定义修订为："博物馆是一个为社会及其发展服务的、向公众开放的非营利性常设机构，为教育、研究、欣赏的目的征集、保护、研究、传播并展出人类及人类环境的物质及非物质遗产。"2015 年 2 月，国务院第 659 号令公布了《博物馆条例》，其第二条为："本条例所称博物馆，是指以教育、研究和欣赏为目的，收藏、保护并向公众展示人类活动和自然环境的见证物，经登记管理机关依法登记的非营利组织。"可见，无论国际还是国内，在博物馆定义中，都把博物馆的教育功能放在首要位置，这理应引起我们的重视和深入研究。

"教育"一词，在中国最早见于《孟子·尽心上》："得天下英才而教育之。"教育是人类特有的文化传递形式和手段，是人类自觉培养后代的活动。广义的教育泛指一切增进人的知识、技能，改变人的思想意识的活动。狭义的教育指专门组织的教育，主要是学校教育。

总体说来，教育具有促进社会发展和促进个体发展的双重功能。教育促进个体发展的功能是教育的基本功能，也可简称为教育的个体功能。这种功能又可分为个体谋生功能和个体享用功能。教育的社会发展功能即指教育这个子系统对社会这个大系统的发展所起的作用。

博物馆教育主要是以实物为基础，通过对各种藏品及相关材料进行展览陈列，运用多种形式和方法，开展各种各样的宣传教育活动，向广大观众传播科学、历史、文化知识，潜移默化地进行思想道德教育和审美教育。

博物馆教育是学校教育之外与家庭教育互为补充的一种培养人的活动。在本质上，它与学校教育、家庭教育并无不同，都是通过传承文化使个体社会化的活动，具有促进社会发展和个体全面发展的功能。

本馆从筹建开始，在短时间内已搜集各类教育文物资料超5000件，其中有一批比较珍贵的文物。藏品种类丰富，包括古代典籍、文件档案、图片照片、碑刻字画以及各种教科书和教育实物等。这些藏品是实现博物馆教育功能的良好载体。

本课题历时两年半，通过文献研究、行动研究和实证研究，取得了预期成果。

（一）理论成果

1.首次从教育学的视角开展对"博物馆教育功能"内涵的研究，将这种功能形象地概括为"愉悦地让文化在公众心中生根"。

党的十八大以来，习近平总书记就教育问题发表了系列重要讲话，不断强调教育在提高软实力、促进经济转型、实现未来可持续发展、构建人类命运共同体等方面的关键作用。当今博物馆教育不仅要在博物馆工作、博物馆学习中去寻找位置和价值，更要在当代社会教育理念不断变化的大环境下进行梳理和重构。2015年，《博物馆条例》正式实施，这是我国博物馆行业第一个国家层面的法规文件。该《条例》指出，博物馆的三大目的为：教育、研究和欣赏。"教育"目的被提到首位，意味着博物馆在公共教育领域将肩负更重要的使命。

本课题组于2020年6月6日在中国知网以"博物馆教育"为关键词，检索结果为4016条，其中，中文的2922条。仔细阅读发现，大多数文章都是从操作层面、学科视角或结合社会教育、爱国主义教育等某个专题，探讨博物馆的教育功能如何创新，而从理论上探讨博物馆教育功能内涵的并不多，专门从教育学理论角度去探讨就少之又少。

教育学理论认为：教育的本质是通过传承文化使个体社会化的活动，并促进社会的发展和个体的全面发展。教育促进个体发展的功能是教育的基本功能，也可简称为教育的个体功能，又可分为个体谋生功能和个体享用功能。受此启发，我们可以从两个方面来认识博物馆教育功能。

第一，在本质上，博物馆教育与学校教育、家庭教育的相同之处是，它们都是通过传承文化使个体社会化的活动，并促进社会的发展和个体的全面发展。不同之处在于：博物馆教育是一种公共教育，这是其与非公共教育——家庭教育的区别；同时，博物馆教育是广义上的教育——非正式教育，这是它与狭义上的教育——学校教育的区别。

第二，博物馆教育与学校教育、家庭教育的不同之处，还表现在个体谋生功能与个体享用功能方面，发挥影响的程度不同。尤其是在个体享用功能方面，这应该是博物馆教育与学校教育、家庭教育相比，更能发挥作用的地方，而这往往是以往研究中被忽视的方面。同时，在教育的衍生功能中，博物馆教育在文化功能方面也发挥着无可替代的重要作用。

据此，我们应当从两个方面来研究博物馆教育功能的开发。

首先，在基本功能中，博物馆教育的个体享用功能（精神愉悦）比其他教育具有更鲜明的特征，这意味着博物馆教育功能的开发更应该在个体享用功能方面下功夫。

其次，在其衍生功能中，博物馆教育有更鲜明的文化功能，当然，这并非只是强调文化传承与知识传授。因为，在文化传承的专业性上，民间非遗传承人并不比博物馆弱；在知识传授的系统性上，高校相关专业可能更强。然而，在使文化在公众心中启蒙生根这一方面，博物馆是得天独厚并且责无旁贷的。这意味着博物馆教育之文化功能的开发，更应该在启蒙生根方面下功夫。

因此，如果试图一言以蔽之的话，那么"愉悦地让文化在公众心中生根"，这或许是博物馆教育功能一种比较形象的表述。

"愉悦地让文化在公众心中生根"，包含了以下几层含义：

其一，所谓"心中生根"，意味着博物馆教育的本质是一种公共教育，是非正式教育，目的重在让文化在个体心中启蒙播种，而不在于展示和传授知识的本身，也不在于把观众个体培成为具有某种专门知识技能的人才。

其二，所谓在"公众"心中，而不是在"学生"心中，是因为博物馆的观众是广泛的非特定人群，而不是按照年龄有序组织起来的学生。公众的"众"还提示了我们，博物馆"人流量"的重要性。

其三，让"文化"生根而不是让"知识"生根，意味着博物馆教育的主要内容不是分科明确的学科知识体系，而是集多样性与复合性为一体的物质文化或非物质文化。

其四，"愉悦"二字体现了博物馆教育个体享用功能的特征。人们来博物馆完全是出于精神愉悦的需要，没有法律也没有制度规定人们一定要来博物馆。如果博物馆教育不能让人精神愉悦——不具备教育的个体享用功能，那么，即使强制一个人来一次，也没有人会自愿来第二次。衡量"愉悦"的标准就是"来了不想走，走了还想来"。

2. 首次提出博物馆教育功能开发中应树立能效观。

从传统博物馆学的角度来看，博物馆发挥教育功能的主要途径是展陈与讲解，因此，在馆藏研究的基础上，对展陈与讲解的开发必不可少。但是，要实现"愉悦地让文化在公众心中生根"，仅仅着眼于展陈与讲解显然远远不够。因为，有一个隐性前提没有得到充分考虑，就是公众——人流量。谈论展陈与讲解时，隐含的前提是针对已经走进博物馆的这部分人群而言才有意义。环境育人、服务育人、活动育人，核心是对"入馆的人"而"育"。如果没有人来或者来馆的人很少，再精美的展陈和讲解也没有用武之地。

如果用 E 代表效果，F 代表教育功能，V 代表人流量，用公式来表示：$E=F \times V$。欲使 E 提高，则 F、V 至少有一个要提高。

对于历史悠久的著名博物馆来说，当游客在馆外排成长队等待入馆时，人流量 V 不是需要考虑的主要问题。因为 V 已经达到了上限，E 的提高主要依靠 F 提高。

但是对于一个新建的博物馆，必须要考虑如何提高 V，即"让更多的人来"。如果 V=0，那么哪怕 F 再大，E 依然等于 0。所以 V 与 F 一样重要。

如果说，衡量"愉悦"的标准是"来了不想走，走了还想来"的话，那么，前面加上一句"让更多的人来"，才能完整地表达出对教育功能是否达成的标准，因此，"让更多的人来，来了不想走，走了还想来"，这应当是博物馆教育功能开发与实践成功与否的"金标准"，这实际上对应了客流量、满意度、回头率。

3. 首次提出在博物馆教育功能开发中构建"三点一线"工作面。

习近平总书记强调，要大力弘扬中华民族优秀传统文化，特别是要让中华民族文化基因在广大青少年心中生根发芽。要努力用中华民族创造的一切精神财富来以文化人、以文育人。那么，文化何以化人、育人呢？事实上，"化育"总是借助于一定的方法和手段来实现的。博物馆的教育功能，可以通过"三点一线"的工作面来展开："三点"即"环境育人""服务育人""活动育人"，"一线"则为"以情感人"。

（1）环境育人功能与开发

环境育人，指的是营造优美的环境景观，让人进入博物馆就有愉悦的心情，包括建筑、绿化、音响、灯光氛围等物质景观，以及精心设计的展陈文字图案等非物质景观。

博物馆展陈分为稳态展陈和动态展陈。基于馆内藏品的长期展陈，通常相对稳定，不会轻易改变，可称之为稳态展陈，其广度也相对稳定，开发重点在于深度。在临时展馆举办的短期展览，可称之为动态展陈，开发重点在于广度。它可以是对馆藏的深度研究、从新视角重新整理的成果，也可以是兄弟博物馆藏品的流动展览。因此，可以建立在与稳态展陈的关联性基础上，也可以建立在与稳态展陈无关联的甚至呈巨大反差的基础上。

关联性动态展陈，有助于吸引已有观众的再次光临，因为他们不满足已有的体验，希望有更深的了解，但其总量不会大于曾经来过的已有观众；反差性动态展陈，有助于吸引在原有观众之外的、对新展陈内容感兴趣的潜在观众的首次光临，同时并不排斥已有观众。

与茅山新四军纪念馆合作举办"虎将雄风千古长存——王必成将军生平事迹展"，把"红色基因传承"展项引入教育博物馆，让一批对党史军史感兴趣的社会人士来馆参观，是一种反差性动态展陈的初步尝试。

（2）服务育人功能与开发

服务育人，就是为观众服务的设施要人性化、服务员的讲解内容的开发要考虑不同人群，要分层递进、雅俗共赏，贴近观众的心灵。总之就是要"心中有人"。

以苏州教育博物馆为例，我们的观众大致有三类：一是青少年学生与家长，二是教师与教育研究者，三是社会各界人士及国外观众。进一步细分，还可以有很多。那么，我们的讲解词，是千人一面还是因人而异？我们的措施是，有针对性地开发不同版本的讲解词，例如儿童版、成人版；中文版、英文版；正常文字版、盲文版；图文版、有声版等，为不同的观众对象提供良好的有针对性的服务。

（3）活动育人功能与开发

活动育人，就是让观众特别是青少年，在博物馆开发的丰富多彩的活动课程中融入身心，得到启迪，这是博物馆教育的主体部分。然而，以苏州教育博物馆为例，专职管理干部和工作人员合计仅7人，只依靠自身的人力是远远不够的，必须从馆校合作、馆社合作、馆馆合作三个途径加强开发育人功能。

馆校合作、馆社合作、馆馆合作同时也是增加公众知晓率、提高客流量的重要途径。让更多的人来，是需要多管齐下的。加强宣传显然是必须的，无论是传统的报纸、杂志、收音机、电视，还是新兴的网站、微信、微博、短视频等网络媒体，各有自己的受众，都是新建博物馆必须重视的宣传渠道，不能偏废。

（4）以情感人与育人功能开发

当下社会，低俗文化、快餐文化的影响，导致了部分人群浮躁浅薄、急功近利的心态，在这样一种流行文化环境中，如何引导公众尊重经典、尊重历史、尊重文化、尊重大师，博物馆承担着重要的社会责任。我们既不能随波逐流，也不能孤芳自赏，而是要在理论指导下，开发各种措施，开发教育功能、达成教育目标。

环境育人、服务育人、活动育人是博物馆教育功能开发的工作面上的三个点，以情感人则是贯穿于其中并统领这三个点的一条线，既是手段、又是目标。

在环境育人工作中，需要达到的目标是"怡情"，无论是物质环境还是非物质环境，都要让观众获得愉悦的感受。苏州教育博物馆设立在清代园林"柴园"中，在恢复古建筑的过程中，不仅突显了江南古典园林的基本元素，而且在绿化工程中点缀与教育相关的桂花、杏树，天井地面点缀以天文星座，匾额楹联内涵与《论语》等古代典籍相关联建筑物雕刻以孔子杏坛弦诵、欧阳修苏东坡读书等各种教育故事为内容，从细微处加强了与教育的联系，在"得游观乐"中"彰教化功"。

在服务育人工作中，需要达到的目标是"动情"，无论是设施还是讲解服务，都要能打动观众的心灵。苏州教育博物馆内为老年人、残疾人服务的设施较为完备，还为盲人准备了盲文版解说词，为国外友人准备了英文版讲解词和宣传页，并根据团队逗留的时间长短设计了不同的导游讲解线路，用贴心的服务打动观众。

在活动育人工作中，需要达到的目标是"共情"，就是观众能够获得真切的感受、体验、共鸣。苏州教育博物馆从不同角度精心设计了众多活动类课程，其中包括为盲童设计的以触觉为主的活动课程，力图对不同的观众对象提供不同的活动，以便其获得适切的体验。

当观众在热爱本职、业务精湛的客服人员的辛勤劳动下，在怡情、动情、共情中形成了美好的"情感记忆"，走了还想再来，"以情感人"这一目标才得以落到实处。换言之，先要自身情动，才能"以情感人"，才能让观众"亲其师"而"信其道"，博物馆才能引导公众尊重经典、尊重大师、尊重历史、尊重文化，从而"愉悦地让文化在公众心中生根"。

（二）实践成果

1. 成功构建了"1+3+X"的博物馆教育模式。

"1"指以博物馆自身建设为中心。

习近平总书记指出，要让收藏在博物馆里的文物、陈列在广阔大地上的遗产、书写在古籍里的文字都活起来。实现这一目标，不仅要提高文物的利用率，还要注重提升"用户体验"，让博物馆变得"有趣起来"。当代博物馆所扮演的角色更具多样性，它从一个单纯的从事收藏、展示、研究的场所，发展为融科学知识、趣味、消遣、娱乐、休闲为一体的多功能文化科学中心。博物馆所服务的群体的要求随着社会进步而越来越高，我们必须以公众和社会的利益为出发点，通过各种形式新颖、内容丰富的展览，以及舒适的参观环境，合理的参观路线，具有人性化的服务设施，为观众提供最具吸引力的文化休闲场所。博物馆事业要发展，必须结合自身特点，依靠自身活力，通过不断的创新，调整运行机制和管理机制，激发创造力和想象力，构建完善的博物馆教育体系。

"3"是开展馆校、馆馆、馆社三条途径的合作。

馆校结对。本馆积极对接市实小、觅渡中学、建设交通高职校、苏州经贸职业技术学院、上海耀华国际学校等多所学校，开展了多场馆校合作活动；与振华中学、平直小学深度合作，持续开发实施"教博小讲解员""振华小微课"等课程；与华东师范大学国际关系与地区发展研究院等校共建社会实践体验课程基地；开创馆际联动合作，链接生肖邮票博物馆、商会博物馆、状元博物馆等其他专题博物馆，为学校开发研学微旅行线路。对接苏州经贸学院、华东师范大学国际关系与地区发展研究院等高校留学生学院，接待俄罗斯、乌克兰、德、法、泰等多国留学生，并开展蓝印花布扎染、湖笔制作、苏扇制作等非遗体验活动，传播弘扬中国优秀传统文化。对接金闾实小，与四地十城 32 所学校连线。开学第一天，苏州教育博物馆送出"思政课大礼包"——"童眼看展　童心向党：致敬新时代最可爱的人"。四地十城 32 所学校的同学们同看一个展，同上一堂课，在交流互动中埋下真善美的种子。

馆馆沟通。苏州教育博物馆占地 6.6 亩，建筑面积 3000 多平方米，容量十分有限。为克服空间容量有限的问题，建立联盟、博物馆群、文化功能区共同体，促进博物馆之间的资源整合共享刻不容缓。苏州教育博物馆主动加强与周边博物馆的交流与合作。例如：三馆联动——博物馆之旅，是将容量有限的其他两个小型博物馆生肖邮票博物馆和商会博物馆联合起来，让参观的学生分成若干小组，在馆与馆之间流动起来，克服瞬间接待量的限制，从而增大接待量。再如，与茅山新四军纪念馆合作举办"虎将雄风千古长存——王必成将军生平事迹展"，把红色基因传承引入教育博物馆，让一批对党史军史感兴趣的社会人士来馆参观，是一种反差性动态展陈的初步尝试。

馆社配合。苏州教育博物馆自开馆以来，积极"走出去"，对接社区、街道，让苏州的历史文化课堂走进社区，走进百姓的日常生活。此外，还组织送展进社区，将苏州教育博物馆纳入社区文化微旅行路线等。例如，与社区工作人员联系，组织居民来馆参加公开讲座活动、主题教育活动、教育文物展陈活动等。本馆工作人员以生动、形象、深入浅出的讲授，引起了居民的广泛共鸣，吸引他们带动更多的人走进博物馆，进而让大家在体验优秀历史文化的过程中树立文化自信。

"X"指依靠志愿者团队。

2017 年苏州教育博物馆尚未开馆之际，就已经面向学校招募志愿讲解员。当时有 50 多名教师踊跃报名，通过层层考核，最终有 40 多名教师成为志愿讲解员。此后，苏州教育博物馆招募志愿者的条件放宽，开始面向社会招募，为志愿者队伍不断增添新鲜血液。目前我馆成立了"苏州教育博物馆志愿者服务社"，共有近百名志愿者。为维护志愿讲解团队的稳定性，苏州教育博物馆一贯重视对志愿者讲解队伍的建设。每年暑假，都会对新招募的志愿者进行为期四天的培训。内容涵盖博物学基础、教育简史、园林审美、建筑审美、讲解技巧等知识，还安排现场考察活动。

2. 探索了博物馆教育的"互联网+"发展模式。

目前，全国各级博物馆都在努力推行利用互联网技术丰富展览陈列的形式和内容，提升观众对博物馆参观的体验感，实现从传统参观展览向多元化互动体验和个性化定制服务的转变，取得了显著成果。

苏州教育博物馆也看到了"互联网+博物馆教育"的重要性，认为这一发展模式不仅可行，而且前途不可限量。要让两者产生"1+1>2"的叠加效应，需要利用互联网技术不断丰富展览陈列的形式和内容，搭建以微信、网络直播为代表的新媒体平台。苏州教育博物馆结合自身的定位和特色，积极主动开拓线上运营模式。陆续在官网推出"云展览""书画展""苏中红色展"等丰富多彩的线上活动，还设计开发了一系列既有趣味性，又富含教育意义的活动。如在国际博物馆日，苏州教育博物馆举办了"一封画信为你加油——江浙沪鄂四地十城少儿抗疫画信作品展"，将展览搬上网络，进行了大规模的直播活动，观众人数累计百万。2013年六一儿童节，与武汉学校进行视频连接，形成互动，让武汉学生足不出户就能观看展览。暑假期间，每周六、日上午在微信公众号和官方网站陆续推出"古建美育"系列手作课程的视频。主要有"手绘木板画、石头拼画、瓦片画、雕刻贴花、全榫卯小长椅、鲁班锁"六项课程内容。还推出了"读楹联学文化"（线上）活动、"最美恋字——2020年度少儿硬笔书法在线公益课程"。2020年9月8日，在本馆开馆3周年之际，我们收到了江浙沪鄂四省市32所学校和新疆、北京、四川、山东等地小朋友，以及日本、韩国、美国、意大利、荷兰、罗马尼亚等海外师生真诚的祝福。

3. 编撰了一批论文、读本，开发了一批活动课程。

在本课题实施过程中，我馆人员撰写了以下论文和调研报告：

《立德树人　寓教于美——"苏州教育博物馆开发教育功能的实践与研究"论文集》，包括《愉悦地让文化在公众心中生根——关于博物馆教育功能的再思考》（叶敏）、《对教育博物馆红史教育功能开发的思考》（邢华）、《浅谈博物馆中英语教学资源的开发与利用》（陈丽）、《基于博物馆教育的道德教育研究》（王桃桂）、《浅析博物馆社会教育功能的发挥与提升》（张宜英，已发表于《参花：下》2018年第12期）、《博物馆教育与中小学教学相结合的创新探讨——评〈博物馆教育新视阈〉》（张宜英，已发表于《语文建设》2020年第6期）、《古钟漫谈》（王桃桂，已发表于《神州》2019年第3期）、《古钟的多重教育功能》（王桃桂，已发表于《文物鉴定与鉴赏》2019年第6期）、《浅谈临展在博物馆中发挥的教育功能——以苏州教育博物馆为例》（褚佳妮）、《以文化人以美文育人社会功能的实践研究》（董铭）、《关于"践行经典　悦行姑苏——倘佯在天堂里的书房"研学微旅行线路开发的调研报告》。

编撰了以下读本（光盘）及讲解词：

绘本故事《庄子故事：濠梁之辩》《钱棨》《澹台灭明》《论语故事：风乎舞雩》《范仲淹建学府》《伍子胥建阖闾城》《太伯仲雍奔吴》；《硬笔书法教程——规范楷书练习册》；课程光盘《古建美育》《布老时光》系列线上课程视频；系列讲解词低幼版、故事版、英文版、盲文版，图文版、有声版。

开发了以下系列化活动课程（含线上课程视频）：

系列化活动课程分为藏品类、讲解类、体验类、探究类、讲座类、外衍类等若干类型。如:《柴园好声音》《百年教育故事》《红色教育故事》《老园丁好声音》《网上展厅》;《小志愿者团队》《个性化讲解词》《童声讲故事》《成人志愿者》;《寻姑苏符号 享苏式童年》《古法造纸》《湖笔制作》《清明青团》《蓝印花布手工扎染》《博物馆寻宝记》《奔跑吧少年》《柴园植物认知》《古建美育》《小楹联大文化》;《柴园楹联文化》《藏品背后的故事》《苏州城的脚步》《苏州名人名宅》《从状元到院士》;《四馆联动博物馆之旅》《天堂里的书房研学微旅行线路》《回到大宋看月亮》《柴园印象音乐读书会》《弦歌长咏 古琴雅集》。

注:该课题为2018年度苏州教育改革和发展战略性与政策性研究课题,2018年8月立项,2020年12月结题。课题负责人叶敏,课题结题报告执笔人王桃桂。